MANUEL

DU

COMMERÇANT EN ÉPICERIE

TRAITÉ DES MARCHANDISES

QUI SONT DU DOMAINE DE CE COMMERCE

FALSIFICATIONS QU'ON LEUR FAIT SUBIR;

MOYEN DE LES RECONNAÎTRE.

PAR MM.

A. CHEVALLIER Fils

CHIMISTE

Membre correspondant de l'Académie des Sciences, Arts et Belles-Lettres de Rouen;
de la Société impériale de Médecine, de Chirurgie et Pharmacie de Toulouse;
de l'Académie de Dijon; de la Société impériale et centrale d'Agriculture de
Chambéry (Haute-Savoie); de l'Institut Pharmaceutique de Sarragosse
(Espagne); Lauréat de Toulouse, de l'Exposition universelle,
etc., etc., etc.

ET

J. HARDY, Chimiste

Ex-Interne et Lauréat des Hôpitaux de la ville de Paris.

TYPOGRAPHIE RADENEZ A MONTDIDIER.

25 DÉCEMBRE 1862

MANUEL

COMMERÇANT EN ÉPICERIE

MANUEL

DU

COMMERÇANT EN ÉPICERIE

TRAITÉ DES MARCHANDISES

QUI SONT DU DOMAINE DE CE COMMERCE

FALSIFICATIONS QU'ON LEUR FAIT SUBIR;

MOYEN DE LES RECONNAÎTRE.

PAR MM.

A. CHEVALLIER Fils

CHIMISTE

Membre correspondant de l'Académie des Sciences, Arts et Belles-Lettres de Rouen;
de la Société impériale de Médecine, de Chirurgie et Pharmacie de Toulouse;
de l'Académie de Dijon; de la Société impériale et centrale d'Agriculture de
Chambéry (Haute-Savoie); de l'Institut Pharmaceutique de Sarragosse
(Espagne); Lauréat de Toulouse, de l'Exposition universelle,
etc., etc., etc.

ET

J. HARDY, Chimiste

Ex-Interne et Lauréat des Hôpitaux de la ville de Paris.

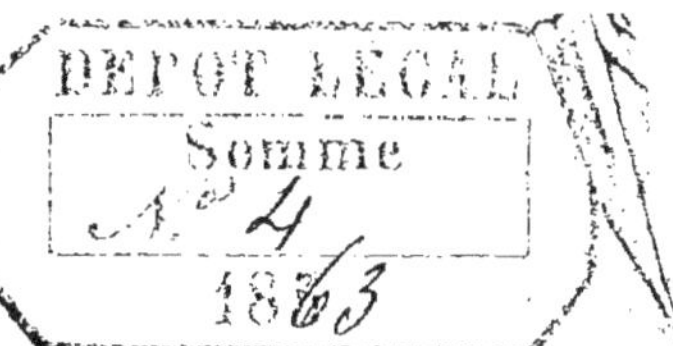

TYPOGRAPHIE RADENEZ A MONTDIDIER.

1862

INTRODUCTION.

Cette épigraphe, que nous avons empruntée à un savant français, peut certainement être prise pour devise par l'homme qui s'occupe du commerce de l'Épicerie.

En effet, chez ce commerçant honorable, le travail est incessant, et c'est à l'emploi actif de tous ses moments qu'il doit ou sa fortune, ou son bien-être et la considération dont on l'entoure.

La profession d'Épicier, après avoir subi bien des modifications, s'exerce maintenant sur les marchandises les plus diverses et les plus nombreuses.

Il est évident qu'elle exige de celui qui s'y livre des connaissances générales et professionnelles, mais malheureusement, la plupart de ceux qui l'exercent n'ont pas ces connaissances, et ils ne savent pas toujours quelle est la valeur réelle des marchandises qu'ils achètent et qu'ils revendent comme ils les ont reçues.

Aussi, quand l'acheteur, averti par des circonstances

particulières, qu'il a été trompé sur la qualité des achats qu'il a faits, vient faire des reproches à son vendeur ordinaire, celui-ci lui répond, la plupart du temps, avec une entière bonne foi: *Que voulez-vous? je ne suis pas chimiste.*

Il ne s'agit pas le moins du monde, pour faire le commerce d'Épicerie, d'être *chimiste* dans l'acception de ce mot, mais on comprend facilement qu'il est indispensable d'avoir des connaissances qui puissent permettre de savoir :

Si du sel de cuisine contient du *plâtre,* si du *vinaigre* contient de *l'acide sulfurique,* si du sirop, qui a été vendu sous le nom de *sirop de gomme,* contient en réalité de la *gomme;* si le *sucre* qui lui a été livré contient de la *glucose;* si la *farine de lin* contient du *son,* etc., etc.

Si le commerçant en Épiceries n'a pas ces simples connaissances, faciles à acquérir, il est très-souvent trompé et devient, sans le vouloir, trompeur à son tour ; et, comme il est responsable des produits qu'il vend, des condamnations judiciaires peuvent être la conséquence de son manque de savoir et nuire beaucoup à son commerce.

L'Épicerie n'est pas une profession comme les autres, dans laquelle on fasse un apprentissage qui puisse mettre l'apprenti à même d'avoir des connaissances nécessaires à son état.

Il est facile et indispensable d'apporter un remède à cet état de choses.

Dans le siècle où nous sommes, le travail est tout ; l'homme qui est appelé à exercer une profession quelconque, doit avoir les capacités qu'elle exige. Il doit savoir si un produit est *loyal* et *marchand,* ou bien s'il est altéré ou falsifié : il ne peut pas dire pour excuse qu'il ignore les altérations que la substance qu'il vend a subies, car on peut, à bon droit, lui répondre : Pourquoi exercez-vous une profession dont vous ne connaissez pas tous les détails, et pour laquelle vous n'avez pas toutes les capacités convenables ?

Or, ces connaissances, que nous demanderions de l'Épicier, capacités qui lui sont, nous le répétons, nécessaires et indispensables dans son intérêt et dans celui de l'hygiène et de la santé publique, devraient porter sur la nature des marchandises qu'il vend journellement. Il devrait avoir toujours les notions suffisantes pour pouvoir déterminer lorsqu'il aurait un doute, quelles sont les altérations qu'ont subies les marchandises qu'il doit vendre, telles que : thés, chocolats, cafés, sucre, cires, huiles à manger et à bruler, pâtes et farines alimentaires, eaux-de-vie, soudes et potasses, sels, savons, vinaigres, poivre, etc., etc., etc. Il pourrait ainsi les refuser, si elles lui étaient présentées dans un mauvais état.

Nous reproduisons ici l'opinion émise par un chimiste qui a passé une partie de son existence à rechercher, à découvrir et à combattre les falsifications.

Il eût été à désirer qu'un de ces hommes qui ont fait fortune dans le commerce dont nous nous occupons,

eût consacré une portion de sa fortune au perfectionne-
ment de la profession qu'il avait exercée. Ainsi, une
donation peu considérable eut permis de créer pour ainsi
dire une école de l'Épicerie, où on aurait fait chaque
année :

1° *Un cours sur les matières premières, leur production, leur provenance, leurs qualités, leurs propriétés,
leur préparation ;*

2° *Un cours de chimie destiné à faire reconnaître les
altérations, la nature bonne ou mauvaise des substances
vendues, journellement, dans le commerce de l'Épicerie.*

De semblables leçons eussent été de la plus grande
utilité. En effet, en supposant même que l'apprenti n'eut
pas complètement suivi ces cours, le patron y aurait
puisé les connaissances pratiques qui lui manquaient,
et les auraient transmises, par l'application journalière
qu'il en aurait faite, aux personnes qu'il emploie dans ses
magasins.

Les procédés d'examen que nous publions dans ce livre
sont tous simples, d'une exécution facile et rapide ; ils
reposent sur l'emploi d'un nombre de réactifs assez
restreint et tous les caractères qu'ils indiquent tels
que précipités et phénomènes de coloration sont assez
nets et assez bien caractérisés pour qu''il soit à peu
près impossible de se méprendre sur le sens de leurs
indications. De plus l'application des moyens d'investigation que nous proposons n'exigent pas un matériel
considérable et par cela même permettent à tout négo-

ciant quelle que soit l'importance de son commerce de s'assurer par lui-même de la pureté et de la loyauté de sa marchandise. Les appareils nécessaires à l'analyse sont décrits à chaque article et ceux qui consulteront ce livre pourront voir qu'ils se réduisent à quelques verres à expériences, quelques tubes et un petit fourneau, quelques capsules de porcelaine et deux ou trois appareils spéciaux. Nous croyons utile de présenter ici quelque court aperçu des caractères offerts par les divers réactifs dont nous prescrivons l'emploi dans le cours de l'ouvrage et nous allons indiquer en même temps quelques-unes des précautions qu'il faut prendre pour obtenir une grande netteté dans les résultats.

Les sels métalliques nuisibles qui altérent ou qui salissent les substances alimentaires sont principalement le plomb, le cuivre, le zinc qui sont entrés en combinaison avec les matières organiques, soit parce qu'on les y a mis directement, soit parce qu'on a fait usage de vases métalliques mal entretenus.

Les réactifs employés pour reconnaître la présence de ces métaux sont:

L'hydrogène sulfuré qui donne des précipités noirs avec les deux premiers et un précipité blanc avec le second, l'iodure de potassium et le sulfate de soude qui donnent avec le plomb le premier un précipité jaune, le second un précipité blanc. L'ammoniaque et le cyanoferrure de potassium pour le cuivre qui donnent le premier une coloration bleu céleste et le second un précipité rose dans les solutions étendues et rouge brun dans les solutions plus concentrées; le cyanoferrure de potassium et l'iodure de potassium pour le zinc qui donnent tous les deux des précipités blancs, de plus l'ammoniaque qui donne aussi un précipité blanc soluble dans un excès de réactif.

L'hydrogène sulfuré est un gaz possédant une odeur fétide et qui rappelle celle des œufs pourris; comme il serait fort difficile d'avoir toujours à sa disposition un corps gazeux, on préfère le conserver en solution dans l'eau. Pour préparer cette dissolution il suffit de mettre en contact dans un flacon de verre du sulfure de fer avec de l'acide sulfurique étendu, on voit le gaz qui se dégage dans un flacon plein d'eau au fond duquel on le fait arriver au moyen d'un tube de verre deux fois recourbé à angle droit. Cette dissolution quand on n'est pas à même de la renouveler souvent exige pour être conservée quelques précautions qui sont les suivantes :

Elle doit être renfermée dans des flacons bouchés à l'émeri, en verre noir et d'une contenance qui ne dépasse guère 200 grammes ; quand on néglige ces précautions, on la voit se troubler et laisser précipiter une poudre jaune qui est du soufre; elle s'affaiblit et au bout d'un certain temps elle ne contient plus d'hydrogène sulfuré; on reconnaît cette altération à ce que le liquide n'a plus d'odeur.

Ce réactif donne des précipités caractéristiques avec le plomb, le cuivre et le zinc même dans les liqueurs acides.

L'iodure de potassium qui donne avec le plomb et le zinc des précipités caractéristiques est un sel que l'on trouve dans le commerce sous forme de cristaux cubiques blancs et rendus opaques par un petit excès de carbonate alcalin: il est très-soluble dans l'eau, aussi n'est-il rien de plus facile que de préparer la dissolution d'iodure de potassium. Les liqueurs qui sont destinées à être traitées par ce réactif doivent être neutres, c'est-à-dire que quand on les prépare, il est indispensable de chasser par l'évaporation tout l'excès d'acide employé à la dissolution du métal. En effet si la liqueur est acide l'iodure de potassium est décomposé et l'iode mis en liberté, n'agit plus sur la solution métallique et ne donne aucune indication. Les précipités jaunes d'iodure de plomb et blanc d'iodure de zinc ne se forment pas non plus quand les liqueurs sont alcalines, car il se fait des iodures doubles qui retiennent les précipités en dissolution.

Le sulfate de soude est le sel vulgairement appelé sel de Glaubert; le précipité blanc qu'il donne avec la dissolution de plomb est insoluble dans une liqueur même acide.

L'ammoniaque ou alcali volatil est un gaz d'une odeur pénétrante et caractéristique, très-soluble dans l'eau. Dans les laboratoires on l'emploie toujours sous forme de dissolution aqueuse. Elle donne avec les sels de cuivre un précipité bleu qui, redissout dans un excès de réactifs donne une liqueur de couleur *bleu céleste*. Avec les sels de zinc elle donne un précipité blanc qui se redissout en laissant un liquide incolore.

Le cyanoferrure de potassium aussi appelé prussiate

de potasse est un sel en cristaux jaunes solubles dans l'eau. La dissolution qui précipite en bleu les sels de fer ne donne d'indications réelles que dans les liqueurs neutres.

Les réactifs que nous employons pour reconnaître la nature de l'acide des différents sels sont: Le chlorure de baryum pour les sulfates; le nitrate d'argent pour les chlorures; le cuivre, et l'acide sulfurique pour les azotates et certains réactifs spéciaux pour les sels à acides organiques.

Le chlorure de baryum donne un précipité blanc insoluble dans toutes les liqueurs acides ou alcalines quand on le met en contact avec les sulfates et notamment dans le vinaigre contenant de l'acide sulfurique ou des sulfates.

Le nitrate d'argent donne un précipité blanc avec les chlorures, et ce précipité se redissout quand on ajoute à la liqueur un peu d'ammoniaque. Quand on l'expose à la lumière, il devient violet.

Pour reconnaître les nitrates, par exemple les salpêtres, on chauffe ceux-ci dans un petit tube avec de la tournure de cuivre et un peu d'acide sulfurique, l'acide nitrique est mis en liberté et se décompose au contact du cuivre en bioxyde d'azote qui donne des vapeurs rougeâtres (vapeurs rutilantes) au contact de l'air. Un papier à filtre imprégné de teinture de gayac devient bleu au contact de ces vapeurs.

On reconnaît les acétates en chauffant ces sels dans une petite capsule avec de l'acide sulfurique, il se dégage des vapeurs d'acide acétique reconnaissables à leur odeur de vinaigre.

On reconnaît l'acide tartrique et les tartrates en concentrant les solutions et en les mettant en contact avec une dissolution saturée de chlorure de potassium; il se forme au bout d'une demi-heure un précipité blanc cristallin de tartrate acide de potasse. Ce précipité recueilli sur petit filtre et séché répand quand on le brûle une odeur caractéristique de caramel.

La teinture de tournesol dont on fait un usage fréquent se prépare au moyen d'une matière colorante bleue que l'on trouve dans le commerce sous le nom de tournesol *en pain*. Quand on traite ces pains par l'eau ils lui cèdent leur couleur bleue et fournissent une liqueur aqueuse connue sous le nom de teinture de tournesol; on colore du papier avec cette teinture quand on ne veut pas faire usage du liquide.

Nous ne pousserons pas plus loin ces détails, on retrouvera à chaque article spécial les descriptions nécessaires sur l'usage des réactifs.

A. C. et J. H.

HISTOIRE DE L'ÉPICERIE.

Le commerce de l'Épicerie a pris son origine à l'époque où le commerce avec les Indes Orientales s'est accru considérablement par le progrès de la navigation; en effet, le mot *Épicerie*, en général, a longtemps signifié, et surtout dans l'origine, les aromates qui viennent de l'Orient comme *clous de girofle, canelle, noix muscade, cacao, gingembre, etc.*, et sous ce nom général d'épices on comprenait toutes les substances végétales étrangères qui ont une saveur ou une odeur propres à se communiquer aux aliments et à les rendre plus agréables.

Les Hollandais, maîtres alors des principaux cantons de l'Inde, ont été longtemps en possession du commerce des épices qu'ils tiraient des îles de la Sonde, des Moluques, Ceylan, etc. Le prix des épices était alors si élevé que ces matières étaient regardées comme très précieuses. L'épousée dans les festins de noces, en présentait à toutes les personnes de la fête. On se conformait aussi à cet usage dans les réjouissances des Universités (1). Enfin par un usage établi depuis Louis XII, selon Mezerai, on croyait que rien n'était

---

(1) Les grands seigneurs s'en servaient à la fin des repas. « Philippe, « duc de Bourgogne, donna congé aux Ambassadeurs qui estaient « venus de la part du roi de France, après qu'il leur euts faits pren- « dre le vin et les épices », dit Philippe de Commines, le vieil historien.

2.

plus propre à être offert aux magistrats après la décision d'un procès, et c'est de là dit-on qu'est venu le nom d'*Épices du palais*.

C'est depuis l'invention de la Boussole, et surtout depuis que les Portugais, sous la conduite de Vasco de Gamma, eurent doublé le Cap de Bonne-Espérance et ouvert ainsi une route plus facile pour les Indes, que les épices devinrent d'un usage ordinaire en Europe.

Le commerce de l'Épicerie fut exercé, dans l'origine, par les *Chandeliers-Vendeurs de suif*, et les plus anciens réglements connus sur ce commerce sont des années 1484, sous Charles VIII, et 1514 sous Louis XII. Enfin, sous François 1ᵉʳ, le nombre des épiciers s'étant considérablement accru, le commerce de l'Epicerie passa entre les mains d'un corps de marchands qui devint un des plus importants par la suite. En effet, le corps des épiciers était le second des six corps de marchands et venait après celui de la draperie. — Il était à cette époque partagé en deux corps, les apothicaires et les épiciers, et ces derniers étaient de trois sortes, à savoir: les *Droguistes*, les *Confiseurs*, et les *Ciergiers* ou *ciriers*. Le corps des épiciers était donc en réalité formé de quatre espèces différentes de marchands.

Du reste, toutes ces différentes classes étaient régies par les mêmes lois et gouvernées par les mêmes *maîtres et gardes*.

Dans les six corps de marchands de Paris, on appelait maîtres et gardes, ceux qui étaient élus et choisis parmi les maîtres de chaque corps pour veiller à l'exécution des statuts et réglements qui concernaient ces corps particuliers pour soutenir leurs priviléges. Ils portaient dans les cérémonies la robe consulaire; ces maîtres et gardes étaient pour les épiciers au nombre de six, dont trois apothicaires et trois épiciers. Les plus anciens étaient appelés *grands gardes* ou *premiers gardes*, ou *présidents.*

Tous les ans au mois de décembre, et quelques jours après la Saint-Nicolas, qui était la fête des épiciers, on procédait à l'élection de deux nouveaux gardes, l'un apothicaire, l'autre épicier. Chaque garde restait trois années en fonctions.

Tous les épiciers n'étaient pas appelés à l'élection des gardes: tous les anciens gardes étaient électeurs de droit, avec eux venaient quarante autres maîtres appelés les *mandés*, choisis partie parmi les *anciens*, partie parmi les *modernes*, partie parmi les *jeunes* maîtres épiciers. Les apothicaires participaient tous à cette élection. Les gardes épiciers élus prêtaient serment devant le Lieutenant de police, d'exécuter loyalement leur charge. Ils étaient rigoureusement tenus de faire, au moins par an, trois visites chez les épiciers, ils pouvaient en faire davantage. De plus, outre ces visites, ils en faisaient de générales pour la vérification des balances, poids et mesures.

Cette visite des balances et poids s'étendait à toutes les professions, et les maîtres et gardes épiciers en étaient chargés plutôt que d'autres parce que de temps immémorial ils avaient eu la garde des étalons royaux des poids. Ils devaient cependant faire vérifier ces poids étalons tous les six ans, sur les matrices originales déposées et enfermées à la Cour des Monnaies, dans la chambre des poids, sous quatre clés. Ces matrices originales, étaient, à ce qu'on croyait, du temps de Charlemagne, et d'un travail très estimé.

On les appelait poids de Charlemagne : elles étaient faites de cuivre jaune et composées de quatorze pièces graduellement diminuées entrant les unes dans les autres et renfermées dans un étui.

Avant François Ier, les étalons des poids destinés à la mesure de l'or et de l'argent étaient gardés dans le palais des rois de France ; mais en 1540, ce prince ordonna qu'ils seraient déposés à la Cour des Monnaies c'était, là où l'on allait faire étalonner tous les poids destinés au commerce ; on les marquait d'une fleur de lys, savoir : les poids de Paris en présence de l'un des conseillers de la Cour de Paris ; ceux des autres villes en présence des *juges gardes* des monnaies ou autres juges commis par la cour.

L'étalon des poids du marc de France était même si estimé pour sa justesse et sa précision, que dans la confusion d'un système de poids et mesures aussi varié et aussi embrouillé que celui auquel a mis fin le système métrique actuel, les nations étrangères ont quelquefois envoyé rectifier leurs propres étalons sur celui de la Cour des Monnaies.

Outre le poids étalon original, il y en avait un second étalonné sur le premier, et qu'on appelait second poids original. C'est sur ce poids que ceux dont se servaient les maîtres et gardes du corps de l'Épicerie lorsqu'ils faisaient leurs visites devaient être vérifiés. Cette vérification se faisait en présence de deux conseillers de la cour, commis pour ce fait.

Tous les anciens gardes procédaient à l'élection d'un garde chargé parmi les six autres, de l'administration des deniers communs, et ce garde était tantôt un apothicaire, tantôt un épicier. En sortant de charge il rendaît compte devant tous les gardes anciens et nouveaux de son administration.

Dans le cas où il se produisait des affaires importantes et regardant tout le corps de l'Épicerie, les maîtres et gardes en charge convoquaient une assemblée de tous les maîtres qui avaient passé dans la charge de garde, et en leur présence les affaires étaient discutées et décidées. Cette décision était, avec un ensemble parfait, adopté par tous les maîtres épiciers et soutenus par eux, comme s'ils l'avaient eux-mêmes votée.

Pour être admis dans le corps de l'Épicerie, il fallait être né français ou bien avoir été naturalisé par lettres-patentes du roi. — De plus, si l'aspirant voulait être reçu apothicaire, il lui fallait avoir fait un apprentissage de quatre ans chez un maître apothicaire, et ensuite avoir servi pendant six autres années en qualité de serviteur ou de garçon. On n'exigeait de l'aspirant à la maîtrise en Épicerie, que six ans de service, dont trois ans en qualité d'apprenti, et trois ans en qualité de garçon. L'aspirant n'était, du reste, assujéti à aucun examen ou chef-d'œuvre, comme cela se pratiquait dans d'autres professions.

Le droit de réception de l'Épicier était de *huit cents livres.*

Après avoir exposé cette constitution forte et utile sous bien des rapports qu'avait autrefois le commerce de l'Épicerie, nous parlerons de quelques priviléges, prérogatives dont quelques-unes sont propres au commerce de l'Épicerie.

Dans les cérémonies publiques, où les maîtres et gardes du corps de l'Épicerie étaient obligés de se trouver, ils étaient en droit de porter la robe de drap

noir à collet et à manches pendantes, bordée et pare-
mentée de velours de la même couleur : c'est ce qu'on
appelait la *robe consulaire*. Tous les maîtres et gardes
des cinq corps de marchands portaient cette robe dans
les solennités auxquelles ils assistaient.

Quand un maître épicier, garde, ou ayant passé par
cette charge, venait à mourir, les maîtres et gardes en
charge au moment de son décès, étaient obligés d'as-
sister à ses service et enterrement ; les quatre plus
jeunes gardes étaient placés aux quatre coins du poêle,
et les deux grands gardes suivaient immédiatement
derrière le corps, accompagnés des quatre courtiers de
l'Epicerie menant le deuil que suivaient la famille, les
amis et les confrères.

Cette même cérémonie s'observait à l'égard des
femmes et veuves des maîtres des gardes, lorsqu'elles
mouraient, le poêle, l'argenterie, six flambeaux de poing
de cire blanche, où étaient attachées les armoiries du
corps de l'Épicerie, étaient, dans ces cérémonies
funèbres, fournis par le bureau de la communauté.

Nous venons de dire un mot qui doit être expliqué.

Nous avons parlé des armoiries du corps de l'Epicerie;
nous allons les décrire. Ces armoiries étaient d'or, à
deux vaisseaux à la voile de gueules (rouges), sur une
mer d'azur, surmontés chacun d'une étoile d'azur, au
chef d'azur, chargé à gauche d'un bras sortant d'un
nuage, tenant à la main une balance d'argent, et à
droite une étoile de gueules (c'est-à-dire une étoile rouge)
avec ces mots placés autour de l'écusson pour devise :
Lances et pondera servant; ils conservent tes balances
et tes poids.

On le voit, ces armoiries riches et assez ingénieuses

faisaient illusion à des détails particuliers à la profession qui les avait choisies.

Les vaisseaux sur la mer azurée semblaient apporter à pleines voiles les denrées de l'Orient, guidés par les étoiles du ciel : la balance d'argent et la devise désignaient la fonction des gardes de ce corps, de conserver les poids et mesures, et de veiller à leur sincérité.

Les apothicaires avaient une devise différente : c'était un palmier entouré d'une vipère ; le palmier, planté sur une montagne couverte de rochers, avec ces mots : *Versantur histribus*, pour indiquer qu'ils tiraient leurs remèdes des trois règnes de la nature : les minéraux, les végétaux et les animaux.

Arrivons maintenant à montrer par quelles phases a passé le commerce de l'Épicerie pour arriver à embrasser une aussi grande quantité de produits et si grande variété de marchandises. François Ier, en fondant en 1520 le corps des épiciers, leur interdit d'empiéter sur le commerce des apothicaires. Ce ne fut qu'en 1742, qu'un arrêt du parlement les divisa en *épiciers simples,* ou en *épiciers droguistes.* Ces derniers joignaient au commerce des premiers la faculté de vendre les drogues simples avec lesquelles on fabrique les substances médicamenteuses.

Les épices et les drogues simples avaient été dans l'origine les seules choses qui formassent le commerce de l'épicerie.

Sous le nom *d'épices* on comprenait, parmi les fruits : la muscade, le café, le cacao, le poivre, le girofle, les pistaches, les dattes, le citron, la bergamotte ; parmi les fleurs : celles du safran, celles du grenadier, celles de l'oranger ; parmi les feuilles : celles du thé, du dictame, du laurier; parmi les semences: celles d'anis, de fenouil, de carvi, de cumen. En outre, certains bois, certaines écorces, la cannelle, par exemple, certaines racines, le gingembre et autres, étaient aussi comptés au nombre des épices.

Sous le nom de drogueries, on comprenait des substances tirées des trois règnes de la nature et employées dans la médecine et dans les arts, substances venant en partie aussi des pays étrangers.

Le commerce de l'Épicerie s'étant étendu, on permit aux épiciers à différentes époques d'ajouter à leur négoce une foule d'objets de détails qu'il est commode et avantageux de trouver réunis chez le même commerçant. Ces objets nouveaux pouvant donc être vendus par le corps de l'Épicerie, en concurrence avec d'autres communautés, mais à certaines conditions, qui toutes tendaient ou à protéger les droits de ces divers communautés, ou à assurer le service du public et à maintenir les lois d'une bonne police.

Une courte notice des arrêts et des réglements qui concernaient ces différents objets, paraîtra sans aucun doute intéressante à ceux qui s'occupent avec zèle de leur profession.

Un arrêt du parlement du 8 août 1622, permit aux épiciers de vendre comme les taillandiers, cloutiers, serruriers, maréchaux et éperonniers, le *fer ouvré* et *non ouvré* et du *charbon de terre* comme en vendaient alors les merciers.

Un autre arrêt du parlement du 6 septembre 1731, permit aux épiciers de faire tenir et de vendre tant en gros qu'en détail, en fûts ou en bouteilles coiffées, toutes sortes de *ratafias, liqueurs de table, eaux-de-vie,* de fabriquer le *chocolat* et de distiller les *eaux-de-vie* et d'autres liqueurs...

Un autre arrêt du 5 juillet 1738, maintient les commerçants en épicerie dans le droit *de vendre de l'eau-de-vie en gros et en détail, et même de donner à boire et à manger chez eux, mais sans qu'on puisse s'attabler dans leurs boutiques.* Ce même arrêt leur permet de vendre du *café vert et non brulé,* du *thé* en feuilles, mais non en boisson. Ces arrêts furent confirmés par un arrêt du Conseil-d'État du Roi.

Un arrêt du parlement du 23 juillet 1740, permettait aux épiciers de *vendre comme les grainetiers en gros et en détail des légumes secs, à la condition qu'ils seraient obligés de mettre le quart de ces marchandises sur le carreau de la Halle, pour y être vendues, afin de garnir le marché conjointement avec les marchands grainetiers.* De plus, les épiciers étaient forcés de ne faire l'acquisition de ces denrées qu'au de-là de vingt lieues de Paris, et ne pouvaient les vendre qu'aux habitants et qu'aux heures indiquées par les statuts et réglements des grainetiers.

Par un arrêt du 11 juillet 1742, les épiciers eurent la faculté de vendre, *de même que les apothicaires,* toutes les drogues simples et les quatre grandes compositions qu'on appelait foraines, savoir:

La thériaque, le mithridate, la confection d'hyacinthe et le diascordium en même temps que les préparations chimiques, même celles qui ne servent qu'à la médecine à la condition de ne les tirer que de l'étranger et de la province. Ces dispositions furent confirmées par un arrêt du 14 juillet 1764, qui défendait en même temps aux épiciers de faire ou de vendre aucune préparation de pharmacie sous peine d'amende et de fermeture de leur boutique pour six mois, et même pour toujours en cas de récidive.

Cette réserve facile à comprendre avait été prise dans l'intérêt de la santé publique, la pharmacie étant une science qui exige des connaissances spéciales, des études longues et minutieuses, non-seulement beaucoup de pratique, mais encore une théorie approfondie. Aussi, comme les épiciers avaient le droit de vendre des produits chimiques, leur était-il ordonné par le même arrêt de faire visiter et approuver au bureau des apothicaires, par les gardes de ce corps et les médecins, les produits qu'ils tiraient de la province et de l'étranger.

Une sentence de police du 13 août 1745, défendit aux épiciers *d'avoir plus de 50 pintes de vinaigre.*

Un arrêt du parlement du 9 mai 1743, permit aux épiciers de vendre en gros, en tonne ou en barrique, des *jambons et autres charcuteries* venant de Bayonne, Mayence, Bordeaux, etc. D'autres réglements dont nous n'avons pas pu trouver les dates, permirent à l'épicerie: 1° *la vente des couleurs servant à la peinture,* mais ces couleurs ne pouvaient être vendues que brutes, les maîtres peintres ayant seuls le droit de les broyer et de les mélanger ; 2° la vente des bouchons fabriqués dans la province et à l'étranger; 3° de vendre du papier en détail, c'est-à-dire moins d'une rame à la fois; 4° de vendre du parchemin en rognures seulement et non en feuilles.

Un édit plus curieux est celui de Louis XIV, de juillet 1682, qui défend aux épiciers ainsi qu'aux apothicaires, d'avoir dans leurs magasins aucun poison naturel ou artificiel, à moins qu'il ne soit d'usage dans la médecine ou dans les arts, comme l'arsenic, le réalgar, l'orpiment et le sublimé-corrosif. Il est interdit par cet édit de débiter ces marchandises à d'autres qu'à des médecins, chirurgiens, maréchaux et teinturiers. De plus, il était enjoint aux marchands qui avaient droit de vendre ces poisons, de les tenir renfermés dans un lieu dont ils eussent la clé sur eux, de les débiter eux-mêmes, d'avoir un registre pour y inscrire la date du jour, la quantité qu'ils mettaient en vente, la quantité vendue, le nom de l'acheteur.

Cet édit fut rendu lorsque les empoisonnements de la Brinvilliers et de la Voisin vinrent épouvanter Paris et la France entière. On en comprend toute la sagesse, et on en sent la nécessité pour prévenir autant qu'il est possible le crime et le suicide, et leur ôter du moins des armes trop faciles.

Disons maintenant quelques mots des plus anciens monuments historiques de l'épicerie.

La première ordonnance où il soit parlé de l'épicerie est de 1312, sous Philippe-le-Bel. Elle a surtout rapport aux poids et aux mesures.

En voici le préambule :

« Philippe, par la grâce de Dieu, roy de France, nous faisons assavoir à tous que comme grands plaintes sont venus à nous et aux gens de nostre conseil par plusieurs fois, *des grands baras, fraudes ou tricheries* qui ont été de longtemps et sont encore en la maîtrise d'épicerie et d'autres avoir de poids, à grand dommage et decevance de nous et de tout nostre commun peuple et aultres, conversans et habitants de notre royaume.... avons ordonné et ordonnons, rétablissons les articles ci-dessous escripts.... etc. »

Sous la minorité de Charles VIII, une grande ordonnance organique, tout en unissant les épiciers et les apothicaires, défend :

A tout espicier de se mêler du faict et vaccation d'apothicairerie, si ledit espicier n'est lui-même apothicaire congnoissant, rapprouvé dudit métier.

En 1514, parut une ordonnance qui constitua les espiciers apothicaires en jurande particulière, et donna à cette corporation les réglements que nous avons exposés et les priviléges que nous avons décrits, et que confirma l'ordonnance de 1638 sous Louis XIII.

Nous citerons ici en partie un réglement particulier assez curieux, car il résume celui de 1514, et il témoigne des longues discordes qui ont longtemps divisé les apothicaires et les épiciers; il fait le partage des drogues et des épiceries, et assigne le rang que les maîtres de chaque corps devaient occuper dans les assemblées communes.

1° Il était permis aux épiciers de vendre toutes les drogues simples, rhubarbe, manne, casse, séné, etc. etc., de faire et vendre toutes sortes de conserves, de dragées et de confitures, biscuits, réglisse, masse-pains, huiles d'amandes, de noix, huiles à brûler, eau-de-vie de roses de dames, eaux spiritueuses, eaux de fleur-d'oranger.

2° Il était interdit aux épiciers de préparer *les sirops, les huiles par infusion, les eaux médicinales, les préparations pharmaceutiques*; ils pouvaient vendre les quatre préparations dont nous avons parlé, à la condition de les faire visiter au bureau des apothicaires, mais ils ne pouvaient les préparer.

3° La taxe des sirops, eaux médicinales, etc., appartenait aux maîtres et gardes apothicaires seulement;

4° Quant aux visites dont nous avons parlé dans notre premier article, les gardes apothicaires ne pouvaient les faire chez les marchands épiciers, sans être accompagnés des gardes de l'épicerie.

5° En procédant à ces visites, les maîtres et gardes épiciers devaient *avoir la droite* sur les maîtres et gardes apothicaires, et dans les rapports et procès-verbaux des visites, les gardes apothicaires devaient être *nommés les premiers;*

6° Dans les assemblées qui se faisaient entre les marchands épiciers et les apothicaires *dans l'église des Augustins de Paris*, les épiciers devaient prendre le côté droit le jour de la Saint-Nicolas d'hiver, et marcher les premiers à l'offrande.

C'était le contraire le jour de la Saint-Nicolas d'été.

Dans les assemblées du bureau, la présence était alternative;

7° Il était bien spécifié que la maison et le jardin sis au faubourg Saint-Marcel, rue de l'Arbalète (maintenant Ecole de Pharmacie) appartenaient bien et dûment aux apothicaires, à qui Nicolas Houel les avait donnés.

C'était dans ce même endroit que les examens des aspirants pharmaciens devaient être faits devant le doyen de la faculté de médecine et deux professeurs en pharmacie; c'était là aussi qu'un maître apothicaire faisait tous les ans un cours de chimie. Enfin c'était là que tous les cinq ou six ans on faisait la composition en public de la thériaque.

Cette maison, par lettres patentes de l'année 1706, fut déchargée du logement des gens de guerre, et déclarée franche de droit et de redevances.

On voit par ce réglement, que les épiciers avaient

été en guerre avec les apothicaires et qu'il avait été nécessaire que l'autorité intervint pour calmer ces querelles.

Cette querelle dura trois siècles, elle se signala par de nombreux procès, on fit intervenir arrêts sur arrêts, et depuis 1485 jusqu'en 1777, il y eu un grand nombre de décisions contradictoires. L'arrêt de 1632 règle la matière plus complètement, et c'est lui que nous avons cité tout à l'heure. Il rétablit la paix entre les deux corps et un arrêté de 1634 confirma la concorde.

En 1640, la guerre faillit recommencer à cause de la maison du faubourg St-Marcel. Cette maison située rue de l'Arbalète, fut une fondation pieuse ; Nicolas Houel, reçu maître apothicaire, en 1548, avait acquis, par son travail, une fortune assez considérable. Parvenu, en 1575, à un âge avancé, il demanda par une requête à Henri III, la licence de fonder une maison de charité, pour nourrir et élever des orphelins dans la piété, les bonnes lettres et l'art de l'apothicairerie, et pour fournir des médicaments aux pauvres honteux de Paris. Houel demandait à occuper les restes de l'hôtel des Tournelles, il ne réussit pas, mais le parlement accorda pour ce projet, la maison des Enfants-Rouges (sise au Marais). Les difficultés suscitées à Houel par les admistrateurs de l'hôpital des Enfants-Rouges, le forcèrent à chercher un autre terrain, et le parlement lui accorda l'hôpital de l'Oursine, désert, abandonné et tout ruiné et où malgré l'opposition de l'évêque de Paris, il fut installé en 1578 par les commissaires du Parlement avec la *supérintendance* de la maison. Il embellit cet hôpital, y consacra sa fortune et y mourut en 1587. Nous ne ferons pas l'histoire de cet établissement, mais nous dirons que dans la querelle qui s'éleva en 1648, entre les épiciers et les apothicaires, les épiciers se montrèrent de bonne composition et consentirent à partager les frais de cet établissement charitable et scientifique.

En 1768, les épiciers ne voulurent plus continuer cette communauté de dépenses toutes consacrées à l'art de la pharmacie, et après de longs débats intervint l'arrêt de 1777, qui constitua le collége de pharmacie et sépara les deux professions.

La déclaration du 25 avril 1777, rendue par Louis XVI eut un caractère plus positif et plus tranché que l'arrêt de 1632. L'article IV interdit *aux maîtres en pharmacie l'exercice de l'épicerie.* L'article V laisse aux épiciers la vente des drogues simples, mais non au poids médicinal, excepté pour la manne, la canne, la rhubarbe et le séné. — L'article VI interdit absolument aux épiciers toute vente et préparation de médicaments ou de sels pouvant servir de médicaments, à peine de 500 livres d'amendes; de plus, au cas de récidive, l'article IX renouvelle les prescriptions de l'édit de 1684, sur la vente des poisons employés dans les arts. — Nous ne rapporterons pas les autres dispositions relatives à la pharmacie.

Mais ce ne fut pas seulement avec les apothicaires que les épiciers furent en discordes, ce corps ayant empiété sur le commerce des marchands fruitiers, il en résulta un procès, et un arrêt du Parlement de 1689, décide : 1° qu'aux seuls épiciers et apothicaires appartiendrait le droit de vendre les *sucres, cassonnade, huile de noix et autres, poivre long et rond, girofle, gingembre, savons et soudes, riz, confitures, fruits confits, sirops, jambons;*

2° Qu'aux seuls fruitiers appartiendrait le droit de vendre *les œufs, le beurre frais, le fromage blanc, fromages nouveaux et anciens, pommes, poires, cerises, prunes, abricots; tous les fruits crus et verts, noix et noisettes sèches, ails, ognons et échalottes;*

3° Enfin, on permettait aux épiciers et aux fruitiers conjointement, la vente des *beurres salés, fromages autres que ceux de Brie, Pont-l'Evêque, Beauvais, Marolles, Angelots, oranges, citrons, grenades et leurs jus, olives, câpres, anchois, pruneaux, figues, amandes sèches, marrons, châtaignes et les fruits secs.*

Les épiciers eurent en outre des contestations commerciales avec les fabricants d'eaux-de-vie, et un arrêt du 22 mai 1685 ordonna que toutes les eaux-de-vie entrant dans Paris seraient conduites et visitées dans les vingt-quatre heures au bureau de l'épicerie, que tous les marchands d'eaux-de-vie seraient contraints de subir les visites des maîtres et gardes de l'épicerie, et qu'ils devraient payer entre leurs mains, les droits ordinaires de ces visites.

La prévoyance des anciens réglements s'étendait non-seulement sur les rapports des divers corps d'état entre eux, mais encore à fixer les rapports des maîtres et de leurs apprentis ou garçons. En 1786, fut rendu un réglement qui contenait les obligations des garçons épiciers, et dont nous donnerons les articles importants. L'article 1er ordonnait à tous les garçons épiciers de se faire inscrire au bureau du corps des marchands épiciers en y déclarant leur nom, leur âge, leur lieu de naissance, le nom de leur patron. L'article 2 leur imposait l'obligation d'extraire une expédition imprimée de l'enregistrement dont nous venons de parler.

L'article 3 disait que nul garçon ne pourrait quitter son maître sans l'avoir prévenu quinze jours d'avance, et avoir retiré un certificat expliquant quelle avait été sa conduite chez le patron qu'il quittait. L'article 4 ordonnait au garçon de déclarer immédiatement après sa sortie la maison dans laquelle il entrait : l'article 5 lui imposait de s'éloigner de la maison qu'il quittait, de manière qu'il en fût séparé au moins par dix boutiques de même commerce , il pouvait rentrer dans une boutique de même commerce et voisine, mais au bout seulement d'une année. Article 4. Le garçon sortant pouvait·si le patron lui refusait un certificat, ou le faisait contraire à la vérité, en appeler aux *maîtres et gardes*, puis au commissaire du quartier, puis au procureur du roi, si la première juridiction, toute conciliatrice ne pouvait accorder les parties.

Dans l'article 12 on faisait savoir aux garçons cherchant des places et aux patrons cherchant des garçons qu'ils pouvaient s'adresser au bureau du corps de l'épicerie qui leur donnerait, par le moyen des préposés à l'enregistrement, tous les renseignements nécessaires. L'art. XIII punissait de 100 livres d'amende toute contravention au présent arrêté. L'article XIV confiait aux maîtres et gardes de l'épicerie, le soin de veiller à l'exécution de ce règlement dans leurs ventes et de dresser les procès-verbaux nécessaires.

Tous ces anciens règlements si curieux comme renseignements historiques, mais qui, il faut bien le dire, étaient souvent des entraves au libre commerce et à la liberté des transactions, tombèrent avec les maîtrises et les jurandes. Un décret de l'Assemblée nationale du 17 mars 1794 abolit ces vieilles institutions, et en proclamant la liberté d'exercer telle profession, tel métier, tel art qu'on voudrait, établit les patentes; voici ce fameux article du décret (1).

« Art. 7. — A compter du 1er avril prochain (1791), il sera libre à toute personne de faire tel négoce ou d'exercer telle profession, art ou métier quelle trouvera bon, mais elle sera tenue de se pourvoir auparavant d'une patente, d'en acquitter le prix suivant les taux ci-après déterminés, et de se conformer aux règlements de police qui sont et pourront être faits, etc.

« Art. 9. — Tout particulier qui voudra se pourvoir de patente fera, dans le mois de décembre de chaque année, à la municipalité du ressort de son domicile, sa déclaration, laquelle sera inscrite sur un registre à souche; il lui en sera délivré un certificat coupé dans la feuille de sa déclaration. Le certificat contiendra son nom et la valeur fixe de ses habitation, boutique, magasin, atelier, etc. »

Depuis cette époque, les épiciers *sous le régime du libre commerce* sont assujettis à une surveillance sous le rapport de la qualité des marchandises qu'ils vendent, et ils ne doivent pas vendre de médicaments ni de substances vénéneuses; il est même ordonné à ceux qui

---

(1) Il serait curieux de chercher si l'abolition des jurandes et maîtrises n'est pas la cause des fraudes commerciales, et des concurrences déloyales. Quand on relit les vieux décrets dont on vient de parler, on voit que tous ont un but de moralité et de conservation.

Il serait curieux de voir que plus tard on en revint, non aux jurandes ni aux maîtrises, mais à ces réglementations que nous croyons meilleures, et pour l'acheteur et pour le vendeur.

vendent des couleurs de tenir ces produits séparés des substances alimentaires.

L'art. XXIX de la loi du 21 germinal an XI assujettit les épiciers à des visites faites par des professeurs de l'école de pharmacie accompagné d'un commissaire de police.

L'art. XXXIV renouvelle les prescriptions de l'édit de Louis XIV sur la vente des poisons, et punit les contrevenants de 3,000 fr. d'amende.

Toutes ces lois ont été confirmées et maintenues par les dispositions postérieures, et nous ne les avons rappelées ici que pour terminer le tableau historique que nous avons voulu présenter sur le commerce de l'épicerie.

Il nous fallu faire un choix, nous l'avons fait, en essayant de ne rien laisser de côté de ce qui peut être utile et intéressant; mais aussi en ne surchargeant pas de faits trop nombreux le cadre restreint dans lequel nous étions forcés de nous renfermer.

FIN DE L'HISTOIRE DE L'ÉPICERIE.

vendage des produits de toutes ces produits séparés des substances alimentaires.

L'art. XXIV de la loi du 21 germinal an XI assujettit les épiciers à des visites faites par des professeurs de l'École de pharmacie, accompagné d'un commissaire de police.

L'art. XXXIV renouvelle les prescriptions de l'édit de juillet XIV sur la vente des poisons, et punit les contre-venants de 3,000 fr. d'amende.

Toutes ces lois ont été confirmées et maintenues par les législations postérieures, et nous ne les trouverons rap-pelées ici que pour terminer le tableau historique que nous avons voulu présenter sur le commerce de l'épicerie.

Il nous fallu faire un choix, nous l'avons fait, en essayant de ne pas trop étendre ce récit de ce qui peut être utile et intéressant; puis qu'il ne nous suffisait pas de faits trop nombreux, le cadre restreint dans lequel nous étions forcé de nous renfermer.

MANUEL

DU

COMMERÇANT EN ÉPICERIE

TRAITÉ DES MARCHANDISES

QUI SONT DU DOMAINE DE CE COMMERCE

FALSIFICATIONS QU'ON LEUR FAIT SUBIR

MOYEN DE LES RECONNAÎTRE.

ABSINTHE.

L'absinthe est une liqueur devenue à la mode on ne sait trop pourquoi. En effet, l'action pernicieuse de cette boisson n'est que trop constatée. Journellement elle fait des victimes, et récemment encore on comptait des noms illustres, parmi lesquels on pourrait citer G. de N., l'écrivain H. M., le romancier, et A. de M., le poëte charmant, qui ont trouvé la mort par l'usage de cette boisson qui leur procurait des inspirations factices.

L'absinthe dont les désœuvrés et les personnes qui cherchent à tuer le temps font usage « est recherchée, « dit-on, par les artistes, les gens de lettres ; ils puisent « dans cette liqueur une fièvre factice, une inspiration « fugitive. Mais on ne songe point que chaque jour la « dose augmente, et que pour obtenir cette exaltation « on arrive à émousser l'intelligence et à détruire la « santé. Les effets de ce poison sont rapides, foudroyants, « car à l'extase fébrile, pleine de rêves délirants suc-

« cède l'affaiblissement, la somnolence continuelle. Les
« yeux sont ternes, les mains tremblantes; cette liqueur
« devient indispensable au travailleur, puis la raison
« chancelle, l'ivresse arrive, l'inspiration disparaît,
« l'homme meurt mais l'ivrogne reste jusqu'à ce que la
« mort vienne le saisir. » *(Journal de Chimie médicale.)*

D'après Mottes, la cause principale de ces effets toxiques est due à la grande quantité d'alcool que cette liqueur contient. L'absinthe commune, dit-il, se fait avec des alcools à 40°, l'absinthe suisse avec des alcools à 60°, 70° et 72°. La stupeur ébrieuse est la conséquence de l'usage continu de cette liqueur, le delirium tremens la suite, et la mort la fin.

Chargé d'examiner vingt échantillons différents d'absinthe, M. Chevallier a trouvé qu'ils contenaient les quantités suivantes d'alcool : elles renfermaient 33, 41, 42, 43, 44, 44, 46, 48, 48, 50, 50, 55, 56, 56, 59, 60, 62, 63, 64, enfin une de ces liqueurs contenait 72 % d'alcool (1) en volume. On conçoit que les effets de l'absinthe doivent varier en proportion de la quantité d'alcool, et on voit qu'elle est très-différente et que souvent même elle atteint un chiffre énorme. L'absinthe la moins mauvaise est celle qui contient le moins d'alcool, et il serait à désirer que les distillateurs fussent obligés de se conformer pour sa préparation à une formule légale, publiée par l'autorité.

---

(1) Ces essais ont été faits à propos d'un procès intenté à un négociant ; on lui reprochait d'avoir vendu de l'absinthe à bas titre, c'est-à-dire ne contenant pas autant d'alcool que d'autre absinthe vendue dans le pays. On lui reprochait d'avoir été un peu moins empoisonneur que les autres débitants.

L'absinthe, qui donne son nom au produit, est une plante cultivée dans les jardins; il y en a trois sortes : la *grande absinthe*, la *petite absinthe*, et l'*absinthe marine* qui servent toutes les trois indifféremment à la préparation de la liqueur; cependant la grande est toujours employée de préférence; elle doit être séchée rapidement, autrement elle blanchit et perd une partie de son arôme.

La liqueur qu'elle fournit est limpide et d'un vert tendre, couleur qu'on lui communique au moyen de substances incapables de nuire à la santé, comme les feuilles d'ache, d'épinards, d'ortie, de génépi des Alpes. Le principe de sa préparation est la distillation, et le produit est par conséquent un alcoolat chargé d'huiles essentielles.

On a publié un grand nombre de formules qui toutes ont été plus ou moins modifiées par les distillateurs, si bien qu'aujourd'hui chaque fabricant a la sienne propre. La suivante donne de bons produits, suaves et aromatiques :

Pr. Absinthe	4000 gr
Canelle	64
Genièvre	465
Racine d'angélique	12
Safran	8
Macis	4
Anis vert	4
Clous de giroffle	n° 8
Alcool à 40°	8250

On divise toutes les substances le plus possible, et on les met à macérer dans l'alcool pendant quinze jours, en agitant le mélange de temps en temps. Au bout de ce temps on distille au fort filet, le liquide sort limpide et blanc, quelquefois ambré ; quand on a retiré 5 litres et demi d'alcool on le reverse dans l'alambic et on distille de nouveau, pour retirer seulement 4 litres et demi. On y mêle alors une eau sucrée composée de sucre, 2500 gr., et eau 3 litres et demi ; on l'additionne d'une petite quantité d'eau de fleurs d'oranger et on filtre le tout à la chausse.

L'absinthe a été colorée en vert par du sulfate de cuivre ou par un mélange de gomme-gutte et d'indigo, substances délétères et qui augmentent les effets pernicieux de cette liqueur. Pour constater la présence du sel de cuivre, il suffit d'évaporer l'absinthe en consistance d'extrait et de brûler l'extrait obtenu. On traite les cendres par l'acide chlorhydrique et on évapore de nouveau pour chasser l'excès d'acide ; on reprend le résidu par l'eau distillée. Si l'absinthe devait sa couleur à un sel de cuivre, la solution devient d'un beau bleu quand on y verse de l'ammoniaque.

Pour reconnaître la gomme gutte, on évapore la liqueur et on redissout dans de l'alcool à 40 degrés l'extrait qu'on a obtenu. On filtre ce liquide et on évapore de nouveau au bain-marie. Lorsque le produit est concentré on y ajoute de la potasse en solution, et il se manifeste une coloration rouge vif qui dénote la présence de la gomme-gutte.

Dans le principe, l'absinthe était une tout autre liqueur que celle que l'on consomme aujourd'hui ; elle était préparée uniquement avec l'absinthe : aussi ne blanchissait-elle pas par son mélange avec l'eau. Elle ne contenait pas les huiles essentielles qui peuvent augmenter son action toxique.

La fabrication de ce produit nuisible à la santé se fait maintenant sur une très-grande échelle ; il y a de ces fabriques qui fonctionnent à l'aide de machines à vapeur.

ALCALI VOLATIL
Ammoniaque.

On donne le nom d'alcali volatil à un liquide incolore doué d'une odeur pénétrante et caractéristique, excitant le larmoiement. Ce liquide ramène au bleu le papier rouge de tournesol, verdit le sirop de violettes et rougit le papier de curcuma.

L'ammoniaque bien qu'elle soit un poison énergique en détruisant et corrodant les tissus comme les acides les plus puissants, ayant une action vésicante prononcée sur la peau qu'elle désorganise, se trouve maintenant dans les magasins des épiciers depuis qu'on l'emploie pour dégraisser les tissus et enlever les tâches.

Ce liquide est formé par une dissolution aqueuse de gaz ammoniac. Ce gaz jouit de toutes les propriétés alcalines de la potasse et de la soude, il se combine directement avec les acides, avec dégagement de chaleur, et donne avec eux des sels définis, soumis à toutes les règles qui régissent ces corps ; c'est à cette propriété qu'il doit son nom d'*alcali volatil,* nom que l'on a étendu à sa dissolution aqueuse, forme sous laquelle on le trouve dans le commerce.

La préparation de l'ammoniaque liquide est depuis longtemps entrée dans le domaine de l'industrie, elle repose sur la propriété que possèdent les bases fixes alcalines ou alcalino-terreuses, de déplacer l'ammoniaque sous l'influence de la chaleur. Elle consiste à chauffer un mélange d'un sel ammoniacal: chlorhydrate ou plus économiquement sulfate et hydrate de chaux, ou chaux éteinte. Ce mélange est introduit dans un appareil en fonte muni d'un couvercle fermé hermétiquement au moyen d'une vis de pression. Ce vase communique avec une série de bombonnes en grès à trois tubulures et contenant de l'eau distillée, la première fait l'office de flacon laveur et retient l'acide chlorhydrique et les produits empyreumatiques que renferment ordinairement les sels ammoniacaux du commerce.

Le gaz se dissout dans l'eau des vases en grès, et cette dissolution constitue l'alcali volatil du commerce. On met dans chaque flacon un poids d'eau égal à celui du sel ammoniacal que l'on a employé.

La densité de ce liquide est égale à 0,92 et à la température de 15° centigr., l'aréomètre de *Baumé* doit marquer 22°.

Les usages de l'ammoniaque sont nombreux ; dans les arts elle sert à préparer les matières colorantes de l'orseille, du carmin, à faire l'essence d'orient. En médecine elle est employée comme rubéfiant et comme caustique ; en médecine vétérinaire elle sert a détruire les effets de la météorisation des animaux herbivores.

L'ammoniaque liquide est souvent souillée par la présence d'huiles empyreumatiques, d'acides sulfurique ou chlorhydrique, de cuivre, de carbonate de chaux, de chlorure de calcium et de carbonate d'ammoniaque.

Les huiles empyreumatiques proviennent des matières goudronneuses qui accompagnent les sels ammoniacaux du commerce. Pour les reconnaître, il suffit d'évaporer un peu d'ammoniaque dans une capsule de porcelaine à la chaleur du bain-marie ; les huiles restent pour résidus et sont facilement reconnaissables à leur odeur, et à leur couleur.

Les acides sulfurique et chlorhydrique, ont été entraînés par la distillation ; pour constater leur présence on verse dans le liquide une solution de chlorure de baryum qui donne un précipité blanc avec l'acide sulfurique. L'acide chlorhydrique se reconnaît au moyen du nitrate d'argent qui donne un précipité blanc devenant violet à la lumière. Dans les deux cas il est indispensable de saturer l'ammoniaque par l'acide azotique ; parce que dans le premier, le précipité pourrait être dû à la présence de l'acide carbonique dans l'ammoniaque ; et dans le second, le précipité ne se formerait pas attendu que le chlorure d'argent est soluble dans l'ammoniaque. Quand l'ammoniaque contient du cuivre la présence de ce métal lui communique une teinte bleue facilement reconnaissable.

Le carbonate de chaux et le chlorure de calcium se reconnaissent par l'évaporation du liquide ; ils restent alors pour résidu, et le carbonate de chaux fait effervescence quand on le traite par les acides.

Le carbonate d'ammoniaque se reconnaît en versant directement de l'acide sulfurique dans l'ammoniaque ; l'acide carbonique se dégage en produisant une effervescence.

Les falsifications que l'on fait subir à l'ammoniaque consistent 1° à la préparer avec de l'eau ordinaire au lieu d'employer de l'eau distillée. L'évaporation suffit pour déceler cette fraude ; il ne doit rester aucun résidu quand on s'est servi d'eau pure.

2° A lui donner un degré de concentration plus faible que celui qu'elle doit avoir.

Nous avons dit plus haut qu'elle devait peser à l'aréomètre Baumé 22°; tout alcali volatil qui donnera avec cet instrument des indications inférieures à ce degré devra être regardée comme trop faible.

ALCOOL.

L'alcool est le produit de la fermentation des liquides sucrés, comme par exemple le jus de raisin, de pommes, de poires, de cerises, de betteraves, de carottes, et les liquides provenant de la saccharification des grains, de la fécule de pommes de terre.

L'alcool est la base de tous les liquides spiritueux, tels que eaux-de-vie, rhum, tafia, kirch, le ratk, le genièvre, le marasquin, qui se distinguent de l'alcool par un arôme particulier à chacun d'eux.

L'alcool proprement dit, appelé autrefois esprit ardent, eau ardente, esprit de vin, est à l'état de pureté, c'est-à-dire complètement privé d'eau, un liquide transparent, incolore, doué d'une grande mobilité; il a une saveur chaude et pénétrante, une odeur énivrante. Dans le commerce on ne le trouve pas ordinairement à cet état, il contient des quantités d'eau variables et qui apportent des modifications à sa densité et à son point d'ébullition.

L'alcool, quelque soit son origine, a évidemment une composition identique; cependant, il conserve quelques propriétés qui permettent quelquefois de déterminer sa provenance. Ainsi l'alcool de vin, de cerises, de canne à sucre, a une saveur plus ou moins agréable; au contraire, lorsqu'il résulte de la distillation des liquides fermentés, provenant des marcs de raisin, du cidre ou du poiré, des grains, de la fécule de pommes de terre, il a une odeur plus ou moins désagréable.

Parmi les procédés employés pour reconnaître la force d'un alcool, il en est un qui donne la quantité réelle d'alcool et d'eau constituant l'alcool examiné, c'est-à-dire le titre du liquide. Ce sont les aréomètres.

Trois sortes d'aréomètres sont mis en usage; ces instruments sont des flotteurs en verre surmontés d'une tige qui porte l'échelle; ils ne diffèrent les uns des autres que par la graduation.

L'aréomètre légal, et celui dont les indications sont le plus précises, est l'*alcoomètre centésimal*, de GAY LUSSAC, à l'aide duquel on détermine la quantité d'alcool en volume contenue dans un mélange de ce liquide avec l'eau. Ainsi le liquide alcoolique dans lequel l'instrument s'enfonce jusqu'au 55me degré contient dans 100 parties de son volume total 55 d'alcool, et 45 d'eau ; c'est de l'alcool à 55°.

Les autres alcoolomètres sont ceux de BAUMÉ, qui marque de 10 à 45°, et de CARTIER, qui marque de 10 à 40.

Pour s'en servir il suffit de plonger ces appareils dans l'alcool à examiner et de regarder le point d'affleurement, c'est-à-dire le point où la tige de verre pénètre dans le liquide, le chiffre de l'échelle qui se trouve en regard indique la richesse de l'alcool.

Les observations faites à l'aide de ces instruments doivent être prises à la température de 15 degrés centigrades, ce dont il est toujours facile de s'assurer en plongeant un thermomètre dans l'alcool. Si la température est trop haute, on la fait descendre graduellement au moyen d'un bain d'eau froide; dans le cas contraire, on la fait monter au moyen d'un bain d'eau tiède.

Il existe du reste des tables de correction pour tous les degrés du thermomètre de 0 à 30° c., et qui font connaître immédiatement la richesse d'un liquide en alcool absolu, telle qu'elle serait à 15° c.

Dans le commerce on donne des noms différents aux divers degrés de spirituosité de l'alcool extrait du vin ou des autres boissons. Les premiers produits de la distillation marquant de 16° à 20° Cartier portent le nom d'eau-de-vie; celle qui marque 19° porte le nom de preuve de Hollande.

Les alcools plus riches portent le nom d'esprit, et pour les désigner on a pris la preuve de Hollande pour type. — Un esprit 3/6 est celui qui fournit une eau-de-vie à 19°, quand on y mêle de l'eau dans la proportion de 3 volumes d'esprit et 3 d'eau. — On a de la même manière le 3/5, le 3/7 et le 3/8.

L'esprit rectifié est de l'alcool de 66° à 70°.

L'alcool est un des liquides les plus employés en chimie et en pharmacie; dans les arts il entre dans la composition des vernis, il sert à fabriquer du vinaigre, à lustrer les bougies stéariques, à confectionner le savon diaphane. Uni au sucre et annexé aux aromatiques, il fait la base de toutes les liqueurs de table (anisette, curaçao, etc.) Il sert à préparer les fruits confits.

Enfin, l'alcool de mauvais goût sert à la conservation des animaux, des pièces anatomiques; il est employé au chauffage dans l'économie domestique et à préparer les dissolutions de carbure d'hydrogène, pour obtenir l'hydrogène liquide propre à l'éclairage.

Les alcoolomètres ne peuvent servir qu'autant que l'alcool ne contient en dissolution aucun corps étranger, tel que le chlorure de calcium que quelques commerçants ajoutent à l'alcool pour augmenter sa densité et diminuer ainsi la charge de l'octroi. Pour constater cette fraude, il faut étendre d'eau distillée l'alcool suspect et y verser une solution d'oxalate d'ammoniaque, qui donne un précipité blanc dans le cas de fraude, puis du nitrate d'argent qui donne également un précipité blanc insoluble dans l'acide nitrique mais soluble dans l'ammoniaque. On peut encore agir d'une autre manière. On évapore l'alcool et on obtient pour résidu le chlorure de calcium qu'on peut redissoudre dans l'eau.

L'alcool peut contenir en dissolution des sels de cuivre et de plomb, soit parce qu'il a été conservé dans des vases de cuivre étamés anciennement ou attaqués par de l'acide acétique, soit à cause du mauvais état des vases distillatoires, soit à cause de l'emploi de serpentins construits avec un alliage de plomb et d'étain à bas titre.

Le cuivre s'y reconnaît par la coloration bleue que fait naître l'addition d'un peu d'ammoniaque, par la coloration rose produite par le cyanoferrure de potassium, enfin, par le précipité de cuivre métallique qui s'opère quand on y plonge une lame de fer décapé.

Le plomb se reconnaît par une coloration ou par un précipité jaune que produit l'iodure de potassium et un précipité blanc que produit le sulfate de soude.

Quand l'alcool a séjourné longtemps dans des vases en zinc, ce métal a pu entrer en dissolution. On le reconnaît en versant une très-petite quantité d'ammoniaque qui détermine un précipité blanc, lequel se redissout quand on ajoute une plus grande quantité d'ammoniaque.

Les alcools de moyenne force conservés en vidange renferment de l'acide acétique. L'alcool, dans ce cas, rougit le papier bleu de tournesol.

Dans le commerce on appelle esprit mauvais goût les

alcools qui ont une saveur désagréable, soit que ce goût provienne des produits distillés, fécules, betterave, soit de l'addition qu'on a faite d'essence de térébenthine dans le but de ne pas payer les droits du fisc qui ne portent que sur les alcools destinés à être vendus comme boisson. L'alcool térébenthiné se distingue facilement par son odeur et parce qu'il rend l'eau plus ou moins opaline ou laiteuse quand on en opère le mélange par l'agitation.

Il est quelquefois difficile de déterminer l'origine d'un alcool. Pour distinguer l'alcool de vin des alcools de grains et de pommes de terre, on verse un peu de celui qu'on examine dans le creux de la main, et on facilite l'évaporation en frottant les deux mains l'une contre l'autre; l'odeur particulière à chaque espèce d'alcool devient manifeste pour les personnes habituées à ce genre d'essai. Il faut dire qu'on juge mieux les alcools au bout d'un certain temps de préparation qu'au sortir des alambics; ils ont alors perdu le *goût de feu*. Quelquefois l'odeur d'huile empyreumatique propre aux alcools de grains, de fécule, de marc, se développe quand on étend l'alcool d'eau.

Mais il est préférable d'ajouter à l'esprit qu'on veut essayer une certaine quantité de nitrate d'argent en dissolution, et d'exposer le mélange à la chaleur du soleil. Rien ne se manifeste si l'esprit est pur; mais s'il contient de l'alcool de grains, il se forme un précipité noir occasionné par la présence de l'huile spéciale qui se trouve dans cet alcool.

On peut reconnaître par la distillation, à l'aide d'un alambic spécial les proportions d'alcool contenues dans un liquide spiritueux; on se sert, comme nous l'avons dit des alcoolomètres; mais comme ces instruments donnent des indications fausses dans les liquides qui contiennent des substances en dissolution et accusent des degrés faux, on a recours à la distillation ainsi que nous le dirons à l'article vin. (Voir article Vin.)

ALLUMETTES.

Les allumettes *chimiques* ou plutôt *phosphoriques* ont aujourd'hui remplacé complétement l'usage du briquet; les allumettes soufrées qui en étaient l'auxiliaire indispensable ont été abandonnées en même temps que lui. C'était tout simplement des morceaux de bois de tremble ou de tout autre bois blanc fendus à la main ou par des procédés mécaniques, ou bien encore des *chenévottes*, qui étaient enduites d'un peu de soufre ordinairement à leurs deux extrémités.

Sous le nom d'allumettes *oxygénées*, on vit d'abord dans le commerce des allumettes qui, pour s'enflammer, étaient mises en contact par la tête avec de l'amiante humectée d'acide sulfurique. La matière inflammable se composait d'une pâte formée de *chlorate de potasse*, de *fleur de soufre*, de *lycopode*, de *poudre de sucre candi*, de *gomme arabique* et de *gomme adraganthe*.

L'emploi en était mal commode, à cause de la nécessité d'avoir toujours à sa disposition de l'acide sulfurique concentré dont les propriétés corrosives exigeaient un soin tout particulier; de plus, au moment de l'inflammation, la matière pétillait et lançait de petites gouttes d'acide qui tombaient sur le linge qu'elles brûlaient.

On préparait avec le même mélange des allumettes *à pression en cire* dont il suffisait de comprimer la tête.

Depuis l'application que l'on a faite, vers 1828 en France, du phosphore à la préparation des allumettes, toutes les inventions antérieures ont été abandonnées pour le nouveau produit. Malgré les inconvénients qu'elles présentent, malgré les accidents qu'elles ont occasionnés, surtout dans les premiers temps, soit comme poison, soit comme source d'incendie, les *allumettes chimiques phosphorées* sont restées d'un usage général, parce que c'est le moyen le plus commode, le plus sûr et le plus prompt d'obtenir du feu.

Les premières que l'on fabriqua présentaient le grave inconvénient de détonner et de lancer de tous côtés des étincelles enflammées. Cette propriété tenait à ce que, dans le but d'activer la combustion, on mélangeait à la pâte de phosphore des sels capables de fournir de l'oxygène à la combustion, tels que chlorate de potasse, salpêtre; aujourd'hui on les a en partie supprimés de même que le *minium* que l'on ajoutait dans le même but.

La fabrication des allumettes se compose de deux opérations distinctes : la première consiste à préparer les allumettes soufrées en trempant les morceaux de bois dans du soufre fondu ; la seconde est celle par laquelle on munit l'allumette de son amorce. La pâte amorçante est faite avec de l'eau, de la gélatine ou de la gomme et du phosphore; on y mêle aussi du sable fin pour augmenter l'énergie du frottement, et du bleu de Prusse ou du vermillon, pour colorer en bleu ou en rouge.

Les allumettes sont de deux sortes : les *allumettes ordinaires* et les *allumettes au phosphore amorphe*. Le phosphore dit *amorphe* est un phosphore à un état moléculaire particulier, état qui lui ôte l'action funeste qu'il a sur l'économie animale; il n'agit plus alors comme poison. Dans la nouvelle fabrication on éloigne aussi les chances d'accident par le feu; et pour cela la pâte qui termine les allumettes ne peut s'enflammer que lorsqu'on les frotte sur une plaque phosphorée qui est fixée à la boîte qui les renferme (1).

L'usage des allumettes au phosphore amorphe tend à se répandre de plus en plus; aujourd'hui même, l'emploi des autres est interdit dans la plupart des grandes administrations, dans les établissements publics et dans bon nombre d'usines.

Les allumettes du commerce se divisent en *allumettes communes, allumettes en boîte, allumettes rondes, allumettes bougies,* etc.

Des allumettes qui ont été bien fabriquées s'enflamment instantanément par le frottement. On les reconnaît à ce que le soufre est étendu à peu près uniformément autour du bois, et à ce que la tête ou amorce adhère solidement et présente une surface arrondie et luisante, propriétés qu'elles perdent plus ou moins rapidement quand elles sont conservées à l'humidité. Il ne faudrait pas non plus les serrer dans un lieu dont la température fut trop élevée, comme par exemple dans le voisinage d'une cheminée ou d'un calorifère. Enfin, pour éviter toute chance d'inflammation, il ne faut pas les conserver en trop grandes masses dans un lieu sec, car elles pourraient s'enflammer spontanément. On ne saurait trop recommander aux épiciers de renfermer les

______

(1) La pâte qui détermine l'inflammation est composée avec de la gélatine, du chlorate de potasse et du sable.

allumettes chimiques dans des boîtes métalliques, en
tôle, avec couvercle ; ils éviteront les accidents d'incendie qui ont cette origine comme on l'a constaté souvent.
Nous démontrons ce que nous avançons en indiquant
les incendies qui ont brûlé divers établissements : rue
du Faubourg-Saint-Honoré, 102 ; rue de l'Ecole, 10 ; rue
Jacob, 9 ; rue Charretière, 11 ; rue des Lombards, 37 ;
rue Rochechouart, 40 ; rue du Temple, 109 ; rue Mon-
torgueil, 35 ; rue des Messageries, 8 ; rue de Castel-
lane, 14 ; rue Greneta, 3 ; rue de l'Ecluse, 45 ; rue Nôtre-
Dame-des-Victoires, 25 ; rue Neuve-Saint-Augustin, 11 ;
rue Traversière, 66 ; rue de l'Université, 4 ; etc., etc. —
Dans tous les établissements que nous citons, le feu s'est
déclaré dans la boutique ou dans les magasins.

ALUN.

L'alun du commerce, qui porte aussi les noms de *sulfate d'alumine et de potasse*, *alun potassique*, sulfate
alumino potassique, est un sel double, résultant de la
combinaison du sulfate d'alumine avec le sulfate de potasse.

Il y a deux variétés distinctes d'alun, ce sont l'*alun
octaédrique*, *alun de Liége* ou *alun français*, et l'*alun
cubique* ou *alun de Rome*.

Le premier provient des fabriques Françaises ou Lié-
geoises, il est en cristaux octaédriques réguliers s'efflo-
rissant légèrement à l'air, transparents et solubles dans
l'eau.

L'alun cubique qui est moins connu doit sa forme en
cube à un excès d'alumine que ce sel renferme. De plus,
il contient des sels de fer qui le colorent en rose ; cet

alun cubique est facilement transformé en alun octaédrique incolore et transparent, quand on le dissout dans
l'eau et qu'on l'évapore à une température supérieure
à 50°.

L'alun exposé à la chaleur fond d'abord dans son eau
de cristallisation, et si on le laisse refroidir en cet état, il
se solidifie sous forme de masse vitreuse et transparente
appelée alun de roche; à une température plus élevée il
se boursouffle, perd son eau et se transforme en une
matière blanche, légère et spongieuse connue sous le
nom d'alun calciné.

A Paris et dans quelques autres villes manufactu-
rières, on prépare l'alun de toute pièce au moyen de
l'argile, et souvent on trouve du bénéfice à remplacer
le sulfate de potasse par le sulfate d'ammoniaque, qui
possède aussi la propriété de transformer le sulfate d'a-
lumine en alun. Cet alun prend le nom d'alun ammoniacal.

L'alun est très-employé en médecine à l'intérieur et
à l'extérieur, à l'état naturel ou à l'état d'alun calciné;
il est employé à la préparation du bleu de Prusse et des
laques. Il est employé encore comme antiseptique pour
la conservation des peaux, et en teinture il sert de mordant.

L'alun contient souvent du fer dont la présence est
souvent nuisible aux opérations tinctoriales. On reconnait la présence de ce métal en préparant au moyen de
l'eau distillée une dissolution d'alun, et en y versant du
cyanure de jaune de potassium: cette addition détermine une coloration bleue et plus tard la formation d'un
précipité bleu.

On peut jusqu'à un certain point apprécier la quantité

de fer contenue dans un alun en traitant la solution par du tannin, qui donne une coloration noire d'autant plus intense qu'il y a plus de fer.

Plus rarement l'alun contient du cuivre que l'on reconnaît de la manière suivante : on traite la liqueur d'alun par de l'ammoniaque qui détermine la séparation du fer et de l'alumine; on filtre la liqueur et on y verse une solution de cyanure jaune de potassium; il se forme alors un précipité rose ou brun marron.

L'alun contient quelquefois des sulfates de soude et de magnésie ; le premier rend le sel très-efflorescent à l'air, et le second lui donne un aspect particulier qui lui a fait donner le nom d'alun fibreux.

On a souvent substitué l'alun ammoniacal à l'alun de potasse; cette fraude se reconnaît à l'odeur pénétrante d'ammoniaque que produit dans la dissolution de l'alun l'addition d'un peu de potasse caustique.

AMADOU.

L'amadou qui autrefois était employé en très grande quantité comme substance d'utilité première pour se procurer du feu, est peu usité à l'époque actuelle ; cependant on en trouve encore dans quelques localités. C'est une substance spongieuse et inflammable, que l'on prépare avec une espèce de champignon, l'*agaric* dit *de chêne*, qui croît sur les chênes, les noyers, les hêtres ; ce champignon a la forme d'un sabot de cheval, est épais et de couleur roussâtre.

Pour préparer l'amadou on fait bouillir l'agaric dans de l'eau pour le ramollir, on le coupe par tranche et on le bat avec des marteaux de bois pour l'assouplir.

Séché dans cet état, il constitue l'amadou des chirurgiens propre à arrêter les hémorrhagies des petits vaisseaux. Pour rendre l'amadou, inflammable on le fait bouillir dans une dissolution de salpêtre, et on le fait sécher dans une étuve.

L'amadou peut quelquefois ne pas s'enflammer facilement, ce qui tient ordinairement à ce qu'il n'a pas été assez battu. Pour lui donner cette propriété, on le fait bouillir dans de l'eau pendant longtemps pour le ramollir sur la fin de l'opération on ajoute à l'eau un mélange de salpêtre et de nitrate de plomb.

AMANDES.

L'amande est la graine du fruit de l'amandier (*amigdalus communis*), arbre qui est cultivé dans le midi de la France. Le fruit est charnu, vert, ovoïde, allongé, comprimé et terminé en pointe à son sommet. Sa chair est peu épaisse, dure et coriace. Son noyau est rugueux et crevassé. Tantôt la coque est mince et se brise facilement, tantôt elle est épaisse, dure et ligneuse.

L'amandier présente deux variétés distinctes l'une de l'autre et qu'il importe de ne pas confondre. La première a ses amandes *douces* et la seconde les a *amères*.

Les amandes contiennent une huile grasse que l'on en retire par expression, et qui est une des huiles les plus fines et les plus estimées, surtout pour les usages pharmaceutiques et pour la parfumerie. Elles contiennent en outre des principes azotés analogues à l'albumine et à la caséine, ce qui leur procure la propriété, quand elles sont pilées et délayées dans l'eau, de donner un liquide blanc, laiteux, qui porte le nom d'*émulsion*.

Cette couleur est due à la suspension de l'huile grasse dans l'eau. Ce liquide, qui porte aussi le nom de lait d'amandes, est la base du sirop d'orgeat, des loochs et d'un certain nombre d'eaux pour la toilette, comme le lait antéphélique qui est aujourd'hui à la mode.

Outre ces différents principes, les amandes amères contiennent de l'acide prussique et une huile volatile particulière qui se développe au contact de l'eau. C'est à ces deux principes qu'elles doivent leur saveur amère et l'action funeste qu'elles exercent sur l'économie animale quand on les y introduit en trop grande quantité.

Les amandes sèches sont seules vendues dans le commerce; elles se divisent en *amandes à coque tendre et fragile* et en *amandes à coque dure*; c'est à cette dernière variété qu'appartiennent les amandes amères.

Il existe deux espèces principales d'amandes douces, ce sont :

1° Les *amandes à la dame* qui ont la coque dure et lisse, un peu piquée; elles viennent du Languedoc et de la Provence. Parmi celles qui viennent du Languedoc on trouve une variété qui porte le nom de *becs à corbin* à cause de leur pointe qui est très-effilée et légèrement recourbée.

2° Les *amandes princesse* ou fines dont la coque est mince, très-friable, et exhale une légère odeur de violette, sont les plus estimées.

Les *amandes cassées* appartiennent à la variété d'amandier à coque dure; elles sont séparées de leur enveloppe et comprennent les *amandes douces* et les *amandes amères*.

Les amandes douces sont : *l'amande de Chinon, l'amande de Milhau, l'amande de Malaga*, l'amande dite *flots de Provence* et qui se divise en *petits, moyens et gros flots;* — *l'amande douce de Provence* qui est triée et dont on fait trois choix que l'on distingue par les noms de *grosses, moyennes* et *petites triées.*

Les amandes amères viennent de Béziers, Montpellier et Milhau, elles sont récoltées aux environs de Pézenas.

Les amandes doivent être conservées à l'abri de l'humidité ; elles doivent être criblées de temps en temps pour séparer les mites qui les rongent. Les amandes de bonne qualité sont fraîches, jaunes en dehors et blanches en dedans, agréables au goût, ni rances, ni ridées, pleines, entières et bien nourries. On doit rejeter celles qui sont molles et qui plient facilement.

AMIDON.

On appelle amidon une matière blanche, brillante, qui se précipite du suc d'un grand nombre de végétaux. L'amidon est composé par des grains petits, organisés et formés par un certain nombre de couches concentriques de plus en plus compactes en s'approchant du centre. Selon leur origine, ces grains, quoique toujours d'une composition chimique identique, présentent des degrés de cohésion différents et de grandes variétés dans les volumes, la forme et l'aspect extérieur.

La matière amylacée porte différents noms. Celui obtenu des graines de céréales est connu dans le commerce sous le nom d'amidon.

L'amidon de blé, qui fait l'objet de cet article, se présente dans le commerce en poudre, ou plus souvent en aiguilles prismatiques, forme qu'il a prise par le retrait régulier opéré par la dessication. La forme en aiguilles est généralement préférée; c'est un cachet de pureté. A cet état l'amidon de bonne qualité est très-léger, doux au toucher, se brise sous le moindre effort et se réduit facilement en poudre. Il fait entendre un certain bruit lorsqu'on le brise entre les mains, se divise dans l'eau froide et au contact de l'eau bouillante se gonfle et se résout en une matière épaisse transparente, mucilagineuse, connue sous le nom d'empois.

Il est insoluble dans l'alcool et bleuit par l'iode.

Pour l'extraction de l'amidon deux procédés sont mis en usage.

Le premier nécessite l'emploi des blés dans un bon état de conservation. Les farines sont réduites en pâtes fermes et pêtries sous une multitude de filets d'eau dans une espèce de pétrin qui porte le nom d'*amidonnière*. L'amidon est entraîné et le gluten reste pour résidu. On lave l'amidon et on le passe au tamis de soie.

L'ancien procédé n'offre d'avantages sérieux que quand on a affaire à des blés avariés. Le principe de ce procédé repose sur la destruction du gluten par la fermentation. Dans cette opération il se dégage des émanations et des gaz fétides qui font repousser les amidonneries loin des villes. Dans les deux procédés, l'amidon passé plusieurs fois au tamis de soie et lavé à plusieurs reprises est disposé en pains dans une étuve. La dessication lui fait éprouver un retrait; la masse se fendille assez régulièrement et donne au produit la forme en aiguilles qu'il a ordinairement.

L'amidon en poudre porte dans le commerce le nom de *fleurs d'amidon*.

L'amidon est employé par les pharmaciens, les confiscurs pour couler les candis; par les blanchisseuses comme empois; il sert pour épaissir les mordants dans l'impression des tissus; dans la parfumerie pour préparer les poudres de toilette. Les poudres de toilette sont plus particulièrement obtenues avec l'amidon de riz. Ce produit est extrait des grains de riz par un procédé spécial, qui consiste à dissoudre le gluten de la farine de riz au moyen d'une lessive alcaline de soude très-étendue. — L'amidon reste indissout, on le lave et on le fait sécher.

L'amidon est quelquefois falsifié par de la *craie* ou *plâtre*, diverses poudres blanches comme par exemple l'*albâtre* provenant de la fabrication de divers objets, pendules, fausses bougies, etc.

Le carbonate de chaux se reconnaît facilement à l'effervescence que produit l'amidon en contact avec les acides; aussi les fraudeurs ont ils préféré l'emploi du sulfate de chaux ou de l'albâtre, dont la présence et la quantité en poids se constatent par le moyen suivant : on prend une quantité déterminée d'amidon et on la brûle dans un creuset ou dans un têt à rôtir. Les cendres que l'on a obtenues sont pesées. L'amidon pur donne au plus 1 à 2 p. o/o de cendres. On peut encore reprendre les cendres par de l'eau distillée tiède, qui précipite alors en blanc par l'oxalate d'ammoniaque et le chlorure de baryum quand elles contiennent du sulfate de chaux.

On peut encore prendre une boîte métallique à bords bien réguliers et la peser successivement pleine d'amidon pur et d'amidon soupçonné. Le poids du contenu de la boîte sera d'autant plus considérable que la fraude aura été faite dans une plus grande proportion.

La fraude la plus ordinaire consiste à saturer l'amidon

d'humidité. L'amidon du commerce contient environ 12 p. %. d'eau. La dessication au bain-marie ou à l'étuve peut faire connaître si l'amidon contient un excès d'eau.

L'amidon est quelquefois mélangé de fécule de pommes de terre ; on reconnaît ce mélange à l'aide du microscope comme nous le dirons à l'article fécule.

ANGÉLIQUE.

On donne le nom d'angélique à une conserve sèche, préparée au moyen du sucre et des tiges d'une plante appartenant à la famille des ombellifères et qui est fournie par l'*angelica archangelica*, plante qui croît surtout en Laponie, en Norwège, en Bohême, en Suisse, dans les Pyrénées et en Auvergne. On la cultive aussi dans les jardins ; son odeur est suave et aromatique et se retrouve à un plus haut degré dans la racine qui entre dans la composition d'un grand nombre de liqueurs de table.

On prépare la conserve d'angélique de la manière suivante : on coupe les tiges les plus belles et les plus tendres par morceaux de 4 à 18 centimètres de long ; on les tient dans de l'eau que l'on porte à l'ébullition, on retire l'eau du feu au moment où elle commence à bouillir et on laisse infuser les tiges pendant deux heures ; on les monde alors de leur écorce et de leurs fibres filamenteuses, et on les fait bouillir dans de l'eau de manière à les ramollir et à les blanchir. On égoutte l'angélique et on la jette dans un sirop de sucre bouillant, cuit au petit lissé. Le lendemain on retire le sirop, on le fait cuire à la nappe, on remet l'angélique et on recommence deux fois la même opération en ayant soin d'ajouter à chaque fois une quantité de sirop suffisante pour recouvrir les tiges ; alors on fait

cuire le sirop au grand perlé, on y laisse bouillir l'angélique pendant quelques minutes et on l'y tient plongée
toute la journée : on la retire, on la fait égoutter sur
des tamis, des plaques et des ardoises, et on la fait
sécher à l'étuve en la retournant plusieurs fois.

La conserve d'angélique exige un soin tout particulier
pour sa conservation ; elle doit être renfermée dans des
boîtes en ferblanc hermétiquement fermées et à l'abri
de l'humidité qui dissout le sucre et fait entrer le
produit en déliquescence.

La racine d'angélique est grosse, charnue, très-odo-
rante et divisée en un grand nombre de rameaux qui
s'enfoncent perpendiculairement dans la terre.

On doit la choisir sèche, nouvelle, non vermoulue et
la conserver dans un endroit sec en ayant soin de la
cribler souvent, car elle attire l'humidité et se laisse
attaquer par les insectes.

On fait avec l'angélique une liqueur qui possède la
saveur agréable des semences d'angéliques; elle s'obtient par distillation.

Pr. Graines d'angélique . . . . 240 gr.
　　Girofle 8
　　Vanille. 6

On coupe la vanille en petits morceaux, avec des ci-
seaux, on concasse l'angélique et la girofle, on laisse
ces substances macérer de 8 à 10 jours dans 2 litres
d'alcool bon goût à 40 degrés, on distille au bain-marie,
on retire deux litres, on porte 3750 gr. de sirop de sucre,
on verse dans une cruche contenant 240 gr. de râpure
d'angélique et 8 gr. de curcuma en poudre. Le sirop
refroidi on ajoute les 2 litres d'alcool aromatique obtenu.
Après un mois de contact, on filtre à la chausse ou au
papier.

ANIS.

L'anis est une substance fortement aromatique et contenant une quantité considérable d'huile essentielle, que l'on emploie dans la préparation de la plupart des liqueurs et d'autres produits anisés comme le suc de réglisse, certains biscuits ou macarons.

Il y a deux sortes d'anis : l'*anis vert* et l'*anis étoilé*.

ANIS VERT.

L'anis vert est le fruit d'une plante, le *pimpinella anisum*, qui appartient à la famille des ombellifères ; il est verdâtre, très-aromatique et d'une saveur piquante; il est ordinairement accompagné de son pédoncule. Par l'expression on en retire une huile grasse d'une odeur suave et qui retient en dissolution l'huile essentielle.

L'anis vert est plus ou moins estimé selon que son odeur est plus ou moins suave et aromatique ; dans le commerce, on en distingue plusieurs variétés qui sont : l'*anis de Tours*, l'*anis d'Alby ou du Midi*, l'*anis de Malte et d'Espagne ou d'Alicante*.

L'anis vert de Tours se distingue des autres par sa forme ronde, sa couleur verte, son odeur tenace et à ce que les semences sont accompagnées d'une petite queue. L'anis vert du Midi a une odeur plus forte, est ovale et possède une couleur verte, tirant sur le jaune.

L'anis sert à préparer la liqueur connue sous le nom d'anisette, laquelle doit son arôme à l'huile essentielle d'anis que l'on a retiré des semences au moyen d'une distillation avec de l'alcool ; elle est employée comme aromate par les confiseurs et les parfumeurs.

Quelquefois lorsque les semences d'anis ont séjourné longtemps dans des sacs, elles s'échauffent, noircissent et moisissent ; elles doivent être rejetées et ne peuvent plus guère servir qu'à la préparation de l'huile essentielle. Elles sont aussi sujettes à être attaquées par les vers qui en rongent l'amande ; on reconnaît ce genre d'altération en les étalant sur une feuille de papier et en soufflant dessus, les enveloppes des grains altérés se dispersent, les épitelium s'en vont. Quand elles ont été récoltées avant la maturité elles ne contiennent que peu d'huile essentielle et n'ont qu'une odeur très faible ; elles sont dans ce cas noirâtres et petites.

L'anis vert est souvent mêlé de sable, de petits fragments de quartz noirâtres ou verdâtres, et des débris terreux ; un examen attentif de l'échantillon suffit pour décéler cette fraude que l'on rend encore plus évidente en projetant le tout dans un verre d'eau ; les semences d'anis surnagent, tandis que les corps étrangers tombent au fond.

La fraude la plus dangereuse est celle qui consiste à mêler l'anis vert avec des semences de *grande ciguë (conium maculatum)*, mélange qui a occasionné plusieurs fois des empoisonnements ; on reconnaît cette fraude par l'inspection des graines. Les semences de ciguë sont légèrement courbes et présentent cinq côtes crénelées, ce qui tient à ce que les fruits sont partagés en deux.

L'anis vert et *l'anis étoilé* sont sujets à être falsifiés tous les deux par des fruits qui ont été privés une première fois d'une partie de leur huile essentielle par la distillation. Les fruits ainsi altérés ont changé d'aspect ; ils sont devenus ternes, et quelques-uns sont presque noirs; quand on les comprime entre les doigts, ils ne laissent exsuder que des traces d'huile essentielle.

ANIS ÉTOILÉ OU BADIANE.

L'illicium anisatum qui fournit *l'anis étoilé ou badiane*, est un arbrisseau toujours vert, haut de quatre mètres environ et dont le fruit présente sous forme d'étoile, la réunion de 6 à 12 capsules épaisses, dures, ligneuses et brunâtres. Chaque capsule renferme une semence brunâtre, ovale, lisse et fragile ; qui contient une amande blanche et huileuse. L'odeur de l'anis étoilé est plus douce et plus suave que celle de l'anis vert, aussi beaucoup de distillateurs s'en servent-ils de préférence pour la préparation de leurs produits.

L'anis étoilé est sujet à s'altérer par l'exposition à l'humidite ; quand il a été conservé dans un lieu humide il ne tarde pas à s'altérer et à moisir ; on reconnaît cette altération à ce que les semences ont perdu de leur dureté et se laissent facilement entamer par l'ongle.

Pour éviter la moisissure des anis, nous conseillons de les conserver dans des bocaux en verre fermés hermétiquement.

ANISETTE.

L'anisette de Bordeaux est une liqueur de table préparée par distillation ; elle se compose essentiellement d'alcool chargé d'huile essentielle d'anis et de sirop de sucre blanc. On ajoute ordinairement à l'anis plusieurs autres ingrédients aromatiques qui augmentent la saveur du produit. La formule suivante donne une liqueur agréable :

Pr. Anis étoilé . . . . 500 g^r
Coriandre. 30
Fenouil. 30
Alcool à 92°. 3000
Eau . . . . 3 litres.

On réduit les fruits en poudre grossière et on les laisse macérer pendant 4 jours dans l'eau. Au bout de ce temps on distille au bain-marie pour retirer 5 litres de produit, et on mêle au liquide distillé un sirop clarifié et composé de 4000 d'eau pour 5000 de sucre. Avant de le mêler à ce sirop, il est bon de laisser vieillir l'alcoolat pendant 3 ou 4 mois, précaution qui augmente beaucoup la saveur du produit en faisant disparaître le goût de feu.

On trouve quelquefois dans le commerce de l'anisette préparée avec du sucre, de l'eau, de l'alcool et de l'essence d'anis ; cette liqueur est beaucoup moins agréable et possède une âcreté que ne présente pas la liqueur distillée sur les semences.

ARROWROOT, *voyez* **Tapioka**.

AVELINES, *voyez* **Noisettes**.

BADIANE, *voyez* **Anis étoilé**.

BEURRE.

Le beurre est la matière grasse, concrète du lait que l'on sépare du liquide par un assez grand nombre de procédés qui reviennent tous à abandonner le lait à lui-même jusqu'à ce que la crème soit bien séparée. La partie supérieure contient alors le beurre et la matière caséeuse, que l'on enlève et que l'on bat pendant un temps plus ou moins long, au moyen de divers appareils comme la baratte ordinaire, la baratte à palettes, diverses batteuses à rotation. On soutire le *lait baratté* on malaxe et on lave le beurre à plusieurs reprises dans de l'eau claire et fraîche.

Le beurre le plus estimé vient de la Bretagne et de la Normandie, où les pâturages sont éminemment propres à fournir des fourrages de bonne qualité.

La première qualité d'un beurre est d'être frais ; mais pour fournir à la consommation parisienne, il faut bon gré mal gré se soumettre aux habitudes des provinces qui ne permettent qu'une fois par semaine de faire livraison des produits faits dans les fermes, soit le samedi, soit le mercredi. Le beurre déjà vieux, mal lavé et mal conservé devient *rance* ; dans cet état il a perdu son arôme, et a pris une odeur et une saveur particulières, âcres et fortes.

Malgré les précautions apportées dans sa préparation, ce produit est toujours très disposé à s'altérer, aussi ne saurait-on prendre trop de soins quand on veut le conserver.

Le caseum que le beurre retient augmente beaucoup sa tendance à rancir et malgré tous les lavages il en retient toujours une certaine quantité que l'on ne peut enlever que par la fusion. C'est à ce moyen que l'on a généralement recours dans les ménages pour conserver le beurre acheté aux époques de l'année où il est le moins cher. Le meilleur moyen de le fondre est de le chauffer au bain-marie et de le couler encore fondu dans des pots de terre bien propres.

Souvent aussi on se contente de le saler ; avant de procéder à la salaison, il est bon de le pétrir à plusieurs reprises dans de l'eau froide ; après l'avoir bien égoutté on le pétrit avec 4 ou 8 pour 100 de sel blanc pulvérisé.

Il existe une méthode particulière dite *méthode anglaise* et dont se servent plusieurs agriculteurs anglais pour saler le beurre. Elle lui donne une consistance ferme et moelleuse qu'il conserve encore même au bout de quelques années, on prend :

Sel de cuisine . . . . 1 partie.
Sucre 1
Salpêtre 1

On pile le tout et on le mêle parfaitement. On répartit également une once de ce mélange sur 12 onces de beurre que l'on pétrit à la manière ordinaire pour que les sels le pénètrent de toute part ; on le met ensuite dans des vases épais qu'on a soin de bien boucher.

Quelque soit le procédé que l'on ait employé pour la conservation du beurre, il faut recouvrir sa superficie d'une rondelle de linge à tissu clair, sur laquelle on place une couche de sel blanc et sec, dépassant un peu les bords ; on recouvre le tout d'une toile serrée que l'on assujettit avec une ligature. Les pots doivent être conservés dans les caves ou dans d'autres lieux frais.

Il ne faut pas accumuler dans un même pot plusieurs battages ou les superposant sans les mélanger ; il arrive quelquefois qu'à chacun des intervalles compris entre chaque couche, la surface du beurre se recouvre d'une efflorescence blanchâtre d'un aspect particulier. Quelques faits ont semblé prouver qu'un pareil beurre ne saurait être employé impunément, par suite du développement de petits champignons.

Il arrive souvent que certains beurres n'ont pas la

couleur jaune qu'on exige ordinairement ; bien des moyens pour les colorer ont été proposés ; on doit d'abord rejeter l'emploi de toute substance minérale. Toute matière colorante, végétale capable de donner au beurre la couleur jaune, peut être employée pourvu toutefois qu'elle ne communique au produit aucun mauvais goût, ni propriété malfaisante. De ce nombre sont le safran, le rocou, le suc de carottes, les baies d'asperges, les fleurs de souci que l'on ajoute dans la baratte au moment de la préparation du beurre.

A cause de son prix élevé et de la consommation journalière que l'on en fait, le beurre a été falsifié d'un grand nombre de manières : on y a ajouté de la craie, de la fécule, des pommes de terre cuites, de la farine de blé, du lait durci au feu, du fromage, du suif de veau, du carbonate et de l'acétate de plomb.

La craie se reconnaît en faisant fondre le beurre ; comme elle est plus lourde elle tombe au fond, on sépare le dépôt, et en versant dessus un acide quelconque, il se produit une effervescence qui décèle la présence de la craie.

L'addition de farine, de fécules de pommes de terre cuites, de lait durci, se reconnaît en faisant fondre un peu de beurre avec de l'eau, dans un petit tube à la chaleur du bain-marie ; les matières étrangères se précipitent au fond et se rassemblent en grumeaux.

L'ammoniaque dissout le caseum de lait durci.

L'eau iodée bleuit avec la farine, la fécule et les pommes de terre.

Souvent on introduit au centre des mottes de beurre, du fromage ou du vieux beurre rance, ce qu'il est facile de reconnaître en sondant les mottes.

Quand on soupçonne la falsification par le suif, on fait fondre le beurre et on y plonge un thermomètre; dans le cas de fraude, le point de fusion s'élève jusqu'à 65° ou 70°.

L'acétate et le carbonate de plomb qu'on ajoute au beurre pour augmenter son poids, se reconnaissant en réduisant le beurre en cendres, et en traitant ces cendres par l'acide nitrique qui dissout le plomb. On obtient ainsi une solution qu'on évapore dans une capsule pour chasser l'excès d'acide; on redissout le résidu dans l'eau distillée et cette nouvelle solution si elle contient du plomb précipite en blanc par le sulfate de soude, en jaune par l'iodure de potassium, en noir par l'eau de Barèges.

Quelquefois dans un but de fraude on a laissé une assez grande quantité d'eau de lavage dans le beurre. Pour constater ce fait, il suffit d'explorer la masse dans tous les sens avec un couteau, on aperçoit bientôt les gouttelettes de liquide qui a été laissé.

La plus grossière des fraudes que l'on a faites à propos du beurre, consiste à introduire au milieu des mottes, des pierres, du plomb, du sel de cuisine ou tout autre corps lourd. On conçoit qu'une pareille fraude se décèle d'elle-même.

BIÈRE.

La bière, boisson dont on fait une grande consommation surtout dans les contrées du nord, et qui s'est répandue dans toutes les autres parties de la France, est un liquide alcoolique préparé au moyen de la matière féculente de l'orge que l'on transforme en sucre et que l'on aromatise avec les principes amers du houblon.

La fabrication de la bière remonte à une très-haute antiquité ; les Grecs lui donnaient le nom de *vin d'orge* et en attribuaient l'invention aux Egyptiens ; les Gaulois l'appelaient *cerevisia (vin de Cérès)* et les grains qui servaient à sa préparation s'appelaient *brance* ; ces deux expressions ont été conservées : la première a formé le mot *cervoise,* et la seconde les mots *brasser, brasseur.*

Comme nous venons de le dire, la fabrication de la bière repose essentiellement sur la transformation de la matière amylacée de l'orge en sucre puis en alcool. La transformation de l'amidon en sucre se fait au moyen d'une opération dite *maltage ;* elle consiste à faire ramollir et gonfler les grains jusqu'à ce que les germes se soient développés d'une longueur à peu près égale à celle de la graine. La germination détermine la formation d'une substance particulière, la *diastase* qui jouit de la propriété de transformer l'amidon en sucre. On arrête la germination au moyen d'un grillage sur des *tourailles ;* on réduit le *malt* en poudre grossière au moyen de meules ou de cylindres, et on le met en contact avec de l'eau à 60°. Celle-ci ne tarde pas à se charger du sucre, de la dextrine et des autres principes solubles.

Ce liquide sucré est mélangé de levûre de bière qui détermine la fermentation alcoolique.

Le liquide alcoolique ainsi obtenu porte le nom de moût de bière ; il contient encore beaucoup de dextrine et un principe protéique (albumine) qui déterminerait promptement son acétification si on ne l'en débarrassait. C'est pour arriver à ce but qu'on le fait cuire avec les fleurs ou cônes de houblon qui lui cèdent de l'huile essentielle, un principe amer et du tannin. La quantité de houblon employé varie avec le climat et la force de la bière.

Il y a plusieurs sortes de bières, les unes sont faites avec la première *trempe* du malt et la première infusion du houblon ; les autres sont faites avec la seconde et la troisième trempe du malt et le houblon qui a déjà servi à faire la bière forte.

Ce sont : la *bière double* ou *bière de table ;* la *bière blanche ;* la *bière simple* ou *petite bière* faite avec la troisième trempe du malt, que l'on passe sur du houblon qui a servi à faire la bière forte ; la *bière de Strasbourg* ou *bière de garde*, qui ne doit être consommée que longtemps après sa fabrication ; l'*ale* et le *porter* qui se conservent assez longtemps, à cause de la forte proportion de houblon que l'on fait entrer dans leur préparation, du chlorure de sodium et, dit-on, une petite quantité d'alcool y sont ajoutés ; la *bière de Louvain* ou *bière blanche* faite avec de l'orge germée, du blé, de l'avoine non germés et du genièvre ; le *peeterman* ou *bière de Louvain forte.*

La bière ne contient pas une quantité considérable d'alcool ; elle ne dépasse guère 8 pour cent, et les bières légères n'en contiennent que des quantités qui varient entre 0,80, 1,50 et 2 pour cent.

Les Anglais emploient dans les voyages de long cours une bière que l'on prépare facilement à bord et dans laquelle il n'entre pas de houblon. Elle se compose de mélasse de canne étendue d'eau que l'on fait fermenter en présence des bourgeons de sapin en y mêlant du levain ou de la levure sèche.

La bière peut contenir en dissolution du cuivre et du

plomb provenant le premier du mauvais état des chaudières et des robinets qui servent à la fabrication, le second provenant des tuyaux de pompe construits en plomb.

On reconnaît la présence de ces deux métaux en évaporant la bière en consistance d'extrait, en calcinant cet extrait et en traitant les cendres par l'acide azotique, on évapore la liqueur pour chasser l'acide non entré en combinaison, on redissout le résidu dans de l'eau distillée et on filtre la solution. Cette liqueur, dont on doit avoir soin de séparer les sels de fer, si elle contient du cuivre prend une teinte bleue quand on y verse de l'ammoniaque, et donne un précipité brun marron quand on y verse du ferrocyanure de potassium. Si elle contient du plomb, elle donne un précipité jaune par l'iodure de potassium.

Quand elle a été préparée avec des eaux *séléniteuses*, la bière donne dés précipités abondants par le chlorure de baryum et par l'oxalate d'ammoniaque.

La bière de Louvain contient quelquefois de l'acide tartrique libre provenant de la colle de poisson employée à sa clarification et qui avait été préalablement traitée par un mélange de vinaigre et d'acide tartrique. On reconnaît cet acide en évaporant la bière au bain-marie jusqu'à siccité; on reprend le résidu par l'eau qui forme avec une solution concentrée de potasse un précipité grenu de crême de tartre.

Pour hâter la clarification on ajoute souvent de l'alun que l'on reconnaît en évaporant de la bière. On reprend le résidu par de l'eau distillée chaude, on filtre et on traite la liqueur 1° par de l'ammoniaque qui donne un précipité blanc gélatineux, 2° par le chlorure de baryum qui donne un précipité blanc, et par le bichlorure de platine qui donne un précipité jaune serin.

De tout temps on a exercé la fraude sur la bière en substituant au houblon diverses substances capables de lui donner de l'amertume et de la couleur. Les matières que l'on a le plus employées sont des substances végétales que l'on traite par décoction, comme la *chicorée torréfiée*, les *lichens*, les *feuilles* et l'*écorce de buis*, les *feuilles de ménianthe*, la *centaurée*, le *trèfle d'eau*, l'*absinthe*, la *gentiane*, le *bois de gayac*, le *jus de réglisse*, le *rob de sureau*, la *jusquiame*, les *graines de paradis*; la *belladone*, le *datura stramonium*, l'*ivraie*, le *quassia amara*, la *coque du Levant*, le *poivre d'Espagne*, les *clous de girofle*, la *pyrèthre*, le *gingembre*, le *fiel de bœuf*.

Pour donner à ces produits la consistance mucilagineuse, on les fait bouillir avec de la gélatine, des débris de peaux de veau, de mouton, de bœuf, des détritus de boucherie; pour leur donner la saveur piquante, on les fait macérer sur de la chaux. En général toutes ces substances sont introduites à la fois dans le liquide avant la fermentation qui fait de ce mélange informe quelque chose qui ressemble à la bière.

Pour déceler ce genre de fraude, le goût est le meilleur appréciateur. On peut aussi préparer un extrait dont la saveur diffère suivant la nature des substances employées.

On a employé les têtes de pavot et les fleurs de tilleul pour rendre la bière plus énivrante; en Angleterre on y a même mis de l'opium, comme en font foi les vieilles formules alors en usage.

Pour donner de l'amertume à la bière, on a dit-on employé la *noix vomique*, la *fève Saint-Ignace* et même

la *strychnine*, substances dangereuses et qui, absorbées
à des doses mêmes petites, déterminent les accidents
les plus graves et qui sont presque toujours suivis de
la mort.

Pour reconnaître cette fraude, on évapore la bière en
consistance d'extrait, on reprend cet extrait par l'alcool,
on filtre la solution alcoolique et on l'évapore dans une
capsule de porcelaine large. On dépose alors avec une
baguette de verre une goutte d'acide sulfurique concentré sur le résidu avec un petit fragment de cristal
de bichromate de potasse; il se détermine une coloration
violette qui passe rapidement au brun, puis à l'olive.

Dans ces derniers temps on a substitué l'acide picrique à l'infusion de houblon. Le goût est à peu près
impuissant pour déceler cette fraude que l'on reconnaît
facilement à ce que la bière n'est pas précipitée par le
sous-acétate de plomb qui décolore au contraire la bière
pure.

On peut encore faire bouillir la bière suspecte avec
un morceau de laine blanche privée de mordant; si elle
contient même des traces d'acide picrique la laine prend
une teinte jaune que les lavages n'enlèvent pas.

On a constaté dans quelques bières la présence du
sulfate de fer et du sel commun; ce que l'on reconnaît
au précipité bleu que l'on obtient au moyen du cyanoferrure de potassium quand elle contient du sulfate de
fer, et un précipité blanc que produit le nitrate d'argent quand elle contient du sel de cuisine.

On a dit-on essayé de vendre aux brasseurs un produit
destiné à augmenter la spirituosité de la bière et diminuer la dose des ingrédiens naturels; ce produit était
composé de sulfate de cuivre, de sulfate de fer et d'une

matière extractive astringente et amère ; il est facile de déceler la présence de ce produit en constatant dans la bière celle des sels de cuivre et de fer, comme nous l'avons dit plus haut.

Un genre de fraude qui se pratique ordinairement consiste à étendre d'eau les bières fortes, le goût moins sapide suffit le plus souvent pour reconnaître cette falsification.

Un genre de falsification qui se pratique sur une assez grande échelle consiste, d'après Mulder, à remplacer une partie de l'orge par des pommes de terre ou d'autres subs-tances contenant de la matière amylacée ; sous l'influence de la fermentation, l'amidon de ces substances se trans-forme en dextrine, en sucre et finalement en alcool. On se contente souvent pour augmenter la quantité d'alcool d'ajouter à la bière du sirop de fécule ou sirop de blé que l'on décolore préalablement au moyen du charbon animal.

Dans les bières ainsi falsifiées, la quantité d'alcool qu'elles renferment est presque toujours plus considé-rable qu'elle ne devrait être, on peut donc déceler ce genre de fraude en distillant la bière comme on le fait pour l'essai des vins (voyez *Vins*) et notant le degré alcoométrique du produit distillé. Quelquefois tout le sucre que l'on a ajouté n'a pas été transformé en alcool et on le retrouve dans le produit de l'évaporation de la bière, qui possède alors une saveur sucrée.

Pour raccommoder les bières acides, les fabricants saturent l'acide acétique qu'elles contiennent par de la craie ou du carbonate de soude. On reconnaît cette addi-tion en évaporant la bière dans une capsule et en chauf-fant l'extrait avec un peu d'acide sulfurique ; il se dé-veloppe une odeur de vinaigre qui décèle la fraude. On peut encore incinérer l'extrait, traiter les cendres par l'eau bouillante qui dissout le carbonate de soude, quand ce sel a été employé à la saturation ; on peut en déterminer la proportion dans la liqueur au moyen de l'alcalimètre comme nous le dirons à l'article potasse. Quand on a employé la craie, on traite les cendres par de l'acide chlorhydrique, on chauffe pour chasser l'excès d'acide, on traite le tout par de l'eau distillée qui donne alors, par l'oxalate d'ammoniaque, un précipité d'autant plus abondant que la quantité de craie était plus considérable.

On reconnaîtrait de la même manière la *potasse* ajoutée à la bière dans le but de la rendre mousseuse.

Souvent on prépare la bière avec du malt gâté ; on y mêle du noir d'os en poudre qui enlève la mauvaise odeur du produit et une partie de son mauvais goût ; on reconnaît cette fraude à ce que le goût de la bière a quelque chose de nauséabond que le charbon n'a pu faire disparaître complètement.

Nous ne terminerons pas cet article sans parler d'une altération particulière à la bière, qui lui vient du procédé que l'on a employé pour la clarifier, et qui a été signalée par M. Meurin, pharmacien-chimiste à Lille.

Selon ce chimiste un grand nombre de brasseurs emploient pour clarifier leur bière des colles renfermant des quantités variables de litharge ou de minium, composés plombiques qui communiquent à la bière la propriété de rester toujours limpide, tout en assurant sa conservation. D'autres emploient au même but des produits essentiellement composés de sels solubles de plomb, acétates ou azotates, associés à la gomme ou à la dextrine. Les oxydes de plomb en saturant les acides de la bière à mesure qu'ils se forment, assurent la conservation de cette boisson ; d'un autre côté les sels qui résultent de cette méthode, de même que ceux que l'on introduit directement dans la bière, entraînent en combinaison insoluble les principes colorants, gommomucilagineux et astringents; de sorte que la bière reste toujours claire et limpide, tant qu'elle contient en dissolution un sel de plomb.

L'usage d'une bière ainsi clarifiée détermine une altération profonde dans l'économie, altération qui se manifeste par tous les symptômes particuliers à l'empoisonnement saturnin, tels que coliques, paralysie partielle, fétidité de l'haleine, etc. Un pareil produit doit donc être soigneusement exclu de la consommation, et celui qui le vend peut être accusé d'homicide involontaire et condamné à réparer tous les dommages qu'il aurait causé. Nous citerons l'exemple d'un brasseur qui, ayant clarifié son cidre par un sel de plomb, fut condamné non-seulement à la prison, mais à plus de 40,000 francs de dommages et intérêts. On reconnaît la présence du plomb comme nous l'avons dit plus haut par l'évaporation et la calcination. Les fabricants ne doivent jamais employer pour clarifier leurs bières des colles qui, dissoutes dans de l'eau au moyen de l'ébullition, laissent déposer des poudres jaunes ou rouges, qui ne sont autre chose que de la litharge ou du minium dont on détermine facilement la nature plombique au moyen des procédés ordinaires.

BITTER.

Le bitter est une liqueur dont l'usage est presqu'aussi répandu que celui de l'absinthe avec laquelle elle a plus d'un rapport. Il est originaire de la Hollande, et fut importé en France par les Allemands.

Il existe un grand nombre de formules de bitter qui se rapprochent plus ou moins de la suivante qui donne une liqueur agréable :

Gentiane.	15 gr.
Orangettes.	15
Coriandre	12
Canelle	4
Calamus aromaticus.	4
Arnica.	2

On réduit ces substances en poudre grossière et on les fait macérer dans 2 litres de genièvre pendant huit jours au bout desquels on ajoute 90 grammes de sucre.

Souvent le consommateur mitige le bitter par l'addition du curaçao.

On pourrait presque dire de cette liqueur, ce que nous avons dit de l'absinthe ; l'usage abusif est d'un effet pernicieux, perturbateur des facultés intellectuelles ; comme l'absinthe, le bitter doit son action désastreuse à la grande quantité d'alcool qu'il renferme.

BLANC DE BALEINE.

Le blanc de baleine est une substance qui se présente sous forme de pains du poids de 14 à 17 kilogrammes, et qui sont d'un blanc éclatant presqu'inodores, formés de cristaux translucides, onctueux au toucher, brillants, nacrés, flexibles, et qui se divisent en lames minces par la pression.

Le blanc de baleine est la partie solide d'une huile contenue dans la partie antérieure de la tête, du cachalot (Physeter macrocephalus). Cette huile à la sortie de la tête de l'animal est liquide, et se fige par le refroidissement sous forme de lames cristallines tenues en suspension dans une huile jaunâtre. On sépare l'huile par filtration et on exprime le résidu. Le produit solide de l'expression est ensuite traité par une solution de potasse, puis fondu dans de l'eau bouillante et finalement coulé dans des moules carrés.

Le blanc de baleine fond à la température de 45° centigrades; sa densité est égale à 0,94; il est soluble dans l'alcool qui le laisse déposer en cristaux lamelleux.

Le blanc de baleine est très-usité dans la parfumerie où on l'emploie comme cosmétique, il sert aussi à préparer des bougies de luxe.

Ce corps rancit facilement à cause de la petite quantité d'huile liquide qu'il retient encore ; aussi faut-il le choisir le plus récent possible.

On falsifie le blanc de baleine au moyen de la *cire*, du *gras de cadavres*, de *matières graisseuses que l'on retire des viandes en les laissant longtemps macérer dans l'eau;* on y mêle quelquefois du suif.

On reconnaît le mélange avec la cire en traitant le blanc de baleine par l'éther ; la solution doit être liquide, la cire la rend trouble et laiteuse ; de plus le blanc de baleine falsifié au moyen de la cire est d'un blanc plus mat, il est moins lamelleux et moins friable.

Le gras des cadavres est une matière qui abonde dans la Méditerranée et entre les Tropiques, elle provient de la décomposition des poulpes qui habitent ces mers ; on reconnaît que l'on a mêlé le blanc de baleine avec cette substance en le faisant fondre et en remarquant au moyen d'un thermomètre si la température à laquelle il se solidifie est de 44° ; la température de solidification est d'autant plus basse que le mélange a été fait dans une proportion plus considérable. De plus, quand on triture avec un fragment de potasse caustique du blanc de baleine falsifié de cette manière, il se dégage du gaz ammoniac reconnaissable aux vapeurs blanches qu'il donne quand on approche une baguette de verre imprégnée d'acide chlorhydrique.

La falsification du blanc de baleine par le suif se reconnaît facilement par l'odeur spéciale et bien connue qu'il communique à tous les corps avec lesquels on le mêle.

BLANC DE PLOMB, *voyez* **Céruse.**

BLANC DE ZINC, *voyez* **Zinc.**

BONBONS.

Sous le nom de bonbons nous comprenons toutes les sucreries et pastillages que fabriquent les confiseurs et auxquels ils donnent les formes et les couleurs les plus variées.

Nous n'avons pas l'intention de donner de détails sur l'art du confiseur qui a pris de nos jours une si grande extension tant par l'importance des affaires que par la perfection à laquelle on est arrivé.

Parmi les produits fabriqués par le confiseur et par l'épicier figurent les confitures liquides, les marmelades, les confitures sèches, les conserves, les candis, les dragées.

Nous ne parlerons ici que des bonbons coloriés dans la préparation desquels on ne fait que trop souvent usage de substances vénéneuses, malgré les réglements de police et particulièrement l'ordonnance de 1841 dans lesquelles sont indiquées les substances colorantes prohibées et celles que peuvent employer les confiseurs.

Pour faire voir jusqu'où peut entraîner la liberté à cet égard, nous dirons qu'en Angleterre, les confiseurs non seulement falsifient leurs bonbons avec du plâtre, de l'amidon, de la chaux, du sulfate de baryte, mais encore qu'ils emploient fréquemment *le bronze, les feuilles de cuivre ou d'étain, l'arsenite et le carbonate de cuivre, le vert de gris, le chromate de plomb, le sulfure d'arsenic, l'oxychlorure de plomb, le minium, le vermillon ;* en France bien que l'abus n'ait pas été aussi loin, on a employé aussi quelques unes de ces substances et particulièrement l'arsenite de cuivre.

En général c'est à la présence de ces matières colorantes que doivent être attribués les accidents occasionnés par les bonbons ; cependant quelquefois le bonbon lui-même peut en déterminer de très-graves. C'est ainsi qu'on ne pourrait manger infiniment des dragées ou toute autre préparation dans laquelle entrerait une trop forte proportion d'amandes amères.

En général on doit se défier de toute préparation ayant une forte odeur d'acide prussique.

Voici la liste des substances colorantes dont l'emploi est interdit.

Toutes les substances minérales :

Jaune de chrôme ou chrômate de plomb.

Minium, Massicot, Litharge ou oxyde de plomb.

Vermillon ou sulfure de mercure.

Vert de Scheèle, vert de Schweinfurth, vert Métis ou arsenite de cuivre.

Céruse, blanc d'argent, blanc de plomb.

Cendres bleues, carbonate de cuivre.

6

Bleu d'azur, bleu de cobalt.

Orpiment, *Réalgar* ou sulfures d'arsenic.

Vert de gris ou acétate de cuivre auquel on ajoute la gomme gutte.

Toutes les feuilles ou substances métalliques divisées autres que l'or et l'argent fins. Le cuivre, le bronze en poudre, les alliages de cuivre et de zinc sont donc proscrits.

Par exception la loi tolère l'emploi des trois substances suivantes :

Bleu de Prusse.

Oxide de zinc par sublimation.

Bleu d'outremer.

L'emploi des substances toxiques a été signalé non seulement en France et en Angleterre, mais en Belgique, en Allemagne où on a même fait usage de plantes essentiellement toxiques telles que l'aconit (aconitum napellus), la dauphinelle ou pied d'alouette (delphinium consolida), dont les fleurs bleues possèdent une âcreté considérable.

Une branche toute particulière et fort étendue de la confiserie repose sur la fabrication d'une foule d'objets que l'on moule avec des pâtes sucrées, coloriées, et auxquelles on donne une multitude de formes qui les rendent attrayants pour les enfants. Ces objets qui portent le nom de pastillages pourraient devenir l'occasion d'accidents graves si les enfants les gardaient longtemps dans leur bouche ; d'un autre côté la proscription des couleurs entrave presque complètement le travail du figuriste. La difficulté ne sera tranchée que le jour où on n'emploiera plus le sucre comme liant de ces sortes de pâtes. Pour prévenir les accidents, il est bon de mêler à la pâte des substances amères et repoussantes comme l'aloès et la coloquinte, qui communiquant aux produits un goût amer, empêcheraient les enfants de les tenir dans leur bouche.

Pour reconnaître la nature d'une matière colorante, on emploie le procédé suivant : on laisse macérer les bonbons dans l'eau froide ; cette eau dissout le sucre et laisse précipiter les matières colorantes minérales , mêlées à la fécule. On lave le précipité avec de l'eau et on le dessèche à une douce chaleur pour procéder à son examen.

On pourrait encore laver avec un pinceau la surface du bonbon jusqu'à décoloration complète et recueillir l'eau de lavage avec les matières qu'elle a entraînées.

Les composés plombiques , minium , litharge, massicot, céruse, se reconnaissent au précipité jaune que forme l'iodure de potassium dans le liquide qu'on obtient en traitant par l'acide azotique, le produit de la désagrégation des bonbons. Le même liquide précipite en blanc par le sulfate de soude.

Le jaune de chrôme ou chrômate de plomb se reconnaît en faisant bouillir la liqueur avec du carbonate de potasse; si en traitant cette liqueur par l'acide nitrique on obtient une teinte orange, et si l'azotate d'argent donne un précipité rouge, le sel était un chrômate ; il se forme aussi dans cette opération du carbonate de plomb que l'on reconnaît par les procédés ordinaires.

Les composés arsénicaux verts de scheèle , de schweinfurth, métis, l'orpiment, le réalgar sont décelés par l'odeur d'ail qu'ils répandent quand on les brûle sur des charbons ardents.

L'orpiment et le réalgar donnent de plus une flamme bleue et une odeur de soufre brûlé.

Les sels de cuivre, *vert de gris, arsenite de cuivre,* sont décelés par la teinte bleue que l'ammoniaque communique à leur solution, obtenue comme pour les sels de plomb.

Le bleu d'azur chauffé avec un peu de borax donne un émail bleu.

Le vermillon se reconnaît aux caractères suivants : chauffé dans un tube fermé par un bout, il se réduit en vapeurs ; chauffé avec du fer ou de la chaux, il donne du mercure métallique. Quand on le dissout dans de l'eau régale (parties égales d'acide azotique et d'acide chlorhydrique), il donne par l'iodure de potassium un précipité rouge.

La gomme gutte se reconnaît à l'aspect jaune laiteux de la liqueur. Cette liqueur évaporée et dissoute dans l'alcool se trouble en jaune par l'eau, prend par quelques gouttes d'ammoniaque une coloration rouge qui disparaît par l'acide nitrique. Le liquide est alors coloré en jaune sale.

Les bonbons enjolivés de feuilles métalliques, de bronze, de cuivre, chrysocale, se reconnaissent à la tâche bleuâtre que produit un bouchon imprégné d'acide azotique.

On a trouvé dans le commerce sous le nom de poudre de talc, d'oxyde d'or, poudre végétale, des composés formés en grande partie de cuivre. Il a aussi été vendu comme *outremer artificiel* un mélange toxique formé de 60 pour cent d'outremer et de 40 pour cent de carbonate de cuivre.

En Suisse, à Zurich, la question a été tranchée d'une manière tout-à-fait arbitraire, par l'interdiction complète des couleurs.

L'autorité a indiqué en France comme inoffensives les couleurs suivantes dont elle a autorisé l'emploi :

Couleurs bleues : *indigo, bleu de Prusse ou de Berlin, outremer artificiel.*

Couleurs rouges : *cochenille, carmin, laque carminée, laque de Brésil, orseille.*

Couleurs jaunes : *safran, graine d'Avignon, graine de Perse, quercitron, curcuma, fustet et les laques de ces substances.*

Par l'association de diverses substances, on obtient de nouvelles couleurs composées vertes et violettes.

BOUGIES.

Avant la découverte des acides gras, les bougies étaient uniquement composées de cire ou de blanc de baleine, le prix élevé de ces deux substances en interdisait l'emploi à un grand nombre de personnes ; aussi faisait-on une immense consommation de chandelles, dont l'usage a presque totalement disparu.

Les chandelles se composaient d'une mèche de coton tordue, placée au centre d'un cylindre de suif ; on distinguait deux espèces principales de chandelles.

La chandelle au moule et la chandelle à la baguette.

Dans la fabrication de cette dernière on se contentait de tremper à plusieurs reprises la mèche dans du suif fondu qui s'attachait autour d'elle et se congelait en un cylindre plus ou moins régulier. Depuis longtemps ce mode de fabrication a disparu ; du reste, la mauvaise odeur que répand la chandelle, sa malpropreté, la propriété qu'elle a de couler et d'adhérer aux doigts, l'a fait abandonner pour la bougie stéarique, bien que le prix de cette dernière soit encore plus élevé, malgré les perfectionnements apportés à sa fabrication.

Les bougies stéariques sont formées d'un mélange d'acides stéarique et margarique produits par la saponification des graisses et notamment du suif.

L'emploi de la chaux et de l'acide sulfurique dans la saponification, et surtout la distillation qui permet l'emploi d'une foule de résidus de matières grasses, telles que celles qui proviennent du dégraissage des laines, a fait baisser le prix des bougies. Toutes les bougies se fabriquent au moule et la mèche tordue est remplacée aujourd'hui par la mèche tressée à trois fils. Les fils qui composent cette tresse sont tordus en sens contraires ; de sorte qu'en brûlant, dans la partie qui est en ignition, les fils se détendent et la mèche se roulant en spirale ramène les parties charbonneuses au centre de la flamme, et la bougie se mouche seule. Après le coulage, chaque bougie retirée du moule est exposée à l'action de l'air ou de la rosée, puis polie avec un morceau de flanelle imbibée d'un peu d'alcool.

Ce produit comme tous ceux qui sont la base d'un grand commerce est le sujet d'une foule d'altérations.

Plusieurs fabricants se contentent d'exprimer le suif pour éliminer l'oléine et fabriquent directement leurs bougies avec le résidu de l'expression. Les bougies ainsi préparées coulent plus que les autres, répandent une mauvaise odeur en brûlant et adhérent aux doigts, ce ne sont que des chandelles supérieures à celles qui sont répandues dans le commerce.

Parfois les bougies ne sont que des chandelles de suif recouvertes d'une couche de stéarine, elles devraient alors être vendues sous le nom de chandelles *enrobées*.

Autrefois pour rendre les bougies plus combustibles,

on ajoutait à ces bougies de l'acide arsénieux que l'on reconnaissait à l'odeur *alliacée* que répandait la flamme de la bougie. Des expériences furent faites et il fut reconnu que l'arsenic dégagé était dangereux, l'usage de cet ingrédient fut interdit.

En faisant bouillir ces bougies dans de l'eau distillée et en introduisant cette eau dans un appareil de Marsh, on obtiendrait les tâches miroitantes, caractéristiques de l'arsenic.

On a aussi employé des subtances arsenicales pour préparer les mèches, on s'en assurerait en traitant par le même appareil de Marsh, de l'eau dans laquelle on aurait fait bouillir ces mèches.

Depuis quelques années on fabrique des bougies colorées à l'exemple de celles que l'on faisait autrefois avec la cire associée au blanc de baleine. On les teint en rose avec du carmin ou avec du bois de brésil et de l'alun; en jaune avec de la gomme gutte ; en bleu avec de l'indigo ; en vert avec un mélange de jaune et de bleu.

Nous avons vu et avons encore des échantillons de bougies vertes qui doivent leur couleur à du vert de scheele ou arsenite de cuivre, préparation qui est interdite pour cet usage, puisqu'elle peut causer les mêmes accidents que l'acide arsenieux qu'on employait autrefois.

On parfume aussi les bougies avec des essences ; alors en brûlant, elles répandent une agréable odeur dans les appartements.

On a cherché à introduire dans les bougies stéariques un produit retiré des résines ; on s'en apercevrait par la fumée noire à laquelle donnait lieu l'usage d'une pareille bougie.

Dans ces dernières années en Angleterre, en associant la stéarine et la paraffine qui est un des produits secondaires de la distillation de la houille, on est parvenu à préparer des bougies presque diaphanes, bien éclairantes, brûlant bien et sans fumée.

Nous ne parlerons pas des bougies de cire et de blanc de baleine, nous dirons seulement que l'on prépare encore avec la cire de petites bougies propres à mettre dans les lanternes ou destinées à quelques usages particuliers, comme celles qui accompagnent les papeteries et qui servent à chauffer la cire à cacheter ; les rats de cave dont la mèche est grosse et qui sont passées à la filière.

BRIGNOLLES, *voyez* **Prunes.**

CACAO, *voyez* **Chocolat.**

CAFÉ.

Le café est le périsperme du fruit de l'arbre connu sous le nom de caféier *(coffea arabica)*, originaire de l'Arabie et cultivé aujourd'hui en Amérique, dans les Antilles, la Guyane et l'île Bourbon.

L'histoire du café est une des plus intéressantes à cause des légendes qui se rattachent à sa découverte. D'abord préconisé dans l'Orient, le café s'est répandu en Afrique, en Europe, en Amérique, et on peut dire aujourd'hui qu'il n'y a pas de pays si misérable où l'on n'en fasse usage.

L'introduction du café en France par Soliman-Aga, date de 1657. En 1672 un café fut établi rue de la Monnaie, près du quai de l'Ecole, par un arménien nommé Pascal, là se réunissaient spécialement les

chevaliers de Malte et les étrangers ; le second café ouvert fut celui d'Etienne d'Alep, connu plus tard sous le
nom de *Café Cuisinier;* enfin Procope, en 1689, établit un
café qui porte son nom et qui existe encore rue de l'An-
cienne-Comédie. Ce ne fut que trente-deux ans après
son introduction que quelques personnes commencèrent
à en faire un usage régulier, dans l'établissement ouvert
par le sicilien Procope.

Cet usage du café a éprouvé de nombreuses vicissi-
tudes ; de nos jours il a bien encore ses détracteurs,
mais l'usage qu'en font nos ouvriers, nos soldats, nos
mineurs répond à ces attaques ; il est reconnu que le
café est non-seulement une liqueur agréable, mais que
c'est aussi un aliment ; à l'époque actuelle il est devenu
une nécessité, et le nombre d'établissements où l'on en
opère le débit à Paris s'élève, depuis l'annexion, à plus
de 1576.

Le fruit du caféier est enveloppé dans une coque
ronde à chair molle. Par la dessication sa surface devient noirâtre, se ride et diminue de grosseur. Les
graines sont étroitement unies, creusées d'un sillon
longitudinal et voûtées par le dos. Ces graines ont une
enveloppe particulière formée d'une peau mince dont on
les débarrasse généralement avant de les livrer au commerce.

Les cafés du commerce se présentent sous deux aspects différents : les cafés jaunes et les cafés verts. Cette
différence de couleur tient au mode de préparation. Les
grains jaunes sont obtenus par la dessication et le
broyage de la pulpe, tandis que les grains verts ont été
laissés en macération dans l'eau pendant 24 heures.
Quant à la diversité de qualité des cafés, elle tient à la

nature et à l'exposition du sol qui l'a produit, les soins de la culture et de la récolte, le climat et l'état atmosphérique.

Il y a dans le commerce trois espèces principales de café :

Le café *Moka*, qui est en grains inégaux d'un gris jaunâtre et dont une grande partie restent enveloppés dans le fruit desséché ;

Le café *Bourbon* qui est en grains petits assez réguliers en grosseur, d'un gris jaunâtre, doués d'un arôme qui se développe par une légère torréfaction ;

Le café *Martinique* qui se présente en grains plus volumineux et plus déprimés que les précédents, et qui a la couleur verdâtre ; son arôme est moins doux et moins abondant.

Les deux dernières espèces comprennent un assez grand nombre de variétés.

Le café Bourbon comprend le Bourbon proprement dit, le café de Salaric, le café d'Aden.

Le Martinique comprend : les Martiniques fin-vert, jaune et ordinaire.

On trouve aussi répandus dans le commerce les cafés St-Domingue ou Haïti, Guadeloupe, Port-au-Prince, Porto-Rico, Ceylan, Santiago, Manille, de Java, de la Jamaïque, de l'Ile-Maurice, et les cafés inférieurs qui viennent de Jérémie, des Cayes, de Jacmel et de Buenos-Ayres.

Le café en grain avant d'être transformé en liqueur a besoin de subir l'opération de la torréfaction. Cette opération si simple en apparence est cependant fort difficile, et demande beaucoup de soin et surtout d'habitude.

Aujourd'hui encore, tout le monde ne sait pas *brûler* son café et on peut dire que dans la plupart des maisons on boit ordinairement de mauvais café.

Autrefois la torréfaction se faisait à l'air libre, dans des vases à fond plat en terre ou en tôle. Maintenant on se sert de cylindres ou sphères dans lesquels le café est enfermé et qui sont animés d'un mouvement rotatoire régulier. On doit arrêter l'opération lorsque les grains ont pris une teinte rousse, tirant sur le marron. Ces appareils portent le nom de *brûloirs* ; on a proposé d'y apporter quelques modifications et nous ne savons pas qu'aucune d'elle ait donné des résultats bien satis-faisants. La torréfaction terminée, on doit retirer le café du brûloir, et le vanner au contact de l'air pour chasser une petite quantité d'une huile pyrogénée qui a une odeur désagréable de corne brûlée.

Le café torréfié contrairement à l'habitude que l'on a de le conserver à l'air derrière des vitrines ou dans des caisses ouvertes, doit être renfermé dans des vases fermés jusqu'au moment de le moudre.

On a préconisé quelques procédés de torréfaction qui sont :

1° D'ajouter dans le brûloir une quantité de beurre frais suffisante pour vernir les grains.

2° De faire la même opération avec du sucre.

3° De saupoudrer le café retiré du brûloir et encore chaud avec un peu de sucre en poudre, avec des cassonnades, de la mélasse, etc. Le beurre donne au café un mauvais goût, l'emploi du sucre donne un café qui est plus chargé en couleur, et recherché par les personnes qui tiennent plus à la couleur qu'à l'arôme.

Le café est sujet à un grand nombre d'altérations

sur la plante même, ou pendant le transport. Souvent on a vendu dans le commerce des cafés avariés en mer, repêchés et travaillés. On a divisé les cafés avariés en trois sortes, qui sont : les cafés *touchés*, les cafés de *petite avarie* et de *grosse avarie.*

Pour les cafés touchés on fait ce que l'on appelle une *seule toile*, c'est-à-dire qu'on les mélange uniformément.

Pour les cafés de *grosse avarie* on les lave à plusieurs eaux et on les fait sécher. Les commerçants en épicerie devraient demander à M. le Ministre la suppression des cafés avariés, surtout de ceux de *grosse avarie ;* des réductions de droits étant faites pour ces mauvais cafés, il arrive qu'on les admet au détriment de la santé, des classes moyennes, car ils ne paient que 55, 60 et 66 francs au lieu de 83 à 104 francs.

Ayant séjourné pendant assez longtemps dans l'eau de mer, ils sont gâtés, répandent une odeur désagréable de moisi, et quand on les brûle ils fournissent des cendres dans lesquelles on retrouve le sel marin et le cuivre provenant de ce que le café mouillé a été en contact avec ce métal.

Ces cendres traitées par l'eau distillée laissent dissoudre du sel que l'on reconnaît au précipité blanc que la solution fournit avec le nitrate d'argent.

Traitées par l'acide chlorhydrique elles donnent une solution qui prend une couleur bleue par l'ammoniaque, ce qui révèle la présence du cuivre.

Pendant le blocus continental on chercha à remplacer le café par des végétaux indigènes ou acclimatés. La plupart de ces substances ont été abandonnées depuis. Quelques-unes seulement sont employées de préférence par les fraudeurs pour allonger le café torréfié et moulu : ce sont : la fécule de pommes de terre, l'orge, l'avoine, le maïs, le blé, les raves, les carottes, les betteraves et surtout la chicorée.

L'infusion de café qui a été falsifié par les graines torréfiées des céréales a un goût désagréable de croûte de pain ; elle reste louche et bleuit immédiatement par l'eau iodée.

Les glands de chêne lui communiquent une saveur particulière, et l'infusion après avoir été décolorée par le charbon animal noircit quand on y verse une solution de sulfate de peroxide de fer.

Pour s'assurer si le café moulu est mélangé de poudre de chicorée, on prend un verre conique, comme par exemple un verre à Champagne, on le remplit d'eau pure ou aiguisée par 5 ou 10 centièmes d'acide chlorhydrique, et on projette à la surface du liquide le café suspect. Si le café n'est pas mélangé de chicorée il surnage et n'absorbe l'eau que très-lentement. Dans le cas contraire la chicorée absorbe l'eau immédiatement, tombe au fond du verre et colore le liquide en jaune brunâtre. La poudre de chicorée est molle, n'a ni la texture ni la consistance de la poudre de café.

Un genre de falsification qui devient contagieux est le mélange dans les cafés vendus à bas prix du *marc de café* provenant des grands établissements de Paris.

Cette fraude qui est attribuée à des récolteurs de marcs, dont on nous a fait connaître les noms, se reconnaît par la moindre quantité d'extrait que fournit le café mêlé de marcs.

Ce mélange peut conduire ceux qui le pratiquent sur les bancs de la police correctionnelle.

L'épicier à qui on offre des marcs pour mêler à son café doit se méfier, car on nous a dit que des vendeurs de marcs avaient fait connaître le nom des personnes qu'ils fournissaient, les exposant par là à des poursuites judiciaires (1).

On a aussi moulé la chicorée en grains ressemblant au café; la fraude serait facilement décelée en les mettant dans l'eau; ils s'y délayent facilement, ce qui n'a jamais lieu avec les grains du véritable café.

On a même imité la forme du grain avec de l'argile plastique gris verdâtre. On reconnaît immédiatement ces grains à ce qu'ils ne brûlent pas, se délaient dans l'eau, gardent leur forme au feu, etc.

Un grand nombre d'industriels à Paris pratiquent sur le café une espèce d'enrobage, qui a pour but soit de masquer la mauvaise qualité du café, soit d'augmenter son poids, soit même de lui substituer des graines ou des substances complètement étrangères. Ils font entrer dans cet enrobage non du sucre mais de la mélasse de betterave; les uns introduisent la mélasse dans le brûloir pendant que le café se torréfie; d'autres quand il est torréfié; d'autres enfin roulent le café dans un vase où la mélasse a été mise d'avance; d'autres introduisent dans le brûloir du glucose et de la poudre de chicorée torréfiée. Les cafés enrobés portent différents noms comme café de Chartres, café du gourmet, etc.

____

(1) Pour remplacer les marcs de café on a dernièrement employé des coques de cacao pulvérisées; on peut reconnaître cette fraude à l'aide du microscope.

La poudre de coques, qui contient des germes, fournit par l'éther une solution qui évaporée laisse une matière grasse.

L'enrobage exagéré du café est considéré comme une fraude, et ceux qui la pratiquent encourent des condamnations correctionnelles (1).

On s'assure de la quantité de sucre ou de mélasse ajoutée au café en l'épuisant par l'eau. On dessèche le résidu et on le pèse. Le bon café donne des quantités de résidu qui ne descendent pas au-dessous de 72 %. Ainsi un café qui ne laisserait que 60 % de résidu devrait être regardé comme ayant subi un enrobage exagéré. Cependant ce résultat ne peut être qu'approximatif, et pour avoir des données plus certaines il faudrait examiner comparativement, quant au résidu, le café enrobé avec du café pur pris pour type.

CAFÉ-CHICORÉE, *voyez* Chicorée.

CAMPHRE.

Le camphre est une substance solide et cristalline que l'on retire des branches et du tronc d'un arbre, le *laurus camphora*, qui croît en Chine et au Japon. Quand il est pur il est d'un très-beau blanc transparent, très-amer, d'une odeur forte et particulière. Exposé à l'air il se volatilise et disparait sans laisser de résidu. Il est tendre, se laisse facilement entamer par l'ongle, s'aplatit sous le pilon, ce qui rend ce moyen impropre pour le pulvériser. Il est soluble dans l'alcool et surtout dans l'éther, les huiles fixes et volatiles; mais l'eau n'en dissout qu'une petite quantité et le sépare de ses dissolutions alcooliques sous forme d'une poudre blanche.

---

(1) Certains enrobages n'ont pas pour but la fraude; ils ont pour objet de fournir un café liquide très-coloré.

La plupart des huiles essentielles que l'on extrait des plantes de la familles des labiées, comme la menthe, la sauge, le romarin, contiennent du camphre qu'elles laissent déposer à la longue.

Le camphre, dont l'usage comme médicament est devenu si populaire, est aussi une marchandise industrielle qui peut être vendue par l'épicier; en effet, il sert à préparer certains vernis, il entre dans la composition des artifices et sert journellement dans les ménages à éloigner du linge et des vêtements les insectes rongeurs.

Tel qu'il arrive en Europe le camphre est sali par des matières étrangères dont on le sépare par sublimation, c'est-à-dire en le chauffant et en condensant ses vapeurs. On emploie à cet effet des ballons en verre à fond plat. Le camphre réduit en vapeurs se condense à la partie supérieure du ballon et produit un pain affectant la forme du ballon, concave à la partie inférieure et convexe à la partie supérieure.

On connaît trois espèces commerciales de camphre : le camphre de *Hollande*, le camphre *anglais* et le camphre *français*.

Ces trois espèces se présentent en pains arrondis et enveloppés dans des feuilles de papier bleu. Le camphre de *Hollande* est souvent coloré et le papier qui l'enveloppe est très-fort. Le camphre *anglais* est très-blanc, sonore et enveloppé dans des feuilles légères de papier. Le camphre *français* est plus blanc et plus solide que le camphre de Hollande; ils sont tous les deux en pains de 1 kilogr., tandis que le camphre anglais est en pains de 4 kilogr.

En faisant passer un courant d'acide chlorhydrique

dans de l'essence de térébenthine, on prépare un produit qui ressemble au camphre par son aspect, son odeur et sa volatilité ; ce produit nommé camphre artificiel a servi souvent à falsifier le camphre naturel, et quelquefois à le remplacer tout-à-fait.

Pour reconnaître cette fraude, il faut en chauffer un morceau sur des charbons ardents, et approcher des vapeurs qui se dégagent une baguette trempée dans de l'ammoniaque ; le camphre artificiel détermine alors la formation d'abondantes fumées blanches.

Le camphre en poudre est falsifié par le *sel ammoniac*. On reconnaît cette fraude en le traitant par de l'alcool qui dissout le camphre et laisse le sel ammoniac, ou bien par l'eau qui dissout le sel ammoniac et qui laisse le camphre. On pourrait encore pulvériser le produit suspect au moyen d'un peu d'alcool et le triturer avec un peu de potasse. Il se dégage alors du gaz ammoniac qui se reconnaît à son odeur et aux vapeurs blanches qu'il répand aux approches d'une baguette imprégnée d'acide chlorhydrique.

CAPRES.

On trouve dans le commerce, sous ce nom et enfermé dans des petits flacons en verre, un genre de conserves au vinaigre. Les capres sont les boutons fructifères ou bourgeons du câprier ; c'est surtout dans les pays chauds, vers Toulon, à Cujet, Roquevaire et Ollioules qu'on les récolte. Un des caractères principaux est l'état rond, la chair ferme, dure, verte, avec un reflet pourpré mais disparaissant après un certain temps de conservation.

On peut rencontrer des fruits analogues aux boutons du câprier, mais les formes sont bien différentes.

Le plus souvent, si elles sont très-vertes elles contiennent du cuivre, ce qui est dû à ce que l'on en fait la conservation comme pour le cornichon, en jettant dessus du vinaigre qui a bouilli dans une bassine de cuivre, dans lequel des gens imprudents ont ajouté parfois des sels cuivreux. On les conserve quelque fois dans l'huile d'olives, mais la plupart du temps on choisit des huiles qui ont mauvais goût et leur donnent une odeur de rance désagréable. Ce mode a de plus l'inconvénient de les faire rejetter dans beaucoup de cas. (Pour le mode de reconnaître le cuivre, voyez **Conserves alimentaires.**)

CARMIN.

Le carmin est une substance solide, pulvérulente, d'un beau rouge, préparée au moyen de la matière colorante de la cochenille.

Il existe plusieurs espèces de carmin qui diffèrent par leur mode de préparation, lequel influe beaucoup sur la qualité du produit ; ce sont :

Le *Carmin ordinaire,* dans la préparation duquel entre de la colle de poisson ;

Le *carmin fin* préparé avec l'albumine des blancs d'œufs ;

Le *carmin superfin d'Amsterdam* dans la préparation duquel entrent le sel de nitre et le sel d'oseille ;

Le *carmin chinois* préparé au moyen d'une dissolution d'étain ;

Le *carmin d'Allemagne* ;

Le *carmin d'Alyon.*

Chimiquement pur, le carmin est une combinaison de matière colorante de la cochenille ou *carmine* avec de la matière animale et un acide. Il contient toujours de l'alumine provenant de la décomposition de l'alun employé à sa préparation ; mais l'alumine n'est pas essentielle à sa nature, ce qui distingue nettement ce produit de la laque carminée qui est au contraire une combinaison de carmine et d'alumine.

Le carmin est falsifié par de l'*alumine*, du *vermillon*, de la *fécule de pommes de terre*, quelquefois jusqu'à 50 pour %.

Pour reconnaître ces matières étrangères, on traite le carmin par de l'ammoniaque. Le carmin pur se dissout et laisse un résidu composé d'alumine, de fécule ou de vermillon. La fécule se reconnaît par l'eau iodée qui lui communique une couleur bleue. L'alumine calcinée avec du nitrate de cobalt donne une coloration bleue. Le vermillon se reconnaît par le procédé suivant : on dissout le précipité dans de l'acide nitrique et on étend d'eau la solution. On verse alors de l'iodure de potassium et il se détermine un précipité rouge-vif.

Laque carminée. — Après la précipitation du carmin, il reste une liqueur encore très-colorée et qui sert à la préparation de la *laque carminée*. Dans cette préparation la matière colorante se fixe sur de l'alumine, sous l'influence d'une fermentation qui élimine la matière animale; aussi, la présence de celle-ci dans les laques carminées n'est-elle qu'accidentelle.

On a mélangé certaines variétés de laque carminée avec des laques de *bois colorants*. On reconnaît le mélange par l'opération suivante : on délaye la laque dans un peu d'eau distillée bouillante, et on ajoute un peu de perchlorure de fer qui fait passer la teinte au rouge-brun sale. On fait alors bouillir le tout avec quelques cristaux d'acide oxalique ; la laque carminée pure reprend sa couleur rouge-vif primitive, tandis que les laques de bois passant au jaune foncé communiquent au mélange une teinte qui s'éloigne d'autant plus du rouge que la proportion de laque étrangère était plus considérable.

CANNELLE.

La cannelle est l'écorce privée de son épiderme du cannellier (laurus cinnamomum), arbre cultivé à l'île de Ceylan, en Chine, à Sumatra, à Cayenne.

Il y a plusieurs sortes de cannelles, ce sont :

1° La *cannelle de Ceylan* qui est la plus estimée ; elle se présente sous forme de lanières excessivement minces et roulées sur elles-mêmes, de manière à former des petits tuyaux étroits et allongés. Elle a une odeur suave et aromatique, une saveur chaude, piquante et sucrée, sa texture est fibreuse, elle est très-fragile et d'une couleur jaunâtre.

Sous le nom de *cannelle matte,* il existe une variété de cannelle de Ceylan qui est moins estimée, elle se récolte sur les grosses branches et sur le tronc, tandis que la vraie cannelle de Ceylan ne se récolte que sur des branches très jeunes.

Son odeur et sa saveur se rapprochent de celles de la canelle fine, mais elles sont moins fortes et moins suaves ; elle se présente en morceaux plats, épais et d'une couleur jaune rougeâtre.

2° La *cannelle de Cayenne* qui ne diffère que par son aspect de la cannelle de Ceylan, dont elle possède l'odeur et la saveur. Elle est en bâtons moins longs et moins bien roulés, plus pâle et un peu plus épaisse. Elle est de deux sortes : la première est fine et blonde ; la seconde douce, d'une saveur piquante et grosse, rougeâtre, fibreuse et encore plus mal roulée.

3° La *cannelle de Chine* moins estimée que les précédentes, a une saveur chaude et une odeur qui rappelle celle de la punaise ; ses fragments sont épais, courts et d'une couleur rouge brun.

4° La *cannelle de Sumatra* tient le milieu entre celle de Ceylan et celle de Chine ; elle est épaisse et mucilagineuse ; elle a quelquefois conservé une partie de son épiderme.

Sous le nom de *cannelle de Malabar* et de *cannelle giroflée*, on trouve dans le commerce deux écorces aromatiques qui ressemblent à la cannelle par quelques points.

La première appelée aussi *Cassia Lignea* est épaisse, en tubes très-droits et cylindriques, d'une couleur brune, d'une saveur qui ressemble à celle de la cannelle, mais plus faible, visqueuse et un peu amère ; elle est aussi moins aromatique.

La seconde vient des îles Moluques, elle est en morceaux presque plats, fibreux et épais, recouverts d'un épiderme blanchâtre ; ils possèdent une odeur de muscade et de girofle ; leur saveur est aromatique et piquante.

On trouve aussi dans le commerce, sous le même nom de cannelle giroflée, une écorce semblable quant à l'odeur et à la saveur, mais qui est produite par un autre arbre. Elle est en petits bâtons longs de 2 pieds, très-minces, très-durs et roulés les uns sur les autres.

On a souvent tenté de substituer ces diverses écorces à la cannelle de Ceylan ; mais la fraude est toujours facile à découvrir, car, comme on peut le voir, il existe entre ces écorces des différences assez tranchées, d'aspect, de goût et d'odeur. On reconnaîtrait de même des écorces de *cannelle de Chine* raclées jusqu'à ce qu'elles aient acquis l'épaisseur de la *cannelle de Ceylan.*

La fraude la plus commune consiste à vendre de la cannelle de Ceylan qui a été épuisée par une première distillation. Ordinairement les morceaux en sont brisés, leur couleur est plus foncée, leur odeur et leur saveur sont ou considérablement diminuées d'intensité ou totalement nulles.

La cannelle de Ceylan pulvérisée est souvent mélangée de poudre de canelle de Chine, de poudre de canelle épuisée, de coques d'amandes fines, mélanges que l'on aromatise avec quelques gouttes d'essence de cannelle.

Le commerçant intelligent et qui veut être sûr de ce qu'il livre à ses clients doit faire pulvériser la cannelle dans ses magasins, car la plupart des poudres du commerce sont allongées.

CÉRUSE
(blanc de plomb).

La céruse qui porte aussi les noms de blanc de plomb, blanc d'argent, blanc de céruse, blanc de krems, carbonate de plomb, est un corps pulvérulent, blanc, amorphe, inodore, insipide, insoluble dans l'eau, pesant, et qui est employé surtout dans la fabrication des couleurs et la peinture à l'huile; mêlée à l'huile et au minium elle sert à préparer un mastic employé pour fermer les jointures des conduits d'eau et de gaz; elle sert à préparer la mine orange et les vernis des poteries.

La céruse est un carbonate de plomb, c'est-à-dire

une combinaison d'acide carbonique et d'oxyde de plomb et est complètement anhydre. Cependant, dans le commerce elle est presque toujours mêlée d'oxyde de plomb à l'état d'hydrate ; quelque fois même elle contient de ce corps une quantité considérable, comme 12 et 18 pour cent.

Quand on expose la céruse à l'action de la chaleur, on la transforme en protoxide de plomb, et si on chauffe davantage elle se suroxyde et se transforme en mine orange.

La céruse, comme tous les sels de plomb, jouit de la propriété de noircir au contact du gaz acide sulfhydrique, coloration produite par le sulfure de plomb qui est noir ; aussi ne doit-on pas l'employer pour couvrir des murs exposés aux émanations hydrosulfurées, comme par exemple ceux des appartements où l'on donne des bains sulfureux.

La céruse est décomposée par les acides azotique et acétique ; elle est insoluble dans l'eau, mais est sensiblement dissoute par de l'eau chargée d'acide carbonique.

La céruse du commerce porte les noms de *céruse de Hollande* ou de *céruse de Clichy*, selon le procédé qui a servi à l'obtenir. L'un et l'autre consistent dans la transformation du sous-acétate de plomb en carbonate de plomb au moyen de l'acide carbonique, seulement, dans le procédé hollandais l'acide carbonique est produit par la fermentation de la tannée ou du fumier dans lequel on enterre les pots qui contiennent le plomb et le vinaigre en ménageant des courants d'air, tandis que dans le second on emploie un courant d'acide carbonique obtenu directement.

La céruse peut contenir accidentellement du fer, du

cuivre ou des matières terreuses. Le fer et le cuivre proviennent des instruments employés à la fabrication de la céruse, et les matières terreuses des eaux plus ou moins pures employées au lavage du produit. On reconnaît la présence de ces substances en dissolvant la céruse dans de l'acide azotique faible ; les matières terreuses restent indissoutes et sont facilement reconnaissables ; on filtre la liqueur et on y verse une petite quantité de sulfate de soude qui donne un précipité blanc dû à la formation d'un sulfate de plomb. De cette manière tout le plomb est séparé de la liqueur ; on y verse alors de l'ammoniaque qui sépare le fer sous forme d'un précipité brun, et la liqueur surnageante est bleue quand la céruse contient du cuivre.

La céruse est souvent falsifiée par le carbonate et le sulfate de baryte, le carbonate et le sulfate de chaux, le sulfate de plomb provenant de la transformation de l'alun en acétate d'alumine au moyen de l'acétate de plomb dans la préparation des mordants (1).

On reconnaît la présence du carbonate et du sulfate de baryte en traitant la céruse par l'acide nitrique, qui

---

(1) En Belgique le carbonate de plomb suivant sa pureté porte des noms différents ; ainsi on appelle *blanc de Krems* le carbonate de plomb pur, *blanc de Venise* le mélange à poids égal de carbonate de plomb et de sulfate de baryte, *blanc de Hambourg* le mélange de 60 de sulfate de baryte et de 30 de carbonate de plomb ; enfin *blanc de Hollande* le mélange de 90 de sulfate de baryte avec 30 parties de carbonate de plomb.

On vend maintenant la céruse broyée à l'huile ; elle est pure ou impure et porte des numéros différents ; le n° 1 n'est pas pur, c'est la céruse surfine, il faut avoir égard au cachet. Lorsqu'on veut analyser cette céruse broyée à l'huile, il faut enlever l'huile par des lavages à l'éther.

la dissout et ne dissout pas le sulfate de baryte; on filtre et on fait passer dans la liqueur obtenue un courant d'hydrogène sulfuré qui précipite tout le plomb; on arrive encore au même but en traitant la même liqueur par un excès de sulfure de potasse. On filtre et la liqueur traitée par l'acide sulfurique ou le sulfate de soude précipite en blanc quand la céruse contenait du carbonate de baryte. Pour reconnaître le sulfate de baryte on traite le résidu de l'opération précédente par le charbon dans un creuset; le sulfate de baryte se transforme en sulfure de baryum qui, traité par l'acide chlorhydrique dégagé de l'hydrogène sulfuré, donne une solution qui précipite en blanc par le sulfate de soude.

On reconnaît la présence du carbonate et du sulfate de chaux en traitant la céruse par l'acide chlorhydrique qui dissout ces deux corps, et donne une solution qui précipite en blanc quand on y verse de l'oxalate d'ammoniaque.

On reconnaît le sulfate de plomb en dissolvant la céruse par l'acide azotique; on sépare la partie insoluble et on la traite par l'acide chlorhydrique, s'il y a du sulfate de plomb ce corps entre en dissolution et la liqueur précipite en noir par l'hydrogène sulfuré.

On a parlé de la falsification de la céruse au moyen du chlorure de plomb. On reconnaît ce corps en traitant la céruse par l'eau bouillante; la liqueur précipite en noir par l'hydrogène sulfuré et en blanc par l'azotate d'argent.

CHICORÉE.

Le café-chicorée est une préparation fabriquée avec les racines de la chicorée *(cichorium intybus)*. L'usage de cette substance comme succédanée du café remonte à l'année 1771 ; mais il prit surtout un grand accroissement pendant la guerre continentale, époque à laquelle le café était d'un prix très-élevé. De toutes les substances qui furent alors proposées pour remplacer le café, la chicorée seule est restée ; aujourd'hui ce produit a ses amateurs qui le prennent en infusion de préférence au café ; partout en France on en use, partout on la mêle au café. La Belgique, Lille, Cambrai, Arras, Valenciennes, Onnaing, Saint-Saulve et leurs environs en fabriquent et alimentent la France et l'étranger. Quelques villes du midi et de l'ouest en produisent aussi, mais le nord seul est le vrai producteur de la chicorée, et c'est là seulement que l'on cultive cette plante en grand.

La racine de chicorée se récolte au commencement d'octobre ; on la fend en quatre, on la coupe de la longueur de 4 à 10 centimètres et on lui fait éprouver une première torréfaction sur des *tourailles.* Dans cet état les racines sont livrées sous le nom de *cossettes* aux fabricants qui les nettoient, les passent au brûloir et finalement les pulvérisent. Au moyen d'un bluttoir on sépare le produit en *semoule gros grain, moyen grain et poudre.* La chicorée se vend en sacs de 500, 250 et 125 grammes ; on la vend aussi sans être empaquetée et elle s'expédie en caisse ou en barrique (vrague), selon sa valeur commerciale et sa qualité.

On connaît quatre espèces de chicorée :

Le nº 1, qui produit des *semoules gros grain, petit grain et poudre,* se prépare avec les cossettes triées une à une, criblées et débarassées avec soin de la terre qui est restée adhérente après la torréfaction ;

Le n° 2 qui se fait aussi avec de belles cossettes, mais non triées ;

Le n° 3 fait avec de petites cossettes difficiles à nettoyer;

Le n° 4 qui est fait avec des cossettes inférieures auxquelles on ajoute le déchet des autres numéros; on n'obtient avec lui que de la *semoule moyen grain* et *de la poudre.*

La chicorée a été et est encore tous les jours l'objet de falsifications assez nombreuses ; les plus anciennes consistaient à y mêler, pendant la torréfaction, de la brique pilée et de l'ocre rouge, substances minérales complètement inertes. On y a introduit des croûtes de pain torréfiées, des débris de vermicelle, de semoule et des grains torréfiés, des haricots, des fèves, des pois, du marc de café, enfin des cossettes de betteraves qui donnent à la chicorée la propriété de retenir plus d'humidité.

Les quantités de cendres que fournissent les chicorées ne descendent presque jamais en poids au-dessous de 5,50 p. %, et elles n'excèdent jamais 10, chiffre qu'atteint la poudre du quatrième numéro. Toute chicorée qui après avoir été réduite en cendres donne des résultats en dehors de ces données doit être regardée comme suspecte. Si la quantité de cendres est exagérée on y retrouve les morceaux de brique pilée ou d'ocre rouge. Quand on recherche la présence des croûtes de pain, des farines, des grains torréfiés, du vermicelle et en général de toute matière féculente, on fait bouillir la chicorée dans de l'eau, on filtre le décocté, on l'étend d'eau et on le traite par de l'eau iodée qui lui communique une couleur bleue lorsqu'elle a été falsifiée par des substances qui contiennent de la matière amylacée.

Les haricots, pois, fèves se reconnaissent de la même manière par l'eau iodée, seulement la coloration est violette; de plus la liqueur prend une couleur brun-foncé par le sulfate de peroxyde de fer.

Le marc de café se reconnait par l'incinération; les cendres font effervescence avec les acides, ce qui n'arrive pas quand la chicorée est pure.

On constate la présence des cossettes de betteraves en incinérant la chicorée à examiner et en dosant dans les cendres le carbonate de potasse dont la quantité est beaucoup moindre dans la chicorée que dans la betterave. Lorsque 5 grammes de cendres marquent 7 divisions à l'alcalimètre Decroisilles, cela indique que la chicorée peut être regardée comme pure; on doit considérer comme falsifiée toute chicorée qui marque plus de 12.

Les commerçants doivent se rappeler qu'il est formellement interdit d'empaqueter la chicorée avec des papiers colorés au moyen de substances toxiques, et que l'administration opère à ce sujet une surveillance active.

CHOCOLAT.

Le chocolat est un produit alimentaire essentiellement composé de cacao uni au sucre et à quelques aromates. L'arbre qui fournit le cacao appartient à l'Amérique; son fruit est ovale ou oblong, coriace ou ligneux, à cinq loges remplies par un nombre considérable de semences. La récolte se fait de la manière suivante : On abat les fruits à mesure qu'ils sont mûrs, on coupe les coques en deux et on les laisse en tas dans des auges en bois où la pulpe qui environnait les semences entre en fermentation, se liquéfie, et le germe meurt. Dans quelques contrées, et principalement dans celle de Caraccas , on fait subir au cacao une préparation particulière , qui consiste à l'enfouir dans la terre pendant un temps plus ou moins long. Il porte alors le nom de *cacao terré*.

Il existe dans le commerce de nombreuses sortes de cacao qui diffèrent entre elles par le terrage, la nature du sol et la variété de l'arbre qui l'a fourni. Les principales sont :

Le *cacao Caraque*, le *cacao Maragnan*, le *cacao Maracaïbo*, le *cacao Soconusco*, les *cacaos de Para* et *de la Martinique*.

La préparation du chocolat consiste essentiellement dans les opérations suivantes :

Le cacao est d'abord trié pour le séparer des semences gâtées, puis torréfié pour rendre ses enveloppes friables et développer son arôme; il est alors broyé sous un cylindre ou passé au moulin, de manière à le diviser grossièrement. On le vanne pour séparer les coques et on le crible pour séparer les germes (1). On le pile ensuite dans un mortier en fer, chauffé de manière à le ramollir, puis on y incorpore le sucre. La pâte ainsi préparée est broyée sur une pierre chauffée, au moyen d'un cylindre en étain. Les aromates, cannelle ou vanille, sont introduits dans la pâte avec le dernier tiers de sucre. Aujourd'hui, dans toutes les fabriques, la main-d'œuvre est réduite à peu de chose; toutes les opérations étant faites par des procédés mécaniques.

---

(1) Il y a à Paris des maisons où chaque fragment de cacao qui doit entrer dans le chocolat est trié à la main.

Le chocolat est sujet à être attaqué par les vers et à absorber les odeurs, aussi le couvre-t-on d'une feuille d'étain qui adhère à sa surface, aussitôt qu'il vient d'être préparé ; ce métal le défend en partie des agents extérieurs (1).

Le chocolat est d'origine mexicaine, aujourd'hui on en fait en France un usage si considérable qu'il est devenu une nécessité, à tel point que sa fabrication est devenue une opération industrielle des plus répandues ; aussi ne faut-il pas s'étonner des fraudes qu'on lui fait subir tous les jours, en y introduisant des substances de moindre valeur ou en se servant de mauvais produits, comme cacaos avariés ou épuisés, cassonades, etc.

Le chocolat livré à bon marché ne peut être du chocolat, c'est un mélange qui s'en rapproche plus ou moins par ses propriétés extérieures.

La fraude la plus fréquente est celle qui consiste à y incorporer des farines de blé, de riz, de lentilles, de pois, de fèves, de maïs, de la fécule, de l'amidon, de la dextrine dite *xantine ;* le tout décoré par le nom de *fleur de gruau.*

On emploie à sa fabrication des cassonades impures, du cacao privé de beurre, des résidus de la préparation du beurre de cacao ; on y mêle des matières inertes, de la sciure de bois, des coques de cacao pulvérisées ; enfin des matières minérales, comme du carbonate de chaux,

---

(1) Dans l'arrimage des cacaos on en a vu qui avaient acquis la saveur du café, du poivre, du copahu ; l'odeur et les propriétés du tabac.

de l'ocre rouge, du colcothar. On a trouvé autrefois des chocolats contenant du cinabre et de l'oxyde rouge de mercure; ce genre de fraude ne se reproduit plus.

Pour reconnaître la fraude par les matières amylacées (fécule, amidon, farines, etc.), on râpe avec un couteau un peu de chocolat et on le fait bouillir dans de l'eau pendant 4 à 5 minutes. On filtre la liqueur et on y verse de l'eau iodée qui la colore en *bleu*. Le cacao contenant naturellement une certaine quantité de fécule, celle-ci détermine avec l'eau iodée une coloration verte peu foncée et non persistante, et qui est facile à distinguer de celle qui est produite par les matières amylacées ajoutées frauduleusement. Si le chocolat avait été additionné de dextrine ou *xantine*, l'eau iodée y produirait une coloration *lie de vin*.

Le goût du chocolat qui rappelle la mélasse, indique souvent la présence des cassonades à la place de sucre; du reste, ce chocolat, préparé en liquide, laisse déposer au fond un sédiment sableux, qui est dû à l'impureté de la cassonade.

Quand le chocolat a été préparé avec du cacao épuisé, c'est-à-dire privé en tout ou en partie de son beurre, on en râpe aussi fin que possible une quantité déterminée que l'on pèse. On mêle cette poudre avec du sable et on l'introduit dans un entonnoir en verre, dont on a bouché la douille avec un peu de coton. On verse sur le chocolat de l'éther qui dissout le beurre; on continue jusqu'à ce que l'éther qui sort par en bas ne produise plus de tache grasse persistante sur du papier joseph. On fait alors évaporer l'éther dans une capsule de porcelaine et le beurre reste pour résidu. Le chocolat ne doit pas donner moins de 25 pour cent de beurre de cacao.

Pour masquer la fraude on introduit dans ce chocolat des matières grasses destinées à remplacer le beurre qui a été enlevé, et particulièrement l'huile d'amandes douces, et plus rarement le suif de veau, etc.

Pour reconnaître ces substances on retire la matière grasse par l'éther et on la fait fondre en y tenant plongé un petit thermomètre. Le beurre de cacao pur fond à $25°$ centigrades, mélangé d'huile il fond à une température plus basse, avec le suif il fond à une température plus élevée.

Les matières inertes, coques, sciure de bois, carbonate de chaux, ocre, colcothar, se reconnaissent en faisant bouillir le chocolat dans l'eau ; ces matières se précipitent au fond du vase ; le carbonate de chaux se reconnaît à l'effervescence qu'il produit avec les acides. Quand il est seulement additionné de carbonate de chaux et d'ocre on peut en déterminer la proportion. Pour cela on brûle, dans un têt à rôtir, le chocolat suspect et on pèse les cendres ; le bon chocolat ne donne pas plus de 2,70 pour cent de cendres.

On trouve dans le commerce, sous des noms divers, du cacao pulvérisé et mêlé à diverses substances. Tout ce que nous avons dit du chocolat se rapporte à ces sortes de mélanges.

A l'époque actuelle, l'administration demande que l'épicier, soit qu'il fabrique le chocolat, soit qu'il l'achète, inscrive d'une manière lisible sur l'enveloppe si le chocolat est pur ou s'il a été allongé de substances étrangères, et dans quelles proportions. Déjà des condamnations ont été prononcées contre quelques personnes chez lesquelles on a opéré des saisies.

CHOUCROUTE.

La choucroûte est un aliment dont on fait un grand usage dans les contrées de l'Est : la Lorraine, l'Alsace, l'Allemagne. La consommation que l'on en fait est considérable, surtout dans les campagnes où elle est une ressource précieuse pendant l'hiver.

Cette préparation d'abord limitée à quelques départements commence à se répandre, et aujourd'hui bon nombre d'épiciers vendent de la choucroûte. Quelques-uns même la fabriquent chez eux, ce qui est à la fois une économie et une garantie de bonne qualité pour le consommateur.

La choucroûte se prépare avec les pommes des choux, c'est-à-dire la partie centrale dont les feuilles sont fortement serrées les unes contre les autres. Toutes les variétés de choux ne peuvent servir à cette opération ; on doit choisir celles qui ont des nervures tendres et peu volumineuses; on prend de préférence les choux *milans* et les choux *cabus*.

On arrache les choux et on les entasse dans un hangar, un cellier ou tout autre lieu couvert, dans lequel on les abandonne jusqu'au moment où les pommes sont devenues blanches. On les monde alors un à un, on enlève toutes les feuilles extérieures qui sont gâtées ou encore vertes, on coupe la tige le plus près possible de la pomme, et au moyen d'un couteau on en enlève toute la partie centrale. Dans cet état les choux sont bons à être divisés; on les entasse dans une trémie dont la partie inférieure est ouverte, et en les pressant avec la main on les force à passer par l'ouverture où, se trouvant alors en contact avec cinq ou six lames d'acier placées obliquement à la suite l'une de l'autre, ils sont

divisés en lanières au moyen d'un mouvement de va-et-
vient que l'on imprime à la trémie. De cette façon les
choux sont hachés en lanières de 0,002 à 0,003 millimètres de largeur. On les introduit dans une futaille par
couches successives de 0,15 centimètres, en ayant soin
d'interposer entre chaque couche une quantité de sel qui
ne doit pas dépasser 1 à 2 kilogr. pour un hectolitre de
choux. Pour aromatiser la masse on ajoute à la couche
inférieure une certaine quantité de baies de genièvre.

Quand les couches sont arrivées à 0,15 centimètres
des bords supérieurs, on pilonne fortement de manière
à enfoncer la masse et on ajoute successivement de nouvelles quantités de choux en les empilant à chaque fois
de la même manière.

Lorsque la tonne est pleine à 0,12 centimètres des
bords, on recouvre la surface d'un linge propre et par
dessus on met un fond mobile que l'on surcharge avec
des pierres pesantes et bien lavées. Le liquide de la
matière passe bientôt par dessus les bords et le tout est
complétement noyé. Il se développe une fermentation
acide qui détermine la formation d'une écume. La choucroûte ainsi préparée peut être consommée au bout de
15 jours. La préparation se fait ordinairement en automne, mais on peut commencer en juillet.

Lorsqu'on veut enlever une quantité quelconque du
produit pour s'en servir, on enlève les pierres, le fond
mobile, le linge et le liquide surnageant en se servant
d'un vase en bois; on essuie la surface, on prend la
quantité nécessaire de choucroûte et on replace le tout
dans son état primitif, en ayant soin de verser sur la
futaille quelques centimètres d'eau.

La choucroûte doit être visitée au moins tous les huit

jours avec les précautions que nous venons d'indiquer ;
on enlève (1) toutes les parties gâtées qui ne tarderaient
pas à amener la putréfaction de toute la masse.

CIDRE.

Le cidre est une boisson fermentée, d'une couleur
jaune ambrée et que l'on prépare avec le jus des pommes
et des poires. Le cidre est une préparation particulière
à certaines contrées, comme la Picardie, la Normandie,
la Bretagne, le Perche, dans lesquelles il remplace le vin
dans la consommation journalière. On consomme beaucoup plus de cidre de pommes que de cidre de poires
aussi appelé *poiré*. Cette boisson est absorbée dans les
contrées qui la fournissent, le transport l'altère ou la
rend complétement hors d'usage. A Paris la consommation du cidre est très-restreinte, on n'en consomme
guère que 15 à 16 mille hectolitres par an.

La fabrication du cidre se compose de deux opérations
distinctes : le *broyage* des fruits et le *pressurage*. Le
broyage, qui s'opérait autrefois au moyen de pilons et
d'auges en bois, se fait aujourd'hui au moyen de meules
verticales en bois mues par un cheval, ou de deux cylindres crenelés et tournant en sens contraire, lesquels
écrasent les fruits. Le pressurage se fait au moyen de
presses vulgairement connues sous le nom de *pressoirs*.
La pulpe est étendue par couches successives séparées
par de la paille, puis soumise à une pression graduée. Le
cidre qui coule le premier est le plus riche en alcool, il
est appelé spécialement *gros cidre ;* le deuxième est le

---

(1) La choucroûte gâtée peut déterminer des accidents, qui don-
neraient lieu à des poursuites judiciaires.

cidre moyen et le troisième est le *petit cidre*. Ce dernier est toujours soumis à l'opération du *remiage*, c'est-à-dire qu'on délaie la pulpe dans l'eau avant de le presser, opération qui facilite l'écoulement du jus.

L'addition d'une certaine quantité de poiré au cidre de pommes en facilite la clarification.

Trois espèces de pommes servent à préparer le cidre : ce sont les pommes *tendres* ou *de première floraison*, qui fournissent $\frac{1}{15}$ d'alcool ;

Les pommes *secondes* ou *de deuxième floraison*, qui fournissent $\frac{1}{10}$ d'alcool ; les pommes *dures* ou *tardives* ou *de troisième floraison*, qui ne donnent que $\frac{1}{8}$ d'alcool. Le cidre est sujet à quelques altérations ou maladies, ce sont : la *pousse*, la *graisse*, l'*acidité* et le *noircissement*.

La pousse est une fermentation qui se développe au printemps ; pour remédier à cet inconvénient, il suffit de coller le cidre ou de lui faire subir l'opération du soufrage.

La graisse est une maladie qui détermine dans le cidre une visquosité particulière en développant une odeur infecte. Selon M. Malagutti, 225 ou 250 gr. de cachou pour 7 ou 8 hectolitres de cidre suffisent pour arrêter la décomposition ; 3 litres d'alcool remplissent le même but ; on peut aussi remplacer le cachou par du tannin.

L'acidité, comme celle du vin, est le produit de la fermentation acétique ; il est difficile de racommoder du cidre aigre, même en y ajoutant de l'alcool ; le meilleur parti que l'on puisse en tirer est d'en faire du vinaigre.

Quelquefois le cidre noircit dans les tonneaux, ce qui tient à la décomposition des oxalates alcalins, qui se transforment en carbonate, et qui réagissant alors sur la matière colorante la font tourner au noir. Pour rendre au cidre sa couleur jaune il suffit d'ajouter dans le tonneau 30 à 40 gr. d'acide tartrique par hectolitre.

Le cidre est altéré par la *chaux*, la *soude*, les *cendres*, la *craie*, l'*alcool*, la *litharge* et la *céruse*, substances que l'on y a ajoutées dans le but de saturer l'acide acétique des cidres gâtés.

Le cidre dans lequel on a mis de la chaux ou de la craie donne un précipité blanc par l'oxalate d'ammoniaque, beaucoup plus abondant que le cidre naturel, qui contient aussi de la chaux provenant soit du jus des pommes, soit de l'eau employée à sa fabrication.

Pour reconnaître que la chaux, la craie ou la soude ont été employées pour détruire l'acidité, on évapore le cidre en consistance d'extrait mou que l'on traite par de l'alcool concentré, qui ne dissout que les acétates. On filtre la solution alcoolique et on l'évapore, les acétates restent pour résidu. En traitant ce résidu par la chaleur en présence de l'acide sulfurique, il se manifeste une odeur caractéristique de vinaigre, et en le dissolvant dans l'eau il donne un précipité blanc par l'oxalate d'ammoniaque pour la chaux et la craie, et un précipité blanc par le bi-antimoniate de potasse pour la soude. Le bichlorure de platine donne un précipité jaune grenu quand on s'est servi de cendres.

On reconnaît que le cidre contient un excès d'alcool en le distillant comme nous le dirons pour le vin (voir *Vins*).

La litharge et la céruse transforment le cidre en un poison assez violent pour déterminer promptement des accidents sérieux. Pour reconnaître ce genre de fraude, on évapore le cidre en un extrait que l'on incinère, on traite les cendres par de l'acide azotique, on évapore la solution pour chasser l'excès d'acide, on reprend par l'eau distillée, et la liqueur filtrée donne par l'hydrogène sulfuré un précipité noir, par l'iodure de potassium un précipité jaune, par le sulfate de soude un précipité blanc (1).

Quelquefois, le cidre contient accidentellement du *cuivre*, du *zinc*, du *plomb* venant soit des vases qui le contenaient, soit des ferrures des tonneaux. Ces métaux se reconnaissent par l'évaporation, l'incinération et le traitement par l'acide azotique; le cuivre se reconnaît par la coloration bleue que lui communique l'ammoniaque, et le précipité brun-marron que donne le cyanoferrure de potassium; le zinc se reconnaît au précipité blanc que donnent l'hydrogène sulfuré et le cyanoferrure de potassium , et le plomb par le précipité jaune qu'y forme l'iodure de potassium et le précipité blanc qu'y forme le sulfate de soude.

Sous le nom de cidre on vend des boissons fabriquées avec le sucre, la mélasse, les cassonades et le vinaigre; on aromatise le tout avec des fruits secs, poires ou pommes tapées, des baies de genièvre, des fleurs de sureau et de violette, de la canelle.

Le débit de ces boissons *sous le nom de cidre* constitue une véritable fraude. On peut distinguer ces liquides du cidre naturel par l'évaporation et l'examen de l'extrait.

Le cidre ne doit pas être conservé dans des vases métalliques; du cidre conservé dans un vase de plomb, un réservoir à eau, détermine de graves accidents.

---

(1) Un brasseur de Paris qui avait suivi les conseils d'un droguiste, et qui avait clarifié le cidre qu'il préparait avec un sel plombique, détermina à Paris une véritable épidémie. Traduit en police correctionnelle, il fut condamné à l'amende et à la prison; et les dommages-intérêts qu'il dut payer aux personnes qui avaient été malades s'élevèrent à plus de 50,000 francs.

CINABRE.

Le cinabre se présente en masses rouges ou violacées, à cassure brillante et cristalline. Quand on le pulvérise, il se transforme en une poudre rouge spécialement connue sous le nom de *vermillon.*

Le cinabre est une combinaison de soufre et de mercure; il est insoluble dans l'eau, se transforme en vapeur quand on le chauffe en vase clos et donne alors par sublimation des cristaux en forme de prismes à six faces. Quand on le chauffe au contact de l'air il se grille, c'est-à-dire qu'il se transforme en mercure métallique et en acide sulfureux, gaz qui répand l'odeur des allumettes brûlées.

Le cinabre se prépare au moyen de deux opérations distinctes: la première consiste à préparer un corps noir connu sous le nom d'*éthiops minéral* et la seconde à transformer l'éthiops minéral en cinabre.

On prend 150 parties de soufre et 950 parties de mercure; on les introduit dans un creuset et on chauffe de manière à opérer la combinaison des deux corps. Il importe de ne chauffer que graduellement et avec précaution, car le soufre et le mercure qui se trouvent en contact pourraient s'unir avec explosion. Le résultat de l'opération est un corps noir, l'éthiops minéral, que l'on place dans un vase de terre cylindrique à fond plat. On place par-dessus une pièce en fonte qui fait l'office de récipient. On chauffe les vases sublimatoires et les vapeurs viennent se condenser sous forme de pain.

Pour préparer le vermillon on broie le cinabre avec de l'eau et on le porphyrise, mais le produit que l'on a par ce procédé est inférieur à celui que l'on peut obtenir par *voie humide*, et qui ne le cède que de peu pour la teinte au vermillon qui vient de la Chine.

Pour préparer le vermillon de cette manière on broie ensemble pendant 3 à 4 heures et à froid 300 parties de mercure et 114 de soufre, puis on ajoute 75 parties de potasse et 400 parties d'eau; on maintient pendant quelques heures le mélange à la température de 50° environ. Lorsque le précipité a pris une belle teinte rouge on le lave à grande eau.

Il existe quelques autres procédés pour préparer le vermillon, ils reviennent tous à mettre le *sulfure de mercure* en présence de l'eau et de la potasse ou du sulfure de potassium. Le cinabre existe à l'état naturel; on le rencontre à Irida, en Espagne, tantôt brun très-foncé et tantôt d'un beau rouge.

Ce corps est un des plus employés en peinture et entre dans une foule d'opérations pharmaceutiques.

Quelquefois le vermillon, au lieu d'être d'un beau rouge, possède une couleur brune plus ou moins foncée, altération qu'il doit à ce qu'on l'a chauffé trop longtemps avec la potasse et le soufre. Pour lui rendre sa couleur il suffit de le faire bouillir dans l'eau.

Le cinabre est l'objet, surtout à l'état de vermillon, d'une foule de sophistications qui consistent à le mélanger avec des substances de moindre valeur ou même à le remplacer tout-à-fait par des produits qui n'en ont même pas toujours l'aspect.

Les substances que l'on emploie le plus ordinairement sont : le *minium*, le *colcothar*, la *brique pilée*, le *sang-dragon*, le *réalgar* ou *sulfure rouge d'arsenic*, le *sel ammoniac*, le *silicate d'alumine*, le *sable*, le *sulfate de baryte*, le *chromate de plomb bibasique*, la *céruse*.

Sous les noms de *vermillon français, vermillon anglais, vermillon d'Allemagne, vermillon factice,* on a vendu des mélanges de cinabre avec des substances étrangères en proportions variables; le vermillon factice n'était autre chose que du chromate de plomb bibasique mélangé d'une certaine quantité de céruse.

On reconnaît que le cinabre est mélangé de substances étrangères au moyen de la chaleur. Quand il est pur il ne laisse aucun résidu; la fraude par le réalgar et le sel ammoniac échappe seule à ce moyen d'investigation. Quand il reste un résidu il est boursoufflé et charbonneux quand le cinabre était mêlé de sangdragon. Pour reconnaître les autres substances, on traite le produit de la combustion par l'acide azotique qui dissout le plomb quand il y a du minium ou de la céruse, et laisse comme résidu la brique pilée, le silicate d'alumine, le sable, le sulfate de baryte; la brique pilée se reconnaît à sa couleur rouge.

Quand le cinabre contient du minium ou de la céruse, la partie soluble obtenue par l'acide azotique donne un précipité blanc par le sulfate de soude et un précipité jaune par l'iodure de potassium, un excès d'ammoniaque détermine un précipité rougeâtre formé d'oxide de fer quand il y a du colcothar.

On peut déceler la présence du sangdragon en traitant le cinabre par l'alcool qui dissout cette résine et la laisse pour résidu par l'évaporation.

Quand on projette sur une plaque de fer chauffée au rouge du cinabre mêlé de réalgar il se dégage des fumées blanches possédant une odeur alliacée.

Quand on veut reconnaître le sel ammoniac on fait bouillir le cinabre suspect avec de l'eau distillée, on filtre et la liqueur précipite en blanc par le nitrate d'argent quand elle contient du sel ammoniac. De plus, quand on chauffe avec de la chaux du cinabre ainsi fraudé, il se forme d'abondantes fumées blanches quand on approche une baguette imprégnée d'acide chlorhydrique.

Pour reconnaitre le chrômate de plomb, on chauffe le cinabre, on traite le résidu par l'acide chlorhydrique qui prend alors une couleur verte très-intense.

CIRAGE.

Le cirage destiné à noircir et à faire briller la chaussure se trouve dans le commerce sous deux formes ; il est solide et se vend en petites boites, ou demi-liquide et est alors vendu en pots de 60 ou de 120 grammes.

Ces deux préparations ne diffèrent l'une de l'autre que par l'état de siccité dans lequel elles se trouvent ; elles s'emploient aussi de la même manière, car le cirage solide délayé dans de l'eau constitue un cirage identique à celui qui est liquide.

Il se compose essentiellement de noir d'ivoire destiné à donner la couleur noire, de sucre à l'état de mélasse destiné à lui donner du brillant, d'acide sulfurique qui fixe le cirage sur le cuir et lui donne la propriété de reluire promptement sous le frottement de la brosse.

Pour faire de bon cirage on prend :

Noir d'ivoire,	45 gr.
Gomme arabique	8
Mélasse	60
Huile d'olive	15
Acide sulfurique	240

On délaye le noir d'ivoire avec la gomme et la mélasse

dans 50 grammes de bière, de vinaigre faible ou simplement d'eau ; on y ajoute l'huile que l'on mélange et on y incorpore finalement l'acide sulfurique. Le cirage ainsi préparé constitue le *cirage anglais solide*.

Pour l'avoir liquide, il suffit de le délayer dans 400 grammes d'eau après qu'on y a introduit l'acide sulfurique.

Ce cirage comme tous ceux que l'on prépare avec l'acide sulfurique dessèche le cuir et le brûle à la longue. Certains cirages sont tellement corrosifs que la chaussure est rapidement mise hors de service ; aussi faut-il rejeter ceux qui contiennent une proportion exagérée d'acide, dont on a forcé la quantité pour augmenter sa propriété de reluire promptement.

On employait fréquemment dans l'économie domestique des cirages préparés autrement. Le plus anciennement connu était le cirage à l'œuf. Pour le préparer on cassait un œuf que l'on mettait dans un pot avec du noir de fumée. On mêlait le tout en l'agitant au moyen d'un pinceau et on y ajoutait deux à trois cuillerées de vinaigre. Ce cirage était d'un bon emploi et séchait promptement.

On se sert quelquefois d'une dissolution alcaline que l'on fait bouillir avec de la cire. On prend 60 gr. de soude et 30 gr. de chaux que l'on fait bouillir pendant une demi-heure dans un demi-litre d'eau. On laisse déposer et on tire à clair. On prend le liquide surnageant et on le fait bouillir pendant une demi-heure avec 45 grammes de cire et une quantité suffisante de noir de fumée, en ayant soin de remuer pendant tout le temps.

On se sert encore d'un cirage préparé en faisant

fondre 15 gr. de suffate de fer et 96 gr. de mélasse dans un demi-litre de vinaigre.

Cirage au pinceau. — Sous ce nom on comprend une espèce de vernis que l'on applique sur la chaussure au moyen d'un pinceau, sans qu'il soit besoin de le frotter avec une brosse pour le faire briller. On prend 30 gr. de noix de galle et 30 gr. de bois de campêche concassé que l'on fait bouillir dans 3 litres de vin jusqu'à réduction de moitié. On passe à travers un linge, on ajoute 1500 gr. d'eau-de-vie, 500 gr. de gomme arabique, 500 gr. de sucre et 30 gr. de sulfate de fer. On laisse digérer le tout jusqu'à dissolution en remuant continuellement le mélange.

Par l'action de la noix de galle et du bois de campêche avec le sulfate de fer, il se produit de l'encre ou tannate de fer qui reste en suspension dans la gomme. Cette formule pourrait donc se réduire à la suivante qui donne un aussi bon produit :

Encre . . . . 500 gr.
Gomme 125
Sucre. 125

On fait fondre la gomme dans l'encre à l'aide de la chaleur, on laisse refroidir et on passe à travers un linge. On ajoute alors petit à petit et en agitant 250 gr. d'alcool fort. On passe de nouveau et on conserve dans des flacons bien bouchés.

Ce cirage est incontestablement supérieur aux autres; il donne immédiatement un brillant qu'on ne peut atteindre avec les meilleurs cirages anglais; mais il a l'inconvénient d'être peu solide et de se délayer immédiatement par un temps de pluie, en tachant les objets avec lesquels il est en contact.

CIRE.

La cire est un corps gras d'une nature particulière, cassante, d'un jaune plus ou moins foncé et fournie par les abeilles. C'est avec cette matière qu'elles construisent leurs rayons ou cellules hexagonales dans lesquelles elles déposent leurs œufs et leur miel. La cire secrétée par ces insectes existe aussi dans le règne végétal; les feuilles et les fleurs en contiennent. On en trouve sur le palmier à cire des Andes du Pérou, sur l'écorce de la canne à sucre violette, sur les feuilles du palmier carnauba, sur les baies du myristica. Les cires végétales sont d'un blanc grisâtre ou d'un jaune verdâtre.

La cire qui nous occupe, c'est-à-dire celle qui est fournie par les abeilles, est insoluble dans l'eau, mais se dissout dans l'alcool et l'éther bouillants et dans les huiles fixes et essentielles. Elle fond à 62° centigrades. Elle brûle avec une belle flamme blanche sans odeur, sans fumée et ne laisse aucun résidu.

Il y a deux sortes de cire, la *cire jaune* et la *cire vierge* ou *cire blanche*. La cire jaune est celle qui est à l'état naturel. La cire blanche est plus pure que la jaune, elle a perdu les dernières traces de miel qu'elle renfermait. Le blanchiment se compose de deux opérations; la première ou *épuration* s'opère par la fusion tranquille pendant laquelle le miel et les matières étrangères se séparent. La seconde ou *exposition à l'air* se fait en mettant à l'action du soleil et de l'air humide de la cire divisée en bandelettes minces. La cire blanche ne fond que vers 65°; elle est cassante; elle est livrée au commerce sous forme de petits pains arrondis.

La cire jaune sert à modeler et à prendre des empreintes ; elle entre dans la composition des crayons lithographiques ; elle entre dans la préparation de l'encaustique et sert au frottage des appartements. La cire blanche sert à la confection des cierges et des bougies de luxe.

La cire a été falsifiée par les *résines*, le *galipot*, la *poix de Bourgogne*, la *fécule*, l'*amidon*, la *farine*, le *soufre en fleurs*, le *suif*, la *stéarine*, l'*acide stéarique*, les *matières terreuses*, l'*ocre jaune*, les *os calcinés*, la *sciure de bois*, l'*eau*.

La couleur et la consistance rendent suspecte à la première vue de la cire mélangée de matières résineuses. Pour les reconnaître on traite la cire râpée par de l'alcool froid qui ne dissout pas la cire et qui dissout les résines. On filtre et on fait évaporer. Le résidu se compose de ces résines reconnaissables à leur odeur et à la fumée noire qu'elles répandent lorsqu'on les projette sur des charbons ardents.

Les substances insolubles, telles que la fécule et les autres matières amylacées, matières terreuses, ocre, os, sciure de bois, se reconnaissent en dissolvant la cire dans l'essence de térébenthine. Toutes ces matières se précipitent au fond du vase. Les *matières amylacées* bouillies dans l'eau fournissent de l'empois et se colorent en bleu par l'eau iodée.

Les *os calcinés* font effervescence avec les acides et fournissent ainsi une solution qui donne un précipité blanc par l'ammoniaque.

Les matières terreuses, la sciure de bois, l'ocre, se reconnaissent facilement à leur aspect particulier.

La cire qui contient du suif est moins ferme, moins

cassante, plus onctueuse au toucher ; elle a une saveur désagréable de suif.

Il existe un assez grand nombre de procédés pour déceler ce genre de fraude ; le plus simple consiste dans l'examen du point de fusion. On fait fondre une certaine quantité de cire, on y plonge un thermomètre et on regarde à quelle température elle commence à se solidifier. La cire jaune se solidifiant à 62° et la blanche à 65°, la proportion de suif sera d'autant plus considérable que les températures observées seront plus inférieures à ces deux chiffres.

Pour constater la présence de l'acide stéarique, on fait bouillir dans un vase en verre la cire à examiner avec de l'eau qui a séjourné sur de la chaux. Si la cire est pure, l'eau reste limpide, si elle contient de l'acide stéarique l'eau au contraire se trouble et ne ramène plus au bleu le papier rouge de tournesol.

Pour découvrir la stéarine, on fait fondre la cire dans de l'huile, on bat le tout avec son poids d'eau et on y verse de l'acétate de plomb ; s'il y a de la stéarine le mélange se prend en une masse d'une solidité remarquable.

La cire qui contient de l'eau d'interposition doit être fondue au bain-marie et exposée à la chaleur jusqu'à dessication complète ; la perte de poids indique la proportion d'eau qu'elle contenait.

La fleur de soufre se reconnaît à l'odeur d'allumette brûlée que répand la cire quand on la jette sur une pelle rouge.

Autrefois, lorsque l'on ne connaissait que la cire pour la fabrication des bougies, un certain nombre de fabricants additionnaient la cire jaune de suif de veau ou de mouton, et en faisaient des bougies qu'ils recouvraient d'une couche de cire blanche. Aujourd'hui cette industrie a disparu; les marchands, par une opération analogue, fabriquent des *pains fourrés*, c'est-à-dire composés à l'extérieur de bonne cire et au milieu du pain de cire de médiocre qualité. Pour déceler une pareille fraude, il suffit d'ouvrir le pain en deux et d'en examiner l'intérieur.

CIRE A CACHETER.

La cire à cacheter est, comme l'indique son nom, une substance destinée à cacheter les lettres et les enveloppes; quand elle sert à couvrir le goulot et le bouchon des bouteilles, elle prend spécialement le nom de cire à bouteille.

Une bonne cire à cacheter doit être facilement fusible, dure et prendre nettement les empreintes; aussi ces produits se composent-ils essentiellement de substances comme les résines, capables de se ramollir par le feu et se durcir par le refroidissement.

La cire à cacheter fut inventée primitivement par les Indiens, qui récoltent dans leur pays la résine-laque qui sert de base à la cire à cacheter fine.

En Europe cette substance parut pour la première fois à Venise, puis en Portugal et de là en Espagne. Les Espagnols se livrèrent surtout à ce genre de commerce, ce qui fait qu'aujourd'hui encore la cire à cacheter porte le nom de cire d'Espagne.

Sous Louis XIII la cire à cacheter se répandit en France et devint d'un usage général; cette industrie s'est depuis perfectionnée et c'est en France que l'on prépare aujourd'hui la meilleure cire à cacheter.

La résine-laque est une substance résineuse produite par la femelle d'un insecte hemiptère (*coccus lacca*), originaire de l'Inde où elle vit sur plusieurs espèces de nopals entre autres les ficus religiosa, les ficus indica.

Il y a dans le commerce trois sortes de résine-laque; ce sont la laque *en bâtons*, la laque *en grains* et la laque *en écaille*.

La laque *en bâtons* est celle que l'on trouve encore attachée autour des extrémités des branches; elle est transparente, rougeâtre, colore la salive quand on la mâche, présente encore un grand nombre de cellules disposées circulairement autour du bois et dont quelques-unes contiennent encore les débris de l'insecte.

La laque *en grains* est celle qui s'est détachée de l'arbre; quelquefois elle a été décolorée dans l'Inde où l'on recherche son principe colorant pour les besoins de la teinture.

La laque *en écaille* se compose de résine-laque privée en tout ou en partie de son principe colorant, fondue dans l'eau, passée à travers un linge et coulée sur des plaques en écailles larges qui ressemblent un peu au verre d'antimoine; elle se divise en laque *blonde, rouge* ou *brune,* suivant qu'elle est plus ou moins colorée.

Pour la fabrication de la cire à cacheter il y a un choix à faire dans les résines-laques. On prend de préférence la laque en écaille, qui coûte meilleur marché, et la moins colorée pour les cires rouges.

On emploie pour colorer la cire à cacheter les poudres suivantes :

Rouge, — cinabre ou vermillon ;
Noir, — noir de fumée ;
Jaune, — jaune royal ou oxychlorure de plomb ;
Brun, — ocre rouge ;
Bleu, — bleu minéral, outremer ;
Vert, — vert de gris.

La cire fine se prépare avec :

     Résine-laque. . . . . 400 gr.
     Térébenthine de Venise 100
     Vermillon 200

On fond la laque dans un vase de cuivre sur un feu doux, on y ajoute la térébenthine, puis la matière colorante en agitant continuellement à l'aide de deux bâtons cylindriques que l'on tient dans la main. Quand la matière colorante est bien incorporée on ajoute une quantité suffisante de baume du Pérou ou de baume de tolu et on la roule en bâtons sur un marbre chauffé par un réchaud. Après le refroidissement on donne le poli aux bâtons en les passant rapidement à travers la flamme d'un fourneau ou d'une lampe à l'alcool.

Les cires ovales, canelées ou rectangulaires se font dans des moules d'acier poli.

La cire à bouteille se fait avec :

     Colophane . . . . 300 gr.
     Blanc d'Espagne 100
     Vermillon 50

On réduit le blanc d'Espagne en poudre en le frottant sur un tamis de crin et on y mêle le vermillon. On incorpore cette poudre dans la colophane fondue; on divise la masse en cylindres ou en tablettes hexagonales.

Les cires marbrées se font en mélangeant des pâtes fondues de couleurs variées; la marbrure dépend d'un tour de main que l'on n'acquiert que par la pratique.

Les cires dorées s'obtiennent en incorporant du mica dans la pâte.

Une bonne cire à cacheter doit être dure, ramollissable à une basse température et fondre sans noircir ni couler. Traitée par l'alcool elle ne doit laisser que la matière colorante pour résidu.

On falsifie quelquefois la cire à cacheter en recouvrant de cire fine des bâtons de cire commune ; en les polissant et leur donnant l'aspect de cire de bonne qualité. La cassure suffit pour faire reconnaître cette fraude.

COCHENILLE.

La cochenille est un insecte dont on retire une matière colorante précieuse qui porte le nom de *carmin*. Elle se compose de petits grains orbiculaires arrondis d'un côté, concaves de l'autre et qui ne sont autre chose que le corps de l'insecte, le *coccus cacti*, lequel appartient à l'ordre des hémiptères, *gallinsectes*. Il est originaire du Mexique où on en fait toujours un grand commerce. Il vit sur une espèce de nopal appelé *cactus coccinilifer*. On en fait trois récoltes par an ; la première produit la cochenille la plus estimée et la troisième donne la qualité la plus inférieure. On emploie pour faire mourir l'insecte deux procédés différents : par immersion dans l'eau bouillante ou bien dans des fours sur des plaques chauffées, procédés qui influent sur la qualité du produit.

On connaît dans le commerce plusieurs cochenilles qui se rapportent à deux types principaux, la *cochenille Sylvestre* ou *sauvage* et la *cochenille cultivée* ou *fine* ou *mestéque*. La première est de beaucoup inférieure ; elle est très-petite, légère, irrégulière, recouverte d'un duvet cotonneux et ne fournit que peu de teinture.

La cochenille *mestèque* est ainsi appelée du nom d'une ville du Mexique, dans la province de Honduras, où les habitants se livrent spécialement à sa culture.

Les espèces commerciales sont les suivantes :

1° La *cochenille noire* aussi appelée zaccatille, qui est en petits grains et anguleux, dont le diamètre est d'environ une ligne. Elle est concave d'un côté, convexe de l'autre et marquée de rides transversales entre lesquelles on remarque une efflorescence d'un gris blanchâtre. Quelquefois elle est petite et irrégulière. Quand on la met à macérer dans l'eau, elle se développe et il est alors facile de distinguer les onze anneaux qui forment le corps de l'insecte ; délayée dans l'eau elle donne une couleur rouge-brun foncé, sa poudre est d'un rougecramoisi;

2° La *cochenille grise* ou *jaspée*, aussi appelée cochenille argentée, qui est l'espèce la plus estimée. On l'obtient en laissant quelque temps les insectes exposés à la chaleur d'un four; elle est recouverte d'une efflorescence blanche d'un aspect argenté. Il en existe deux variétés : la première est grosse, pesante, régulière et présente encore très-distinctement les anneaux du corps; la seconde est généralement plus pesante, irrégulière et tout-à-fait informe ; c'est à peine si on y distingue quelques traces d'anneaux ;

3° La *cochenille rouge* ou *rougeâtre* qui est fournie par la cochenille Sylvestre; elle est d'une couleur rougeâtre, terne, non argentée ; elle a été obtenue en trempant les insectes dans l'eau bouillante et en les faisant sécher au soleil ; on y trouve aussi plusieurs autres insectes et un entre autres qui vit sur le même nopal; c'est l'espèce la moins estimée. Quand on est dans l'indécision pour savoir à quelle espèce de cochenille il faut rapporter un échantillon donné, on opère de la manière suivante :

On prend quelques grains que l'on écrase entre deux

pièces de cinq francs ou entre deux feuilles de papier et on examine la poudre qu'elles donnent. Cette poudre ou *pastel* doit être d'un violet foncé pour la cochenille noire; celui de la cochenille grise est d'une couleur analogue mais moins foncée; celui de la cochenille rougeâtre est rouge-violet. Un bon pastel de cochenille doit avoir un reflet violet riche et velouté.

Les auteurs étant souvent en désaccord sur la préférence à donner sur telle ou telle sorte de cochenille, pour apprécier sa valeur il est bon de procéder par des essais comparatifs. Plusieurs moyens ont été proposés pour arriver à ce but; le plus simple est le suivant : On prépare avec des poids égaux de cochenilles à examiner des décoctions égales en volume. On traite ces décoctions par une dissolution de chlore dans l'eau jusqu'à décoloration complète. La cochenille la plus riche en matière colorante est celle qui exige le plus d'eau chlorée.

La cochenille est une substance précieuse pour l'art de la teinture; elle est d'un prix élevé, aussi n'est-il pas étonnant qu'on ait cherché soit à lui substituer des substances moins chères, soit à donner à de la cochenille de mauvaise qualité l'apparence de la cochenille grise.

On a moulé des cochenilles au moyen d'une pâte composée de *grabeaux* de cochenille pulvérisée, et préalablement trempés dans une décoction de bois de campêche ou mêlés d'autres substances comme les poudres de campêche ou d'orseille que l'on unissait au moyen d'un mucilage. On a même vendu de la terre granulée et colorée par de la cochenille.

Ce genre de fraude est heureusement assez rare aujourd'hui; pour le découvrir il suffit de mettre la cochenille dans de l'eau; au bout de quelque temps la véritable se gonfle et reprend à peu près la forme de l'insecte à l'état naturel. La cochenille fausse se désagrège complètement.

La fraude la plus commune consiste à passer de la cochenille rougeâtre dans de la poudre de talc, dans de la céruse, dans la limaille de plomb ou dans de la soudure de plombiers, pour lui donner l'aspect de la cochenille grise en même temps que cette addition la fait augmenter de poids; quelquefois on la recouvre ensuite de *plombagine* quand on l'a obtenue trop blanche.

En frottant entre les doigts cette fausse cochenille au-dessus d'une feuille de papier, les poudres de talc ou de céruse se détachent et peuvent être recueillies. On reconnaît la céruse à la couleur noire qu'elle prend quand on l'humecte d'*hydrogène sulfuré*.

Les falsifications au moyen du plomb ou de la soudure de plombiers se reconnaissent de la manière suivante : On pulvérise la cochenille dans un mortier et on délaye la poudre dans de l'eau que l'on enlève pour la remplacer par d'autre jusqu'à ce qu'il ne reste plus de poudre. On trouve alors au fond du mortier des paillettes d'un brillant métallique que l'on traite par de l'acide azotique. Elles sont entièrement dissoutes quand elles sont formées par du plomb, et laissent un résidu blanc quand elles sont constituées par de la soudure de plombiers.

Dans les deux cas, la liqueur est évaporée pour chasser l'excès d'acide, et le résidu repris par l'eau donne une liqueur qui précipite en jaune par l'iodure de potassium et en blanc par le sulfate de soude.

COLLE A BOUCHE, *voyez* **Gélatine.**

COLLE FORTE, *voyez* **Gélatine.**

COLLE DE POISSON, *voyez* **Gélatine.**

CONFITURES.

On appelle gelées ou confitures des préparations su-crées et de consistance tremblante; ce sont des aliments de luxe dans lesquels le sucre entre comme condiment, et qui possèdent la saveur franche des substances qui en font la base. On les prépare soit avec le suc des fruits soit avec l'amidon ou la gélatine et des aromates; on réserve particulièrement le nom de gelée de table à celles des préparations dans lesquelles on fait entrer la gélatine ou l'amidon.

Les confitures de fruits se préparent au moyen de procédés analogues qui reviennent tous à extraire le suc des fruits à froid ou à chaud, y ajouter du sucre et faire cuire en consistance telle que par le refroidissement la liqueur se prenne en gelée.

Les confitures que l'on consomme le plus sont celles de groseilles, de cerises, de coings, de fraises, de fram-boises. Pour extraire le suc des groseilles, cerises, fraises et framboises, on opère de deux manières : à froid ou à chaud.

La première manière, qui est sans contredit la meilleure, à l'inconvénient d'être longue et exige l'em-ploi d'une bonne presse pour ne pas perdre une partie du suc qui reste dans les résidus.

Le second est plus rapide; il consiste à mettre les fruits mondés sur le feu dans une bassine et à chauffer. Sous l'influence de la chaleur, les sucs se dilatent et brisent les tissus qui les renferment. Quand les fruits sont crevés on passe à travers un tamis de crin en pres-sant avec une écumoire; on ajoute alors au suc les trois quarts de son poids ou un poids égal de sucre et on fait cuire rapidement.

Les sucs doivent être obtenus extemporanément, parce que la matière gélatineuse ou *pectine*, qui donne au produit sa consistance, doit y être conservée ; si l'on mettait trop de temps d'intervalle entre l'expression et la cuisson, cette matière se séparerait du suc et il ne serait plus possible d'obtenir de gelée.

La gelée de coings se fait par un procédé particulier. Les fruits bien nettoyés et coupés par tranches doivent être laissés dans l'eau bouillante jusqu'à ce qu'ils soient bien cuits, sans cela le principe gélatineux ne se développe pas. Les gelées de pommes et de poires se préparent de la même manière.

Les gelées de *prunes*, d'*abricots*, de *pêches*, diffèrent des précédentes en ce qu'elles sont préparées directement avec le sucre et le fruit lui-même débarrassé de son noyau ; ces préparations tiennent le milieu entre les compotes et les gelées.

Les *gelées* connues spécialement sous le nom de *gelées de table* doivent leur consistance à la colle de poisson ou à la grénétine. Pour les préparer on fait tremper une heure à froid de la colle de poisson qu'on lave ensuite. La grénétine s'emploie directement. On fait jeter un bouillon à ces substances avec de l'eau et on passe le tout ; on ajoute alors le sucre et les liqueurs qui doivent aromatiser la gelée et on fait cuire. On les prépare à l'anisette, au noyau, au marasquin, au kirch, à la fleur d'oranger, à la vanille, à la rose, à l'orange, au citron. C'est à ce genre de préparation qu'il faut rapporter le *blanc-manger* qui est préparé avec un lait d'amandes.

Pour les confitures comme pour les gelées de table, il importe de ne pas trop dépasser le point de cuisson, car le sucre alors se trouvant en excès se sépare et cristallise en grumeaux, ce qui communique au produit un aspect désagréable.

Les confitures et gelées doivent être conservées à l'abri de l'air, pour éviter la fermentation qui produit le boursoufflement de la masse et lui communique un mauvais goût. Pour cela on les coule dans des pots de terre ou mieux de verre appelés *boîtes à confitures;* on recouvre la surface d'une feuille de papier qui adhère exactement, et par dessus on assujettit un couvercle en papier avec une forte ligature à la ficelle. Les confitures doivent être conservées à l'abri de la chaleur qui les dispose à fermenter et de l'humidité qui les fait moisir.

La gelée de groseille est parfois faite avec tout autre chose que du suc de groseille; on y fait entrer du suc ou sirop de framboise, que l'on colore avec le suc de la betterave, et on solidifie le tout avec de la gélatine. On reconnaît la fraude en brûlant la gelée qui répand alors l'odeur de corne brûlée particulière à la gélatine. Des confitures d'abricots ont été fabriquées avec des tranches de potiron et des abricots. En Angleterre la fraude va encore plus loin, on prépare des gelées dites d'oranges, de citrons, etc., avec diverses racines, carottes, navets, etc. (Voyez aussi *Marmelades.*)

CONSERVES.

Sous ce nom nous comprenons soit les produits confits dans le vinaigre ou dans la saumure, que l'on trouve dans le commerce renfermés soit dans des bocaux de verre, comme les *cornichons*, les *câpres*, les *graines de capucines*, les conserves appelées *variantes*, parce qu'elles se composent de diverses substances mélangées, telles que choux-fleurs, ognons, cornichons, carottes, etc., soit les substances enfermées dans des boîtes de fer-blanc hermétiquement soudées, comme les *haricots*, les *flageolets*, les *pois*, etc.

Les fabricants se sont toujours plus préoccupés de l'aspect extérieur de leurs produits que de leurs qualités réelles, aussi se sont-ils toujours efforcés de donner aux cornichons, câpres, haricots, etc., une couleur verte intense qui leur donne une belle apparence.

Les plus vieilles formules relatives à ce genre de préparation prescrivent l'emploi de bassines non étamées; quelques-unes recommandent même de ne pas les nettoyer avant de s'en servir; de cette façon on obtient des produits d'un beau vert. C'est qu'en effet le vinaigre ou le sel marin avec lesquels les parois de la bassine se trouvent en contact ont la propriété de dissoudre une certaine quantité de cuivre qui, en se combinant à la substance végétale lui donne une couleur verte d'autant plus intense que la proportion de métal est plus considérable. Un grand nombre de fabricants allaient encore plus loin en ajoutant au liquide une certaine quantité de sulfate de cuivre.

C'est à la présence de ce métal que l'on doit rapporter les coliques fréquentes que ressentent après le repas les personnes qui font un usage habituel de ces conserves; aussi n'est-il pas étonnant que l'administration se soit émue et ait cherché à faire cesser un pareil état de choses.

Aujourd'hui il est formellement interdit de livrer au public des haricots, flageolets, cornichons ou autres produits analogues contenant des sels de cuivre; et l'emploi du sulfate de cuivre et des bassines non étamées est formellement proscrit par des ordonnances de police.

Tous les vases doivent donc être bien étamés et

l'étamage soigneusement entretenu, car au bout d'un certain temps l'étain a disparu par endroits et mis le cuivre à nu. On devrait même pour plus de sûreté ne faire usage que de vases en terre ou tout au moins en fer *controxidé* ou en tôle vitrifiée.

De même le commerçant doit, pour éviter toute saisie et la punition qui en est inévitablement la suite, refuser complétement les flacons ou boîtes de conserves verdis au cuivre.

Comme le public, par suite de l'habitude, exige encore la couleur verte, le fabricant qui tient à satisfaire cette exigence peut colorer ses produits au moyen de substances colorantes inoffensives, prises parmi celles que la loi autorise et dont nous avons donné la liste en parlant des *bonbons*. Il peut encore, comme on le fait aujourd'hui, enfermer ses conserves dans des vases de verre de couleur vert foncé.

En général la présence du cuivre se révèle par une couleur verte prononcée et souvent plus intense que celle des fruits à leur état naturel ; souvent aussi cette couleur a une teinte bleuâtre, surtout lorsque la proportion de cuivre est considérable.

Pour reconnaître que des fruits ont été colorés de cette manière, on en prend une certaine quantité que l'on réduit en cendres dans un têt neuf à rôtir. On traite alors les cendres obtenues par de l'acide chlorhydrique dans une capsule de porcelaine, et on évapore pour chasser l'excès d'acide. On traite le résidu par de l'eau distillée, on filtre la solution que l'on a ainsi obtenue et on y verse de l'ammoniaque qui détermine dans la liqueur une couleur bleue d'autant plus intense que la quantité de cuivre était plus forte.

Par suite de l'habitude que l'on a de se servir de vases en cuivre non étamé pour la fabrication des cornichons, haricots, etc., certains produits préparés à la chaleur par les mêmes fabricants contiennent du cuivre, par la seule raison qu'ils sont préparés dans les mêmes vases. De ce nombre sont les *tomates* pulpe rouge que l'on extrait de la *tomate* ou *pomme d'amour.* Cette pulpe, entre autres principes, contient un acide particulier qui dissout le cuivre. Nous avons vu bon nombre de flacons de tomates qui en contenaient et souvent des quantités considérables. Ce métal dangereux devrait donc être banni des laboratoires; on pourrait en dire autant des cuisines, car les aliments préparés dans les poêlons de cuivre si bien nettoyés qu'ils soient en contiennent certainement (1).

A l'époque actuelle, des condamnations correctionnelles ont été prononcées contre des commerçants qui avaient dans leurs magasins des haricots verts, des haricots flageolets, des cornichons préparés en faisant intervenir soit des sels de cuivre, soit des bassines de ce métal.

COUPEROSE, *voyez* Sulfate de Fer, de Cuivre, de Zinc.

DATTES, *voyez* Fruits secs.

EAU DE COLOGNE.

L'eau de Cologne est un liquide alcoolique incolore, diaphane, très-aromatique, dans lequel on a fait entrer

---

(1) La couleur très-verte chez les produits conservés est une indication presque certaine de la présence du cuivre.

diverses huiles essentielles. Ces dissolutions, dites eaux spiritueuses, esprits aromatiques employés spécialement pour la toilette, sont préparées très-diversement ; la plus célèbre, celle faite en Allemagne, a été le sujet d'un commerce assez étendu ; elle doit sa célébrité à ce que la famille des Farina de Cologne l'ont beaucoup vantée sous le nom d'eau de Cologne (plutôt de la ville de Cologne).

Ce liquide doit sa propriété de blanchir par son mélange avec l'eau, aux huiles essentielles qui entrent dans sa composition ; il se fabrique de diverses manières.

La formule qui donne le meilleur résultat est la suivante :

<pre>
        Alcool à 36° . . . . 1 litre ½
        Essence de romarin . . . . 4 gram.
            id.   de cédrat. 4
            id.   de citron 8
            id.   de bergamotte. 5
            id.   de néroli 3
</pre>

Quelques fabricants y ajoutent de la teinture de benjoin 4 grammes, et de la teinture d'ambre 6 gouttes. Cette eau doit être considérée comme un alcoolat de citron diversement aromatisé. Par la distillation du mélange on obtient un produit plus suave, mais d'un prix beaucoup plus élevé. On peut préparer cette eau soi-même, en mettant les essences en contact pendant quelques jours avec l'alcool, agitant de temps en temps, puis filtrant au papier.

On a quelquefois trompé le public en faisant entrer dans un liquide alcoolique des alcools très-inférieurs, en remplaçant par des essences communes de romarin, de thym, de lavande, celles de bergamotte, de cédrat ;

on les a même additionnées d'acétate de plomb, pour
obtenir en présence de l'eau la coloration blanche caractéristique de l'eau de Cologne. La présence du plomb est
facile à déceler par l'iodure de potassium, qui donne un
précipité jaune d'iodure de plomb; par le sulfate de
soude, qui donne un précipité blanc.

EAU DE FLEURS D'ORANGER.

L'eau de fleurs d'oranger, vulgairement nommée
fleur d'orange, est le produit de la distillation de l'eau
en présence des fleurs fraîches d'oranger. Elle doit
avoir une odeur suave qui rappelle son origine; elle
sert à aromatiser des sirops, des gelées, des pâtes et est
employée journellement, comme stomachique, à la dose
d'une cuillerée à café dans un verre d'eau sucrée.

La distillation s'opère dans un alambic ordinaire;
l'ancien procédé consistait à faire tremper les fleurs
dans l'eau de la cucurbite, en les protégeant de l'action
du feu au moyen d'un diaphragme percé de trous; aujourd'hui, comme pour toutes les distillations analogues,
on évite de les mettre en contact avec l'eau, et on les
fait seulement traverser par de la vapeur qui entraîne
avec elle les principes odorants. Pour cela les fleurs
sont placées dans un bain-marie dont le fond est percé
de trous par lesquels pénètre la vapeur.

Il existe un vieux procédé totalement abandonné et
que certains distillateurs employaient autrefois de préférence. Il consistait à piler 20 livres de fleurs d'oranger
et à les laisser en fermentation pendant 24 heures dans
un vase couvert; au bout de ce temps on les enfermait
dans un linge et on les pressait fortement pour en retirer
le suc, que l'on mettait dans l'alambic avec 3 livres de

nouvelles fleurs et on distillait au bain-marie pour retirer 4 litres de liqueur.

Les eaux de fleurs d'oranger du commerce sont distillées dans le Midi et surtout à *Grasse*, dans le département du Var. Elles sont de quatre espèces : les eaux de fleurs d'oranger dites *simple, double, triple* et *quadruple.*

L'eau est dite quadruple quand on ne retire qu'un poids de liquide distillé égal à celui des fleurs. Un kilogr. de fleurs qui fournit un kilogr. et 500 gr. d'eau distillée donne celle qui est appelée triple ; elle est double quand on retire en poids le double d'eau distillée. L'eau simple est de l'eau distillée retirée d'un quart de son poids de fleurs, ou plus souvent la double, triple ou quadruple coupée avec de l'eau en quantité relative.

Les fabricants de Grasse préparent une eau de fleurs d'oranger artificielle et qu'ils versent dans le commerce comme l'eau véritable. Ils se servent des queues des fleurs et des feuilles fraîches auxquelles ils ajoutent de l'essence de néroli. Cette eau diffère notablement de l'eau de fleurs d'oranger bien préparée, aussi vaut-il toujours mieux opérer la distillation soi-même. Si on ne peut se procurer localement de fleurs fraîches on en fait venir de salées soit d'Espagne, soit de Portugal. Si elles n'ont pas plus de trois ou quatre mois on en obtient une eau plus suave que celle du Midi.

On désigne sous le nom d'*eau clairette de fleurs d'oranger*, un liquide aromatique préparé de la manière suivante :

On fait infuser pendant trois semaines, dans un vase bien bouché, parties égales d'eau de fleurs d'oranger et de bonne eau-de-vie en y ajoutant un peu de cannelle et de coriandre concassés; on tient le tout dans un endroit chaud en ayant soin de remuer tous les jours. Au bout de quinze jours on passe à la chausse et on met en bouteilles.

L'eau de fleurs d'oranger bien préparée est suave et limpide; elle ne laisse aucun résidu quand on l'évapore et se colore en rose quand on y verse un peu d'acide sulfurique.

Nous avons fait connaître plus haut un des genres de falsifications les plus connus, et qui consiste dans l'emploi des feuilles et des pédoncules des fleurs. Ces eaux ne se colorent pas par l'acide sulfurique. On trouve aussi des eaux de fleurs d'oranger préparées sans distillation, avec de l'essence de néroli dont on facilite la dissolution dans l'eau au moyen d'un peu de magnésie. Cette eau se reconnaît à son odeur et à ce que, en l'évaporant dans une capsule elle laisse un sel magnésien pour résidu. Quand on a employé pour cette préparation de l'eau ordinaire au lieu d'eau distillée, elle donne un précipité blanc par le nitrate d'argent.

Souvent l'eau de fleurs d'oranger est allongée d'eau en plus ou moins grande proportion; le goût ou l'odeur peuvent seuls guider pour reconnaître cette fraude.

L'eau de fleurs d'oranger est sujette à deux sortes d'altération : il s'y développe un principe particulier qui la rend visqueuse et elle se putréfie; ou bien, il s'y développe de l'acide acétique, reconnaissable à son goût et à son action sur le papier de tournesol.

Quand de pareille eau est conservée longtemps dans des estagnons en cuivre mal étamé, il entre en dissolution du cuivre dont la proportion va en augmentant, et il peut en résulter des accidents fâcheux. On reconnaît qu'elle contient du cuivre à la couleur bleue que lui communique l'ammoniaque, et au précipité rose ou brun foncé que détermine le cyanoferrure de potassium. On doit préalablement évaporer l'eau à essayer, de manière à réduire son volume à un quart.

Quelquefois, l'eau de fleurs d'oranger contient du plomb provenant soit d'un étamage fait avec de l'étain allié de plomb, soit de l'oxyde de ce métal ajouté directement pour saturer l'acide acétique, résultat de l'altération de l'eau.

Le plus souvent, la quantité de plomb est trop minime pour nuire à la santé; mais on conçoit que le séjour prolongé de l'eau de fleurs d'oranger dans les estagnons peut en augmenter la proportion, de manière à occasionner des accidents plus ou moins graves.

On reconnaît la présence du plomb au moyen de l'hydrogène sulfuré qui donne un précipité noir, de l'iodure de potassium qui donne un précipité jaune, et du sulfate de soude qui donne un précipité blanc. Ces réactifs décelant la présence d'un sel de plomb, il est bon de déterminer autant que possible dans quelle proportion ils se trouvent dans l'eau de fleurs d'oranger. On y arrive assez approximativement par le moyen suivant, qui est dû à M. Personne :

On met 30 grammes de l'eau à essayer dans un petit tube fermé à la lampe, et on met dans des tubes semblables 30 grammes de solutions titrées et préparées d'avance, contenant de 0,01 à 0,12 d'acétate neutre de plomb; on les traite par une égale quantité d'hydrogène sulfuré qui donne une teinte plus ou moins foncée, en raison de la quantité de plomb contenue. On a ainsi un certain nombre d'étalons préparés d'avance auxquels on compare, pour la couleur, l'échantillon d'hydrolat que l'on soumet à l'essai, en ayant soin de placer à côté l'un de l'autre sur une feuille de papier blanc, le tube contenant l'eau à essayer et successivement les tubes étalons.

Au moyen du charbon animal lavé avec soin, on peut priver les eaux de fleurs d'oranger des sels métalliques qu'elles contiennent; 1 gramme de ce charbon agité à plusieurs reprises avec 25 litres d'eau de fleurs d'oranger suffit pour obtenir ce résultat, et l'eau n'a pas sensiblement perdu de son odeur.

MM. Naveteur et Maunier avaient observé que le carbonate de magnésie et la magnésie calcinée remplissent le même but; mais ces substances, en se dissolvant partiellement dans l'eau, pourraient faire croire que l'eau qu'elles serviraient à purifier serait fabriquée artificiellement avec de l'eau et des essences.

L'épicier qui voudra vendre à Paris de l'eau de fleurs d'oranger sapide, devra la préparer par distillation et avec des fleurs fraîches; cette eau, étendue de trois fois son poids d'eau, est encore meilleure que la plupart des eaux dites : *double, triple* et *quadruple* encore expédiées à Paris.

EAU DE JAVELLE.

L'eau de javelle est un liquide employé pour blanchir le linge, enlever les taches d'encre, de rouille, de fruits et de vin. Elle possède une odeur de chlore prononcée, et résulte de la combinaison de ce gaz avec la potasse ; elle porte aussi les noms de *chlorure de potasse, chlorure d'oxide de potassium, hypochlorite de potasse.*

On prépare l'eau de javelle en faisant passer, dans de l'eau tenant en dissolution du carbonate de potasse, un courant de chlore, que l'on obtient en faisant réagir de l'acide sulfurique sur du chlorure de sodium en présence du peroxyde de manganèse.

Cette liqueur devrait être blanche; la couleur rose qu'elle a dans le commerce vient de ce que, dans le principe, faute de précautions suffisantes, une certaine quantité de chlorure de manganèse, résidu de la préparation du chlore, passait dans le liquide sur la fin de l'opération.

Aujourd'hui on est habitué à lui voir la teinte rose, et les fabricants la lui communiquent directement en y faisant dissoudre du *caméléon minéral*, que l'on obtient en faisant fondre ensemble du peroxyde de manganèse et de la potasse.

L'eau de javelle est quelquefois frauduleusement remplacée par du chlorure de soude; cette falsification se reconnaît facilement à ce que le chlorure de platine n'y détermine pas le précipité jaune serin qu'il donne avec les sels de potasse.

La fraude la plus habituelle consiste à l'étendre d'eau; quelquefois elle contient un grand excès de carbonate de potasse par suite de la saturation incomplète par le chlore; quelquefois même l'eau de javelle n'est autre chose que l'eau mère qui a servi à préparer le chlorate de potasse, et dans laquelle on a fait passer un léger courant de chlore.

On détermine le degré de concentration de l'eau de javelle, au moyen de l'aréomètre de Beaumé. Elle doit marquer 18°.

La table suivante indique les proportions d'eau de

javelle forte du commerce et d'eau ordinaire, qui correspondent à chaque degré de l'aréomètre.

```
        18°  Eau de javelle forte du commerce.
        14°    — 32 d'eau de javelle,  8 d'eau.
        13° 3  — 32      id.        10  —
        12° 6  — 32      id.        12  —
        12° 2  — 32      id.        14  —
        11° 9  — 32      id.        16  —
        11°    — 32      id.        24  —
         8° 8  — 32      id.        32  —
         7° 9  — 32      id.        40  —
         7°    — 32      id.        48  —
         6° 2  — 32      id.        56  —
         5° 5  — 32      id.        64  —
```

Pour déterminer plus exactement la valeur de l'eau de javelle, on a recours aux procédés chlorométriques; celui de Gay-Lussac est le plus commode.

On pèse exactement 4 gr. 43 d'acide arsénieux que l'on dissout dans 32 gr. d'acide chlorhydrique pur, et on étend la liqueur avec de l'eau distillée, jusqu'à ce que le volume occupe un litre; on enlève au moyen d'une pipette 10 centimètres cube de cette liqueur, on l'introduit dans un vase de verre à fond plat, et on le colore avec quelques gouttes d'une dissolution d'indigo dans l'acide sulfurique. Ce vase étant placé sur un papier blanc on verse goutte à goutte, au moyen d'une burette graduée et divisée en dixièmes de centimètres cubes, l'eau de javelle que l'on veut essayer, jusqu'au moment où la liqueur se décolore; on regarde alors combien on a employé d'eau de javelle. On obtient le titre de l'eau en divisant 10,000 par le nombre de divisions de la burette; s'il en a fallu 200, le titre est de 50. Ce titre de 50 indique que 1 litre d'eau de javelle contient

50 litres de chlore gazeux à la température et sous la pression atmosphérique normale.

EAUX-DE-VIE.

On donne le nom d'eau-de-vie au liquide spiritueux résultant de la distillation des vins. Ce nom a été étendu à tous les liquides destinés à servir de boisson et dont la composition est analogue.

Les expressions eaux-de-vie de cidre, de marc, de grains, sont depuis longtemps consacrées ; ce qui caractérise ces liquides, c'est un goût dû à un arôme particulier qui ne permet pas aux gourmets de les confondre les uns avec les autres, et qui est parfois très-différent pour une même espèce. Ainsi, pour l'eau-de-vie de vin, on sait quelle est l'influence du terroir, l'année de la récolte, l'âge du liquide, sur la qualité de l'eau-de-vie ; il n'est guère possible de confondre les eaux-de-vie de Montpellier, de Cognac, d'Armagnac, entre lesquelles il existe des nuances bien tranchées.

Le parfum particulier à chacun de ces produits est dû à la présence d'une huile essentielle, volatile, soluble dans l'alcool ; la saveur âcre et désagréable de l'eau-de-vie de grains, de pommes de terre, est due à une huile essentielle entraînée dans la distillation.

Les eaux-de-vie du commerce sont de 6 espèces :

1° *Eau-de-vie de vin;*

2° *Eau-de-vie de marc;*

3° *Eau-de-vie commune;*

4° *Eau-de-vie de mélasse;*

5° *Eau-de-vie de cerises* et *eau-de-vie de riz;*

6° On connaît encore les *eaux-de-vie de cidre* et *de bière,* qui sont peu estimées.

Eau-de-vie de vin. — L'eau-de-vie de vin a originairement une couleur blanche; mais son séjour prolongé dans les barriques de chêne lui fait acquérir, en vieillissant, la coloration jaune brunâtre qu'elle a ordinairement, et qui est due à la dissolution d'une partie du tannin et de l'extractif contenu dans le chêne. L'eau-de-vie de bonne qualité a une odeur aromatique et une saveur chaude qui se modifie avec le temps; les plus estimées viennent particulièrement du Languedoc, de la Saintonge et de l'Angoumois.

Pour s'assurer si une *eau-de-vie* est pure ou falsifiée par de l'eau-de-vie de grains ou de fécule, on en chauffe une certaine quantité, de manière qu'elle n'entre point en ébullition et jusqu'à ce que la vapeur ne s'enflamme plus; si l'eau-de-vie est pure, le résidu a une légère acidité vineuse, une saveur un peu âcre, une odeur douce analogue à celle de vin cuit; si elle est falsifiée, le résidu a une saveur âcre et une odeur empyreumatique désagréable, ou une odeur analogue à celle de la farine brûlée. On pourrait encore opérer au moyen du nitrate d'argent, comme nous l'avons indiqué pour l'alcool.

L'action de l'acide sulfurique concentrée peut être mise à profit pour reconnaître les substances qu'on ajoute quelquefois à l'eau-de-vie pour lui donner plus de saveur. Mélangée avec un volume égal au sien d'acide sulfurique, elle prend une teinte d'autant plus foncée que la proportion de matières étrangères est plus forte. L'eau-de-vie falsifiée par le *poivre*, le *poivre long*, le *gingembre*, le *piment*, le *pyrèthre*, le *stramoine*, l'*ivraie*, évaporée, laisse un résidu dont la saveur est piquante et brûlante.

L'eau-de-vie est quelquefois falsifiée par de l'acide

sulfurique, qui y développe un bouquet analogue à celui des vieilles eaux-de-vie; il donne naissance à une certaine quantité d'éther, qui aromatise le liquide et lui donne une certaine apparence de vétusté. Pour reconnaître la présence de l'acide sulfurique, il suffit de verser un peu de chlorure de baryum, qui détermine dans le cas de fraude *un précipité blanc* insoluble.

Il y a une trentaine d'années on ajoutait à l'eau-de-vie faible, dans le but de lui faire faire *la perle* et *le chapelet*, de l'ammoniaque et de l'acétate d'ammoniaque; du savon blanc pour lui communiquer de l'onctuosité.

Quand l'eau-de-vie contient de l'ammoniaque, elle *bleuit* le papier rouge de tournesol ; si elle contient de l'acétate d'ammoniaque, on évapore et le résidu mis en contact avec de la potasse dégage l'odeur de l'ammoniaque. Le savon se retrouve dans le produit de l'évaporation.

La présence de l'alun se reconnaît à ce que l'eau-de-vie précipite en blanc par l'addition de carbonate de potasse et par le chlorure de baryum.

Les eaux-de-vie de Cognac, qui se distinguent de toutes les autres par la finesse de leur arôme, ne se trouvent plus aujourd'hui dans le commerce à l'état de pureté. Tous les négociants les allongent avec des eaux-de-vie communes ou des alcools bien rectifiés. La persistance de l'arôme des eaux-de-vie de Cognac permet cette manipulation, qui fournit encore un produit agréable et supérieur aux eaux-de-vie ordinaires quand on a soin de ne se servir que d'alcool n'ayant aucun goût propre ou capable de dénaturer celui du Cognac.

On doit dire pourtant que la fraude s'est emparée de

cette industrie, et qu'un certain nombre de fabricants vendent de l'eau-de-vie de Cognac qui n'en a guère que le nom, à cause de la forte proportion d'alcool qu'ils y ajoutent.

Eau-de-vie de marc. — Dans les pays vignobles, on utilise le marc de raisin en lui faisant éprouver une nouvelle fermentation, et en distillant à la vapeur le nouveau produit.

Le marc de raisin, qui se compose des rafles, des pépins, des peaux, etc., n'est pas complétement épuisé de matières fermentescibles, mais les enveloppes des raisins contiennent encore une huile essentielle, âcre et dont une seule goutte suffit pour communiquer un goût détestable à plusieurs litres de bonne eau-de-vie. Cependant, par une manipulation convenable, on élimine une partie de cette huile et on a, pour produit final, une eau-de-vie *de marc* qui est encore potable, bien qu'elle soit très-inférieure à l'eau-de-vie de vin.

Eau-de-vie commune. — Nous donnons ce nom à tous les liquides qui sont vendus journellement sous le nom d'eau-de-vie, et qui ne sont que des alcools de grains ou de betteraves coupés avec de l'eau et colorés avec du *caramel,* du *broux de noix,* du *cachou.* Ces préparations sont aujourd'hui entrées dans le commerce public ; cependant, elles ne doivent pas être vendues sous le nom d'eau-de-vie de vin, qui en diffère essentiellement. Du reste, il est très-facile de s'assurer de la nature de l'eau-de-vie ; pour cela, il suffit de constater la présence de la matière colorante.

Si la coloration est due au caramel, l'eau-de-vie n'éprouve aucun changement par le sulfate de fer ; au contraire elle devient d'un vert plus ou moins foncé, si la coloration est due au cachou, tandis que l'eau-de-vie de bonne qualité se colore en noir bleuâtre.

En évaporant on retrouve le caramel pour résidu.

Pour préparer une eau-de-vie de cette nature, on commence par faire un mélange d'eau et d'alcool dans les proportions convenables, de manière que ce mélange marque de 50° à 56° à l'alcoomètre centésimal, puis on procède à la coloration qui s'opère, comme nous l'avons dit, soit avec du caramel, soit avec du cachou.

Il est rare que le cachou soit employé seul pour colorer l'eau-de-vie, on lui associe d'autres substances astringentes et aromatiques, dans le double but de lui donner de la couleur et du bouquet. Chaque débitant a en quelque sorte une recette particulière pour préparer ce qu'il appelle la *sauce*.

Quelques fabricants opèrent la clarification de l'eau-de-vie au moyen du blanc d'œuf; de cette manière ils obtiennent un produit plus limpide.

Eau-de-vie de mélasse. — Les mélasses, soit qu'elles proviennent des raffineries de sucre de canne ou de betterave, sont composées de sucre incristallisable; en leur faisant éprouver la fermentation et en les distillant, on obtient des liquides alcooliques qui portent le nom d'eau-de-vie de mélasse.

Le *rhum* est préparé de cette manière dans les colonies; celui qui est le plus estimé vient de la Jamaïque, des Antilles, des Indes.

Le rhum récemment fabriqué est souvent coloré avec du caramel, ce dont il est facile de s'assurer par le procédé indiqué plus haut pour l'eau-de-vie.

Eau-de-vie de cerises (kirsch). — En Suisse, et dans diverses autres parties de la France, on prépare avec les cerises une eau-de-vie très-estimée et connue sous le nom de kirsch-wasser, ou simplement kirsch ; elle contient un peu d'acide cyanhydrique qui lui donne un goût particulier de noyau.

On a quelquefois substitué au kirsch de l'eau-de-vie de grains ou de fécule à laquelle on avait ajouté de l'eau de laurier-cerise. On trouve souvent le kirsch falsifié par de l'alcool de marc de raisin, de grains, de fécule, que l'on fait macérer quelque temps sur des feuilles ou fleurs de pêcher ou de laurier-cerise. Ce kirsch artificiel, contenant plus d'acide prussique que le kisch naturel, se reconnaît de la manière suivante : Le nitrate d'argent versé dans la liqueur étendue d'eau y détermine un précipité blanc, soluble dans l'ammoniaque et dans l'acide nitrique; de plus, le kirsch ainsi frelaté a une saveur âcre et empyreumatique (1).

Eau-de-vie de riz (rack). — Le rack est une eau-de-vie que l'on prépare en Angleterre, où on en fait un grand usage. Le rack est le résultat de la fermentation d'un liquide sucré tiré des farines de riz et d'orge mélangées.

Genièvre. — Le genièvre ou gin est un liquide alcoolique obtenu par la fermentation de l'orge grenée en présence des fruits du genévrier.

---

(1) Pendant un séjour que nous avons fait, en juin 1862, dans les Vosges, nous avons acquis la conviction que dans les contrées qui nous fournissaient du kirsch pur, on fait aujourd'hui des *kirschs factices*, qui n'ont rien de comparable au kirsch tel qu'on le préparait il y a vingt ans.

Nous nous sommes demandé pourquoi, ce produit étant fabriqué presque publiquement, on tolérait cette fraude?

A. Chevallier, père.

Le genièvre frelaté par une substance âcre est légèrement jaunâtre, tandis qu'il est ordinairement incolore ; cependant, cette coloration pourrait être due aussi à un séjour prolongé dans des tonneaux de chêne (1).

Eaux-de-vie de cidre et de bière. — Les eaux-de-vie de cidre et de bière sont peu estimées et ne sont pas l'objet d'un commerce sérieux, même dans les quelques contrées où on les consomme.

ÉMERI.

L'émeri est une poudre gris bleuâtre ou rougeâtre d'une dureté supérieure à celle du quartz, ce qui permet de l'employer avec succès pour polir les métaux, les glaces, les cristaux et verres d'optiques et les pierres fines.

Cette poudre n'est autre chose que du corindon ou *alumine* contenant de la silice et de l'oxyde de fer. On le trouve en Europe, principalement en Saxe et dans l'île de Naxos, à Jersey et Guernesey, sous forme de masses amorphes très-dures et souvent recouvertes de paillettes de mica. Souvent ces masses granulaires sont aussi pures à l'intérieur que le corindon cristallisé ou *spath adamantin.*

On pulvérise l'émeri en le broyant entre deux meules d'acier, et on le délaie dans de l'eau qui le laisse déposer par couches de finesses différentes et faciles à séparer.

On a vendu, sous le nom d'*émeri* de Belgique, une

______

(1) Le genièvre ou gin est la liqueur alcoolique la plus en usage en Angleterre ; elle est pour ce pays une cause constante de crimes, l'ivresse du genièvre étant aussi terrible que celle des mauvais alcools.

substance paraissant provenir des laitiers-résidus obtenus dans le traitement métallurgique des minerais de fer ; elle se présentait en masses vitrifiées, mêlées de grains ferrugineux. Ce produit a une dureté très-inférieure à celle de l'émeri naturel ; on l'a souvent mélangé avec des émeris de Saxe et de Bohême.

ENCAUSTIQUE.

On donne le nom d'encaustique à toutes préparations qui ont la cire pour base et qui sont destinées à donner du brillant soit aux meubles polis, soit aux parquets. Elles servent aux mêmes usages que les vernis qui sont au contraire des dissolutions de résines, laques ou gommes-résines dans de l'alcool ; elles diffèrent encore en ce que les vernis donnent une couche brillante qui se conserve assez longtemps tandis que les encaustiques demandent à être renouvelées souvent.

Quand elles sont destinées à être étendues sur les meubles elles consistent essentiellement dans une dissolution de cire dans l'essence de térébenthine, souvent on les aromatise, ordinairement on les colore.

Encaustique fine.

Prenez : Cire blanche . . . . 125 gr.
       Essence de térébenthine . 125
       —   de lavande 75
       Orcanette 20

On casse la cire par petits morceaux et on la fait fondre au bain-marie dans l'essence de térébenthine ; on ajoute l'orcanette concassée grossièrement et on entretient la digestion pendant une demi-heure. Au bout de ce temps on passe, on ajoute l'essence de lavande et on remue avec une spatule jusqu'à ce que la matière soit complétement refroidie.

L'encaustique ordinaire se compose seulement de cire jaune et d'essence de térébenthine que l'on colore en y incorporant un peu de vermillon ou sulfure rouge de mercure.

Il n'est guère possible de confondre ces deux sortes d'encaustiques : la teinte de la première est bien uniforme, rosée, tandis que la seconde est d'un rouge intense ou jaune orangé. Du reste, pour se convaincre de la présence du vermillon on fait fondre un peu d'encaustique, par le repos il se précipite au fond du liquide une poudre rouge qui n'est autre chose que le vermillon qui a servi à donner de la couleur.

Encaustiques pour parquets.

Ces préparations diffèrent des précédentes en ce qu'on n'y fait pas ordinairement entrer d'essence. Elles sont destinées à vernir des parquets que l'on a préalablement mis en couleur. La mise en couleur s'opère de beaucoup de manières. La recette suivante donne un bon résultat.

Prenez : Colle de Flandre . . . . 750 gr.

        Rocou. 125

        Eau. . . . . 13 lit.

On fait tremper la colle dans l'eau pendant quelques heures et on met le tout sur le feu jusqu'à dissolution complète , on ajoute alors le rocou délayé dans une quantité suffisante d'eau et on agite le mélange avec un bâton. Quand la couleur est froide on agite de nouveau pour avoir un liquide bien homogène et on l'étend sur le parquet avec un balai de crin.

Le plus souvent on étend une couche de peinture à

l'huile de lin avant de se servir de la préparation précédente qui porte le nom de *peinture en détrempe.*

Pour cirer un appartement mis en couleur on se sert d'une encaustique préparée de la manière suivante.

Prenez : Cire jaune . . . . 375 gr.
Potasse perlasse. . . . 250
Eau 2500

On fait dissoudre dans l'eau, sur le feu, les 250 grammes de potasse, puis on ajoute la cire par petits morceaux ; quand elle est en fusion complète on retire du feu et on agite avec une spatule jusqu'à refroidissement complet. On répand la matière sur le parquet en l'étendant avec un balai de crin.

Au bout de 24 heures le cirage est sec et on le frotte avec une brosse dure jusqu'à ce que le parquet devienne coloré et luisant. Quelquefois on y fait entrer une certaine quantité de savon qui donne du liant au produit.

En ajoutant à cette dernière formule 125 gr. de rocou délayé dans de l'eau on a une encaustique qui sert à rendre de l'intensité à de la couleur qui s'est affaiblie.

On appelle *cire punique* une combinaison de potasse caustique avec de la cire blanche ou jaune. Elle forme une masse pâteuse dans laquelle on incorpore facilement toute espèce de couleurs. On se sert de cette composition pour les parquets et pour les meubles en la délayant dans l'essence de térébenthine.

Pour que les encaustiques donnent les brillants polis qu'on en attend il faut que le mélange soit exempt de matières résineuses et surtout de graisses végétales ou animales ; il importe donc de se servir de cire bien pure et exempte de toute espèce de falsification et surtout de son mélange avec le suif (voyez *Cire*).

ENCRES.

On donne le nom d'encre à tout liquide coloré et qui sert à tracer des caractères sur le papier.

Il y a plusieurs espèces d'encres :

1° L'encre commune; 2° les encres indélébiles ; 3° les encres de couleurs; 4° les encres qui ont pour type l'encre de Chine ; 5° l'encre des imprimeurs et des graveurs; 6° les encres de sympathie, qui ne se trouvent pas dans le commerce et dont nous ne dirons qu'un mot.

Encre commune. — L'encre commune porte le nom d'encre *à la couperose,* parce que dans sa préparation on se sert de sulfate de fer ou couperose verte. Elle était connue et employée trois à quatre cents ans avant l'ère chrétienne, Moïse en parle déjà dans le Pentateuque sous le nom de Deyo. Cette encre est vendue dans le commerce à l'état liquide dans des vases de toutes les formes et de toutes les contenances, et on lui donne les noms les plus pompeux et les plus variés.

Elle est essentiellement composée de gallate et de tannate de fer en suspension dans une eau mucilagineuse. Toutes les substances qui contiennent du tannin peuvent servir à fabriquer de l'encre; les substances les plus employées sont les bois de Fernambouc, de Brésil, le sumac, les écorces de chêne et d'aune et surtout la noix de galle qui fournit la meilleure.

Parmi les nombreuses formules qui existent la suivante paraît préférable :

Noix de galle concassée	1 kilog.
Gomme arabique	500 gr.
Couperose verte	500
Eau.	16 litres.

On fait bouillir pendant une heure la noix de galle dans 13 à 14 litres d'eau, on passe la décoction et on y fait dissoudre la gomme. On verse alors la couperose que l'on a fait dissoudre dans le reste de l'eau, et on abandonne à l'air jusqu'à ce que le produit ait pris une teinte noir-bleuâtre.

La plupart des fabricants ajoutent à cette formule du sucre qui donne du brillant aux caractères; d'autres y mettent du sulfate de cuivre; mais ce sel a l'inconvénient d'altérer rapidement les plumes d'acier par suite d'un dépôt de cuivre qui se forme dessus.

L'encre noire est sujette à s'altérer. Sa surface se couvre peu de temps après la préparation de moisissures qui sont attribuées à l'altération du tannin. Quelques personnes laissent ce phénomène se passer avant de mettre l'encre en bouteilles; elles prétendent qu'elle perd ainsi, en partie, la faculté de moisir.

On a préconisé pour empêcher ce genre d'altération certaines substances corrosives comme le bichlorure de mercure et le précipité rouge; on conçoit aisément que l'emploi de substances aussi vénéneuses peut avoir des inconvénients surtout si l'on pense que bon nombre de personnes ont l'habitude de porter à chaque instant leur plume à la bouche. Il vaut mieux employer certaines huiles essentielles qui, dit-on, remplissent le même but.

Au bout d'un certain temps on trouve au fond des vases une bouillie noire connue sous le nom de *boue d'encre;* elle est constituée par une partie des sels de fer qui se sont précipités; les fabricants la vendent aux emballeurs pour marquer leurs caisses.

L'encre dite de *transport,* dont on se sert pour écrire des lettres que l'on copie au moyen de petites presses, est de l'encre ordinaire dans laquelle on a augmenté la dose de sucre.

On a essayé plus d'une fois de supprimer le sulfate de fer dans la préparation de l'encre, on est arrivé à obtenir des liquides plus ou moins noirs, généralement visqueux et de mauvaise qualité. Le moins mauvais de ces produits est peut-être l'encre violette, formule connue sous le nom d'*encre de Rouen*.

Encres indélébiles. — L'encre ordinaire peut se conserver pendant des siècles, mais quand on la met en contact avec certains agents chimiques comme le *chlore,* les *acides,* l'*oxalate de potasse* ou *sel d'oseille,* elle est détruite et les caractères disparaissent. L'air humide lui-même les altère à la longue.

C'est pour éviter cet inconvénient, que pour assurer l'intégrité des pièces judiciaires ou papiers de famille on a cherché à faire des encres capables de résister à toutes les actions extérieures. La plupart de ces produits appelés encres *indélébiles* contiennent en suspension dans un liquide variable du *charbon* qui est inattaquable à tous les agents chimiques. Cependant rien n'est plus facile que de faire disparaître des caractères tracés avec de pareille encre; il suffit de laver avec un peu d'eau et de frotter avec une brosse douce pour enlever tout le charbon qui n'adhère pas au papier.

La première encre *indélébile* réellement solide fut fabriquée en 1810 par M. Tarry. La substance colorante était l'indigo qui était fixé au moyen du vinaigre assez fort pour attaquer le papier.

En 1831 l'académie des sciences publia comme préférable un procédé pour faire l'encre indélébile; il consistait à délayer de l'encre de Chine dans de l'acide chlorhydrique. Cette préparation avait l'inconvénient d'attaquer énergiquement les plumes métalliques, aussi en 1837 la même académie réforma sa formule en remplaçant l'acide chlorhydrique par une solution concentrée de potasse caustique.

M. Traille, d'Edimbourg, a récemment publié une formule d'encre indélébile, qui n'est autre chose que celle de M. Tarry modifiée par l'addition d'une certaine quantité de gluten.

Encres de couleur. — Dans presque tous les bureaux et pour la commodité de la tenue des livres on se sert d'encres de différentes couleurs. L'encre rouge qui est la plus employée se prépare de la manière suivante :

On prend 125 grammes de bois de Brésil râpé et on les met à infuser pendant trois à quatre jours dans du vinaigre; on fait bouillir l'infusion pendant une heure sur un feu doux et on la filtre encore chaude. On la remet sur le feu et on y fait dissoudre d'abord 15 gr. de gomme arabique, puis 15 gr. d'alun et autant de sucre blanc.

On obtient de l'encre rouge d'une plus belle nuance, en faisant dissoudre de la laque de garance dans du vinaigre ou du carmin dans de l'ammoniaque.

L'encre jaune se prépare comme l'encre rouge en remplaçant le bois de Brésil par la graine d'Avignon.

On obtient de l'encre bleue en dissolvant de l'indigo dans de l'acide sulfurique, et en étendant sa solution avec assez d'eau pour qu'elle n'attaque plus le papier, puis on y fait dissoudre de la gomme.

L'encre verte est obtenue de la manière suivante : On fait bouillir jusqu'à réduction à moitié 10 grammes d'acétate de cuivre et 50 grammes de crême de tartre dans 400 grammes d'eau.

L'encre verte de Leykauf est préparée en mélangeant 150 grammes de bichrômate de potasse dissout dans de l'eau chaude avec 200 grammes d'acide sulfurique; puis on verse de l'alcool jusqu'à ce qu'il ne se précipite plus rien. Il s'est alors formé une masse visqueuse que l'on sépare du liquide alcoolique, et qui reprise par l'eau donne une encre verte d'une belle couleur.

Encre de Chine. — On appelle encre de *Chine* des matières charbonneuses empâtées dans des matières extractives et mucilagineuses, et qui délayées dans de l'eau donnent un liquide noir qui sert à tracer des caractères.

Le nom d'encre de Chine lui vient de ce que ce produit nous est d'abord arrivé de la Chine où on le prépare avec la plus grande perfection. Il se présente en petits bâtons carrés accompagnés de caractères chinois ordinairement dorés.

En Chine on prépare l'encre en faisant bouillir dans de l'eau diverses plantes avec de la peau d'âne et en délayant dans la liqueur du noir de lampe.

En France on est parvenu à faire une encre solide qui ne le cède que de peu pour la beauté à l'encre de Chine. Le meilleur procédé consiste à délayer du noir de fumée dans de l'eau tenant en dissolution du suc de réglisse et de la gélatine. On fait sécher la matière dans des moules allongés et on lui donne l'aspect des bâtons d'*encre de Chine.*

Encre d'imprimerie. — L'encre d'imprimerie est un enduit composé de noir de fumée et d'huile de lin bouillie jusqu'à consistance très-forte.

L'encre des graveurs ne diffère de la précédente que par la moindre durée de l'ébullition de l'huile qui sert à la préparer.

Encres sympathiques. — On désigne sous ce nom des liquides qui ne laissent aucune trace sur le papier, quand on s'en sert pour tracer des caractères, mais qui deviennent sensibles sous l'influence de la chaleur, de l'humidité ou de certains agents chimiques. Ils sont destinés à entretenir des correspondances secrètes. Ces sortes d'encres ne se vendent pas dans le commerce; il en existe un certain nombre dont l'emploi est plus ou moins commode.

Tout le monde sait que des lettres tracées avec du vinaigre, du jus d'ognon, de l'acide sulfurique étendu deviennent sensibles quand on les expose à la chaleur.

Le chlorure de cobalt en dissolution donne des caractères qui apparaissent par la dessication et disparaissent par l'humidité.

Le prussiate de potasse invisible sur le papier se colore en bleu quand on le touche avec une solution d'un sel de fer. On peut même superposer à ces caractères des phrases écrites avec l'encre ordinaire. On se sert alors de nitrate acide de fer qui fait disparaître les caractères noirs et paraître ceux qui étaient invisibles.

Encre à marquer le linge. — Cette préparation est destinée à tracer sur le linge des caractères persistants et non susceptibles d'être effacés par la lessive ou les autres opérations du blanchissage.

P. Azotate d'argent cristallisé . . . . 20 gr.
   Sulfate de cuivre 6
   Carbonate de soude pur 20
   Poudre de gomme arabique . . 10
   Ammoniaque 60
   Eau 60

On fait dissoudre l'azotate d'argent dans l'ammoniaque

et le sulfate de cuivre dans le tiers de l'eau ; on mêle ; on ajoute le carbonate de soude et la gomme arabique préalablement dissoute dans le reste de l'eau et on filtre.

On se sert souvent d'une encre composée de la manière suivante :

On prépare deux dissolutions :

1° P. Azotate d'argent cristallisé. . .   2 gr.
     Gomme arabique 10
     Eau distillée 16
2° P. Colle de Flandre 40
     Carbonate de soude cristallisé. . 320
     Eau 2000

On fait dissoudre et on clarifie la seconde liqueur par le repos et la décantation.

On se sert de ces liqueurs au moyen de cachets en bois, ou bien de pinceaux et de plaques en argent découpées.

La seconde formule donne une encre qui ne prend que difficilement sur le linge écru. Pour s'en servir on imbibe d'abord le linge avec la solution de carbonate de soude, on le laisse sécher et par dessus on imprime les caractères avec la première.

ÉPONGES.

Les éponges, que les naturalistes rangent aujourd'hui dans le règne animal, sont des espèces de polypiers flexibles, formés tantôt par des fibres cornés, d'une grande ténuité et plus ou moins élastiques, tantôt par des aiguilles calcaires ou siliceuses nommées *spicules* et enduites, à l'état de vie, d'une substance gélatineuse.

Les éponges ont les formes les plus variées auxquelles

on a donné les noms de *bonnets, cierges, cornes de daim, éventails, goblets, gants de Neptune, mîtres, manchons, trompettes de mer;* elles adhèrent sur les rochers sousmarins, à la manière du corail, et abondent dans la mer Rouge, la Méditerranée, la mer Baltique, et sont surtout communes dans les mers des tropiques.

Elles sont d'une couleur jaunâtre, brun foncé ou brun clair; elles sont criblées d'une infinité de trous plus ou moins grands et ont une odeur de morue.

Les éponges communes ou éponges pluchées sont fournies par l'*espongia officinalis;* elles sont d'autant plus estimées que leur tissu est plus fin et leur couleur moins foncée. Aujourd'hui, par divers procédés, et particulièrement le chlore ou l'acide sulfureux, on est parvenu à les décolorer presque complétement.

Les éponges du commerce se distinguent par le degré de finesse de leur tissu, ce sont :

1° Les *éponges fines,* qui viennent de l'archipel grec et qui se divisent en fines *régulières,* fines *irrégulières* ou fines *en sortes.* Le mélange de ces deux variétés constitue les éponges fines en sorte première. Elles sont coupées, lavées avec soin et bien débarrassées de leur sable, quelquefois elles sont parfumées;

2° Les éponges *demi-fines* ou *de Venise,* qui sont percées de grands trous et offrent quelques parties brunes;

3° Les éponges gelines, les éponges communes qui abondent dans la Méditerranée, sont brunes, quelquefois très-grosses et percées de grands trous; elles arrivent sous forme de chapelet commençant par une éponge très-volumineuse pour finir par une très-petite.

Les éponges sont d'un grand usage dans l'économie domestique; brûlées ou calcinées elles sont employées

comme médicaments; en chirurgie, après avoir été fice-
lées ou cirées, elles servent à dilater les plaies.

Dans le but d'augmenter leur poids, on les fraude le
plus ordinairement en y introduisant du sable ou des
cailloux; un examen attentif permet toujours de reconnaître cette addition.

Cette manipulation est très-fréquente, comme le
prouvent des expériences faites par M. Chevallier, père,
et entre autres celles dont les résultats ont été publiés,
dans le *Journal de chimie médicale*, sous le titre de
Sable vendu à 20 francs le kilogramme. Une des éponges
examinées, dont le tissu était serré, pesait 112 grammes,
séparée du sable elle ne pesait plus que 90 grammes : le
sable qui en avait été extrait par le battage pesait
22 grammes.

Une deuxième, dont le tissu était plus lâche, pesait
90 gr.; elle avait fourni par le battage : sable 40 gr.
L'éponge après cette opération pesait 50 gr.

Ces deux éponges avaient été achetées au prix de 20 fr.
le kilogramme. Une pareille fraude devrait être sévè-
rement réprimée. « Si les pêcheurs d'éponges, comme
« on me l'a assuré, ajoute M. Chevallier, sont tenus de
« les laver sur le rivage, à quatre ou cinq pouces d'eau;
« si l'acheteur a la faculté de tenir ces éponges au grand
« air pendant quatre ou cinq jours, puis de les faire
« battre et de ne procéder au pesage qu'après cette opé-
« ration, la présence de 40 grammes de sable dans une
« éponge pesant 90 grammes, est une opération que l'on
« doit considérer comme un cas justiciable de la police
« correctionnelle. Qu'on vende les éponges plus cher, si
« cela est nécessaire, mais qu'on ne vende pas du sable
« à 20 fr. le kilog. »

On vend quelquefois comme éponges neuves de vieilles éponges blanchies au moyen du chlore ; elles ont ordinairement une forme très-irrégulière, ce qui provient de ce qu'on a été obligé d'enlever les parties les plus colorées; de plus elles sont altérées par le contact du chlore et se dessèchent aisément.

Depuis quelques années, on trouve dans le commerce des éponges dites de Baharma et qui y ont été apportées par les Anglais : elles sont de très-mauvaise qualité, en masses arrondies et mamelonnées, d'un tissu fin, mais mou et cassant.

FARINE DE BLÉ.

La farine de blé ou de froment est produite par la mouture des grains de blé (*triticum repens*) appartenant à la famille des graminées.

La farine de bonne qualité possède une couleur blanche légèrement jaunâtre, une odeur particulière et caractéristique, une saveur qui est celle de la colle de pâte. Elle ne présente que peu ou pas de points noirs ou rouges; elle se tasse par la compression entre les doigts ; elle absorbe trois fois son poids d'eau pour se transformer par le pétrissage en une pâte ferme. Cette pâte doit être élastique, non collante, s'étirant facilement en lames minces; elle doit être homogène et tenace. Les farines de qualité inférieure donnent dans les mêmes circonstances des pâtes moins consistantes, peu tenaces, quelquefois à texture grenue. Elles présentent aussi des points rouges ou noirs plus ou moins nombreux, suivant la quantité de son qu'elles contiennent.

Par l'incinération la farine donne de 0,80 à 0,90 centigrammes de matières minérales %.

La farine est composée de plusieurs éléments distincts les uns des autres, et dont les quantités sont variables pour les différentes qualités, ce sont : le gluten, l'amidon, la glucose, la dextrine, le son, l'eau d'humidité.

Les principes essentiels sont le gluten et l'amidon. La glucose et la dextrine ne s'y rencontrent qu'en petites quantités et sont produites par la transformation de l'amidon.

Le gluten est un corps azoté, d'un blanc jaunâtre, élastique, auquel la farine doit ses propriétés nutritives. Par la dessication, il perd à peu près un tiers de son poids et se transforme en une matière grise jaunâtre et très-dure. Dans la panification, c'est le gluten qui donne du liant à la pâte et qui aide la fermentation sans laquelle un pain n'est ni léger ni poreux. Cette substance est donc indispensable dans la farine, qui est d'autant meilleure qu'elle en renferme une plus grande quantité. Les meilleures farines fournissent environ 33 ou 34 % de gluten humide.

Cette quantité est variable ; elle dépend à la fois du climat où l'on a récolté le blé, de la nature du sol, des soins de la culture, du degré de maturité du grain et de l'humidité ou sécheresse de l'année.

L'amidon, comme nous l'avons fait connaître plus haut, est une poudre blanche composée de grains organisés en couches concentriques et dont la forme orbiculaire est constante. (Voir *Amidon*.)

Le son est la partie corticale du blé que l'on sépare de la farine par le blutage.

Les blés durs fournissent en général des farines plus grenues, moins blanches, moins humides, mais plus faciles à conserver et qui rendent plus de pâte et de

pain que les farines des blés demi-durs et des blés
tendres.

Les farines se divisent en quatre sortes :

1° La *farine première* ou de *première qualité*, qui est
de la plus grande blancheur et qui provient de la première mouture et du premier blutage ; elle est mélangée
avec la farine provenant de la mouture des premiers
gruaux ; elle sert à confectionner les pains de première
qualité et est aussi employée par les pâtissiers ;

2° La *farine deuxième* ou de *deuxième qualité*, qui
provient des blés de deuxième qualité mêlés aux
deuxièmes et troisièmes gruaux ;

3° La *farine troisième* ou de *troisième qualité*, qui
est moins blanche et provient du remoulage des sons
avec les derniers gruaux ; on la mêle avec des farines
de seigle ou d'orge, avec les premières criblures. Le
pain qu'elle donne est dur, gris, d'un goût moins
agréable ; il porte le nom de *pain bis*.

4° *Farine quatrième* ou *basse*, qui constitue la dernière qualité. Elle est presque entièrement composée
des derniers remoulages ; elle contient des criblures,
s'avarie promptement et est à peu près impropre à la
panification ; on l'emploie à fabriquer la colle de pâte et
à la nourriture des animaux domestiques.

On appelle spécialement farines de gruaux blancs, des
farines obtenues avec les blés demi-durs, choisis et de
bonne qualité. Elles servent à confectionner les pains
dits de *gruaux* et de *luxe*.

La farine de blé contient toujours de l'eau. La proportion s'élève de 6 à 15 °/₀ au plus. Quand la proportion
dépasse ce dernier chiffre de 15 °/₀, ce qui arrive ordinairement quand on conserve la farine dans un lieu

humide, il se développe une fermentation putride qui altère la constitution du gluten, en y développant le germe de petits champignons qui, en se produisant plus tard dans le pain, peuvent déterminer de véritables empoisonnements; aussi est-il toujours bon de s'assurer de la quantité d'eau contenue dans les farines. Pour cela, on pèse une certaine quantité de farine, on l'expose à la chaleur d'une étuve jusqu'à dessication complète, et la différence qui existe entre les deux poids obtenus avant et après fait connaître quelle était la quantité d'humidité.

On extrait le gluten par un procédé très-simple et qui consiste à prendre une quantité de farine et à la transformer au moyen de l'eau en un magdaléon de pâte ferme. On examine en même temps le degré d'élasticité et de tenacité de la pâte, indication qui est toujours très-bonne à constater, puis on la pétrit entre les doigts sous un filet d'eau qui entraîne tout l'amidon et le gluten reste pour résidu. L'opération se fait facilement quand la farine est de bonne qualité et de bonne conservation; mais, quand le gluten a été altéré par l'humidité, il a perdu sa cohésion et on est obligé de renfermer la pâte dans un nouet pour ne pas perdre de gluten. On pèse le gluten humide; les farines premières en fournissent de 28 à 35 %. On le dessèche alors à l'étuve et on le pèse de nouveau; son poids est alors de 8 à 11 %. La différence des deux pesées indique la quantité d'eau que la chaleur lui a fait perdre, et qui est ordinairement de deux fois le poids du gluten sec. Cette quantité d'eau est celle qui est nécessaire à ce produit pour développer son élasticité que l'on apprécie facilement par ce procédé.

Quand la farine a été obtenue au moyen de meules tournant avec une grande rapidité, le gluten est d'autant plus altéré que la vitesse est plus grande; on dit dans ce cas que la farine sent *l'échauffé* ou vulgairement qu'elle sent *la pierre à fusil.*

On peut déterminer la quantité de son que contient une farine en la passant à travers un tamis très-fin qui ne laisse passer que la farine et retient le son qu'il suffit de peser.

Parmi les plantes qui croissent avec les céréales se trouvent le *mélampyre des champs, rougette ou blé de vache,* et la *nielle* dont les semences sont entraînées par le battage, et qui accompagnent le grain quand il a été mal criblé. On reconnaît qu'une farine est mêlée de *farine mélampyrée* en faisant avec de l'acide acétique étendu d'eau une pâte que l'on chauffe dans une cuillère d'argent. Quand on coupe avec un couteau le produit de cette opération, la tranche possède une couleur rouge violacée d'autant plus intense que la proportion de rougette est plus considérable.

Au moyen de la loupe on reconnaît facilement la nielle aux fragments pelliculeux qui proviennent de l'enveloppe de la graine.

On a vu quelquefois des farines contenir du cuivre provenant des engrenages et des pignons des moulins; on en a vu qui contenaient du plomb en métal provenant de ce que les meules présentaient quelques fissures qui avaient été remplies par du plomb. On reconnaît ces deux métaux en brûlant la farine dans un têt neuf et en traitant les cendres par l'acide azotique. On évapore pour chasser l'excès d'acide; on reprend par l'eau distillée et la liqueur précipite en noir par l'hydrogène sulfuré ; l'ammoniaque détermine une coloration bleue et le cyanoferrure de potassium un précipité rouge quand elle contient du cuivre ; l'iodure de potassium un précipité jaune et le sulfate de soude un précipité blanc quand elle contient du plomb.

Les falsifications que l'on a fait subir à la farine sont assez nombreuses ; elles consistent à la mélanger avec des substances ou avec des farines étrangères à sa nature et de prix moins élevé. Ce sont : la farine des semences légumineuses, telles que *féverolles, vesces, pois, haricots, lentilles, fèves ;* la farine d'autres graminées, *orge, riz, maïs,* la farine de *sarrazin,* la *fécule de pommes de terre,* les substances minérales comme le *plâtre,* la *craie,* les *os calcinés à blanc.*

La fraude la plus usitée, et qui n'est malheureusement que trop fréquente est celle qui consiste dans le mélange avec les farines de légumineuses.

Parmi tous les moyens qui ont été proposés pour reconnaître cette falsification, le plus sûr et le plus facile consiste à traiter la farine suspecte par une dissolution de potasse caustique au 50me, laquelle dissout l'amidon. On place le produit du traitement sur le porte-objet d'un microscope, et on aperçoit alors des *cellules* ou des débris de cellules *pentagonales* et *hexagonales* spéciales aux légumineuses.

Pour reconnaître les farines de *fèves,* de *féverolles* ou de *vesces ;* les fruits des légumineuses contenant du tannin, les farines falsifiées par ces mélanges prennent des colorations vertes d'autant plus prononcées que la fraude est plus considérable, quand on les traite par une dissolution de sulfate de fer.

M. Dony a fait connaître le procédé suivant : on

expose successivement la farine aux vapeurs d'acide azotique et d'ammoniaque. On se sert d'une capsule de porcelaine dont on humecte les bords intérieurs sur lesquels on projette de la farine ; au fond de la capsule on met une petite quantité d'acide azotique, on chauffe et on recouvre le tout d'une plaque de verre. La farine prend une couleur jaune plus ou moins foncée, et en remplaçant alors l'acide azotique par l'ammoniaque, il se développe des points d'un rouge foncé visible à l'œil nu ou à la loupe quand la farine contient des fèves, des féverolles ou de la vesce.

Les farines d'orge, de riz, de maïs, la fécule de pommes de terre, se reconnaissent en pétrissant la farine sous un filet d'eau, en recueillant l'amidon et en l'examinant au microscope. Le riz ou le maïs présentent des grains anguleux et à demi translucides que l'on ne trouve pas dans la farine de blé; la farine de sarrazin présente des débris vasculaires formés d'utricules allongées et juxtaposées parallèlement. Les grains de la fécule de pommes de terre ont une forme et un aspect spécial que l'on ne peut mieux comparer qu'à une écaille d'huître.

La farine qui contient de l'ivraie peut déterminer des accidents très-désastreux pour la santé publique. On reconnaît cette fraude en la faisant digérer dans l'alcool. L'ivraie communique à ce liquide une couleur verte plus ou moins intense, et une saveur âcre et désagréable. En l'évaporant après l'avoir filtré, cet alcool laisse pour résidu une résine jaune verdâtre.

On reconnaît les matières minérales en incinérant la farine et en pesant les cendres qui ne doivent pas dépasser 0,90 centigrammes °/₀. L'examen et le traitement de ces cendres fait aisément connaître la nature de la poudre employée au mélange.

On ajoute quelquefois de l'alun aux farines pour les rendre plus blanches. En traitant cette farine par de l'eau distillée, cette eau donne par le chlorure de baryum un précipité blanc insoluble dans les acides, et par l'ammoniaque un précipité floconneux soluble dans la potasse.

FARINE DE LIN.

La farine de lin est le produit de la mouture de la graine de lin. Ces graines, qui sont petites, aplaties et brillantes, contiennent une amande dont on retire par expression une huile très-siccative; elles sont fournies par une espèce particulière de lin, le *linum usitatissimum* dont la tige est droite, simple, garnie de feuilles rondes et pointues.

On prépare la farine de lin par deux procédés : ou bien on passe la graine au moulin ou bien on la pile dans un mortier et on la passe au tamis de crin. Cette farine est jaune verdâtre et présente des parties rougeâtres qui ne sont autre chose que les débris des téguments. Elle est douce, onctueuse au toucher et se prend en masse par la compression entre les doigts; elle ne contient que quelques traces d'amidon, et quand on la fait bouillir dans l'eau, le liquide que l'on obtient ne se colore pas par l'eau iodée. Les quantités d'huile que l'on en retire par le traitement au moyen de l'éther varient entre 29 et 39 pour cent.

La farine de lin sert à faire des cataplasmes; la vente de ce produit est considérable; à Paris seulement elle s'élève à 80 ou 90 mille kilogrammes.

On ne doit pas préparer d'avance de grandes quantités de farines de lin, parce que l'huile qu'elle contient rancit et perd ses propriétés émollientes.

Cette farine est souvent falsifiée par le *tourteau de lin*, le *son*, les *recoupettes*, la *sciure de bois*, l'*ocre jaune*, la *farine d'orge* et de *maïs*, la *marne*, le *carbonate de chaux*, la *terre à poële*.

Le mélange avec du tourteau de lin se reconnaît à ce que la farine exige 4 parties d'eau au lieu de 3 pour faire un cataplasme; de plus la farine est rougeâtre et sèche.

On peut encore employer le procédé suivant qui est le préférable et qui peut être appliqué à toutes les sophistications de la graine de lin soit que l'on ait extrait préalablement une certaine quantité d'huile, soit qu'on l'ait mélangée avec des substances étrangères.

Il consiste à déterminer la quantité d'huile que la farine contient. On pèse une certaine quantité de farine, 20 grammes par exemple. On les introduit dans un entonnoir dont on a obstrué la douille avec un peu de coton, on tasse légèrement et on verse dessus de l'éther que l'on recueille dans une capsule de porcelaine. On continue le traitement par l'éther jusqu'au moment où une goutte du liquide reçue sur une feuille de papier sans colle, ne laisse plus de tache grasse par l'évaporation. On évapore alors l'éther en l'exposant dans un courant d'air et on pèse le résidu qui se compose de l'huile. La farine de lin de bonne qualité contient environ 35 pour cent d'huile.

On reconnaît que le mélange a été fait avec du son en délayant la farine dans l'eau et en traitant par l'eau iodée qui donne une teinte bleue bien caractérisée. Une teinte douteuse ou peu apparente pourrait être due à la petite quantité d'amidon que des graines étrangères auraient pu apporter.

On pourrait reconnaître cette fraude au moyen du microscope dont on se sert aussi pour reconnaître la sciure de bois souvent mélangée à la farine de lin après avoir été rendue grasse par des fèces d'huile.

On a quelquefois fraudé cette farine par la sciure de bois de Gayac. On étend la farine sur un canevas que l'on expose aux vapeurs produites par l'acide azotique chauffé au contact du cuivre; la poudre de Gayac devient bleu verdâtre.

La farine d'orge et de maïs se reconnaissent par l'eau iodée. L'ocre jaune et la terre à poële se reconnaissent par l'incinération; le poids des cendres ne doit pas dépasser 3 à 6 pour cent.

On reconnaît la marne et le carbonate de chaux en délayant la farine dans de l'eau et en y versant de l'acide azotique. Elle produit une effervescence et la liqueur filtrée donne un précipité blanc par l'oxalate d'ammoniaque.

Le moyen le plus sûr d'éviter toutes ces fraudes consisterait à préparer soi-même la farine de lin ; ce qui serait préférable.

FARINE DE MOUTARDE.

La farine de moutarde est obtenue au moyen des graines du *sinapis nigra* ou moutarde noire, plante appartenant à la famille des crucifères. Elle croît naturellement dans les terrains pierreux et est cultivée dans plusieurs contrées sur une très-grande échelle.

12

Les graines sont généralement rougeâtres, quelquefois revêtues d'un enduit blanchâtre, très-petites, douées d'une saveur âcre, et contiennent les éléments d'une huile essentielle douée d'une odeur pénétrante laquelle se développe quand la graine est mise en contact avec l'eau.

Cette graine vient surtout d'Alsace, de Flandre et de Picardie.

La plus estimée est la moutarde d'Alsace qui est aussi la plus grosse et celle qui possède la saveur la plus forte; quelquefois ses grains sont comprimés ou anguleux et sa farine est presque jaune.

La moutarde de Picardie est celle dont les grains sont les plus petits; sa farine est grisâtre mêlée de jaune verdâtre; elle constitue l'espèce la plus inférieure.

Il est important de ne pas confondre cette graine avec celle de la moutarde sauvage qui est produite par le *sinapis arvensis*, qui croît naturellement dans les champs qu'il couvre souvent de ses fleurs jaunes. Les graines de moutarde sauvage sont noires, petites, et servent à la nourriture des oiseaux de volières sous le nom de *sénevé*. Elle développe moins d'huile volatile par le contact de l'eau, aussi l'introduction de la farine qu'elle fournit dans celle de la moutarde noire est une véritable falsification (1).

La farine de moutarde est très-employée en médecine

---

(1) Nous ne dirons qu'un mot en passant de la moutarde blanche qui est la semence du *sinapis alba*. Un homme intelligent a su persuader au public que cette semence était un médicament propre à guérir toutes les maladies. Cette croyance s'est répandue et la graine de moutarde blanche est devenue de la *graine de niais*.

sous forme de sinapismes ; elle sert à préparer la moutarde de table. La vente en est très-importante dans le département de la Seine , et s'élève à 560,000 kilogrammes.

Les falsifications qu'on lui fait subir sont nombreuses; elles consistent à y mêler des *tourteaux de colza, de lin et de navette;* des *farines de blé, de maïs, d'orge, de féverolles;* de la *fécule de pommes de terre,* de *l'ocre jaune,* du *gypse,* du *curcuma,* de la *terre à poële* et de la *graine de sinapis arvensis.*

Pour déceler la présence de tourteaux provenant de la fabrication des huiles de lin, de colza et de navette, on délaie dans de l'eau la farine suspecte et on apprécie l'odeur qui se développe; ou bien on en met une certaine quantité dans la bouche et on observe l'âcreté qu'elle produit.

Les falsifications par les matières féculentes, fécules de pommes de terre, farine de blé, de féverolles, de maïs, d'orge, se reconnaissent en faisant bouillir la farine dans l'eau, en versant dans la décoction refroidie de l'eau iodée qui la colore en bleu ou en violet, phénomène que ne produit pas la farine de moutarde exempte de ces sortes de mélanges.

Les matières inertes: ocre jaune, gypse, terre à poële se reconnaissent en réduisant la farine en cendres dont le poids, comme nous l'avons dit, n'excède pas en moyenne 5 pour cent. Quand il y a de l'ocre rouge les cendres sont colorées en rouge par de l'oxide de fer.

Le mélange avec la poudre de curcuma a pour but de lui donner une plus belle couleur jaune. On reconnaît facilement cette fraude qui n'a d'autre inconvénient que de colorer en jaune les tissus avec lesquels on la met en contact, en traitant la farine par un peu de potasse qui développe une couleur rouge ou par l'eau bouillante qui se colore en jaune.

La farine de moutarde étant surtout employée comme médicament, toute fraude capable d'amoindrir son action rubéfiante, doit être qualifiée comme très-coupable; la vie d'un malade dépendant souvent de l'action rapide du sinapisme.

FÉCULE.

On donne, dans le commerce, le nom de fécule à la matière amylacée extraite des graminées et plus particulièrement de la pomme de terre.

Cette fécule, retirée des tubercules du *solanum tuberosum*, se distingue des autres par son aspect nacré et le cri qu'elle fait entendre quand on la froisse entre les mains. Ses grains sont plus gros et d'un volume plus constant que ceux de l'amidon de blé; ils sont ovoïdes, étranglés, gibbeux et obscurément triangulaires. On y aperçoit très-manifestement le hile, trou par lequel s'introduit la matière féculente qui sert à l'accroissement du grain, auquel les couches concentriques qui le constituent donnent l'aspect d'une écaille d'huître.

La fécule jouit de toutes les propriétés de l'amidon.

On appelle *léiocomme*, autrefois *amidon grillé*, *amidon torréfié*, de la fécule chauffée peu à peu de 160 à 210°c. C'est de la fécule désagrégée; en la portant brusquement à cette température, on la transforme en dextrine.

La fécule absorbe des quantités d'eau très-variables, suivant les circonstances dans lesquelles on la place.

La fécule est dite *fécule sèche,* quand elle ne contient

que 16 à 18 % d'eau; c'est la fécule commerciale. La fécule dite *verte* en contient 45 %.

Pour extraire la fécule des pommes de terre, on lave les tubercules, on les râpe, on divise la pulpe dans l'eau et on jette le tout sur des tamis. L'eau entraîne la fécule qui se dépose après un repos suffisant, on décante l'eau surnageant et on lave la fécule jusqu'à ce qu'elle soit entièrement blanche. On la fait égoutter sur des toiles et on l'étend sur des aires en plâtre, qui accélèrent la dessication que l'on achève dans une étuve chauffée à 50° environ.

Dans les grandes féculeries la main-d'œuvre est réduite à peu de chose; le nettoyage, le râpage des tubercules, le lavage et l'épuration de la fécule sont exécutés par des appareils continus.

La fécule est employée en médecine, dans les arts; elle sert à la préparation de la dextrine, de la gommeline, du léiocomme, des sirops de sucre de fécule, de l'acide oxalique; elle sert à confectionner les produits alimentaires connus sous les noms de semoule, tapioka factice, etc.

La fécule de pommes de terre est falsifiée, comme l'amidon, par *la craie, le plâtre, l'albâtre, la terre de pipe.*

Pour reconnaître ces fraudes, nous ne pouvons que répéter ce que nous avons dit à propos de l'amidon : la craie se reconnaît par l'effervescence que produit la fécule au contact des acides, le plâtre, l'albâtre et la terre de pipe se reconnaissent par l'incinération, c'est-à-dire en brûlant la fécule et en examinant les cendres.

On peut encore délayer dans beaucoup d'eau une petite quantité de fécule suspecte, les substances minérales ajoutées étant beaucoup plus lourdes tombent au fond les premières et peuvent être examinées séparément.

Nous avons dit que la fécule peut absorber une quantité d'eau considérable; pour déterminer cette proportion d'eau, il suffit de dessécher la fécule au bain-marie ou dans une étuve. Pour arriver au même résultat, nous conseillons l'emploi d'un instrument appelé *féculomètre*. Il consiste en deux tubes de verre de diamètres différents et soudés ensemble; le tube inférieur, gradué et fermé par un bout, a 0,15 centimètres de long et 0,013 millimètres de diamètre; le tube supérieur, bouché à l'émeri, a 0,18 centimètres de long et 0,03 centimètres de diamètre. On prend 5 grammes de fécule, on les introduit dans le tube inférieur, on agite avec de l'eau après avoir remis le bouchon; lorsque la fécule est délayée, on l'abandonne au repos jusqu'à ce qu'elle ne se meuve plus en renversant le tube. Plus une fécule est pure, plus promptement elle se dépose; la meilleure exige une heure, la plus mauvaise six heures. Après le repos on lit le nombre de divisions, ce nombre indique le titre de la fécule en centièmes; ainsi, le nombre 75 démontre que le produit contient 75 % de fécule réelle et 25 % d'eau.

Quelquefois la fécule de pommes de terre est falsifiée par le mélange d'autres fécules, le meilleur moyen de reconnaître la fraude est l'examen au microscope, qui permet de reconnaître la forme des grains et souvent leur nature.

FROMAGE.

Le fromage est préparé avec le caséum ou caillot du lait retenant une petite quantité de beurre et un peu moins de petit lait. Tous les pays peuvent fournir des fromages presque identiques dans leurs qualités; aussi, les différences, qui font de ce produit un aliment si varié dans son aspect et dans son goût, ne tiennent-elles qu'au mode de fabrication et au plus ou moins de soin qu'on y apporte.

Le lait est porté à une température de 27° à 29°, et coagulé au moyen d'une dose convenable de présure. Le caillé est séparé du sérum ou petit lait et divisé soit avec les mains, soit avec un couteau fait exprès, soit enfin par des procédés mécaniques, puis soumis à une pression graduée dans des moules appelés *formes*. Après avoir été exprimé le produit est desséché, puis salé par immersion dans de la saumure ou simplement par projection du sel sur sa surface. Telles sont essentiellement les opérations sur lesquelles est fondée la fabrication du fromage; elles éprouvent des modifications diverses, particulières à chaque espèce.

Les fromages se divisent en : fromages de lait de vache, de chèvre, de brebis, de laits mélangés, et fromages faits à l'aide de préparations diverses.

Le lait de vache est de tous les laits celui qui en fournit la plus grande quantité et les espèces les plus variées. Ils sont : 1° *mous et frais* comme le fromage *à la crême*, le fromage *maigre*;

2° *Mous et salés* comme les fromages *de Brie, de Langres, de Marolles, d'Epoisses, de Livarot, de Géromé, de Neuchâtel*;

3° Durs et fortement pressés comme ceux *de Chester, de Dunlep, de Glocester, de Nosfolk, de Stilton, de Brick-Bat* ou *briquetons*, fromages anglais qui sont presque tous colorés par une préparation de *rocou* connue sous le nom d'*armate d'Espagne :* les fromages *de Hollande*, *du Jura* ou *Stepmoncel*, *d'Auvergne*, *de Gruyères*, *de Parme* ou *Parmesan* (lequel est coloré avec du safran), *de Bresse*, et enfin le fromage appelé fromage *fondu* et qui est d'un usage habituel dans certaines parties de la France.

Le fromage de lait de chèvre est connu sous le nom de *Mont-d'Or*, parce que c'est dans le département du Puy-de-Dôme, et notamment sur le mont d'Or et dans les localités environnantes, qu'on le fabrique.

Le fromage de brebis se fabrique à *Montpellier*.

Ceux que l'on fabrique avec des laits mélangés sont : le *Roquefort*, qui est fait avec du lait de brebis et de chèvre, et le fromage du *mont Cenis*, dans lequel il entre de plus du lait de vache.

Les mélanges de caillé avec des substances diverses sont : le *serai-vert*, du canton de Glaris, dans lequel entrent des feuilles sèches de *mélilot;* le fromage de *Westphalie*, auquel on ajoute *du beurre, du girofle, du poivre* et quelques autres épices ; le fromage de *la Herve*, qui est mêlé de sel, de poivre, de persil, de ciboule et d'estragon ; le fromage de *pommes de terre* que l'on fabrique en Savoie, et dans lequel il entre un quart de râpures de pommes de terre.

Les fromages, suivant leur mode de préparation, peuvent se garder plus ou moins longtemps; quelques-uns se conservent des années entières et d'autres, au contraire, demandent à être mangés de suite. Les fromages de longue durée doivent être tenus à l'abri de l'humidité, qui les couvre de moisissures ; ils demandent aussi à être fréquemment nettoyés, pour chasser un assez grand nombre d'insectes, comme *le ciron* ou mites des

fromages. Certaines mouches viennent y déposer leurs
œufs et, si on n'y prend garde, les larves éclosent et
pénètrent dans le fromage; quelques amateurs les pré-
fèrent cependant en cet état.

Certains fromages, comme ceux de *Brie*, de *Marolles*,
de *Livarot*, ont une grande tendance à se putréfier, et
quelques accidents qu'ils ont occasionné font voir qu'en
cet état il n'est pas toujours prudent d'en manger; leur
action malfaisante se porte surtout sur les lèvres, les
gencives, la langue et le gosier, et quelquefois même
ils ont produit de véritables empoisonnements.

Nous avons dit qu'en Savoie on prépare une espèce
de fromage dans lequel on fait entrer des pommes de
terre; sans doute par esprit d'imitation, ou plutôt dans
un but de fraude, des fromages de toute autre origine
que ceux de *Savoie* ont été additionnés de la même
manière. D'autres ont été mélangés d'une certaine quantité de fécule. On y a mis de la mie de pain dans le but
d'y déterminer des moisissures simulant des marbrures
que l'on a l'habitude d'exiger à certains fromages.

Pour découvrir ces additions de pomme de terre, de
fécule et de mie de pain; on râpe le fromage avec un
couteau et on le fait bouillir dans de l'eau dans laquelle
on verse un peu d'eau iodée. Il se détermine une coloration bleue quand il y a des pommes de terre ou de
la fécule, et une coloration violette quand il y a de la
mie de pain.

Pour leur donner l'odeur et l'aspect de fromages avan-
cés, certains marchands ont, dit-on, l'habitude de les
arroser avec de l'urine; cette méthode a été abandonnée, on fait usage d'eau légèrement ammoniacale.

Autrefois, pour le préserver de l'atteinte des insectes,

on l'arrosait avec une solution arsénicale. On conçoit tous les accidents qui peuvent résulter de l'emploi d'un pareil procédé. Pour s'assurer du fait, on met sur un feu doux, dans une capsule de porcelaine, du fromage et de l'acide sulfurique qui le charbonne; quand la carbonisation est complète, on étend la masse avec de l'eau distillée, que l'on filtre et que l'on introduit dans un appareil de Marsh, modifié par M. Chevallier père, fonctionnant à blanc, dans le but de constater que le zinc et l'acide que l'on emploie ne contiennent pas de traces d'arsenic.

M. Chevallier père a été chargé d'examiner des fromages venant du Loiret et qui avaient été ainsi lavés, et les a déclarés dangereux.

FRUITS SECS.

Sous ce nom on comprend les fruits plus ou moins charnus dont la chair pulpeuse a été desséchée au moyen de divers procédés, par exclusion de ceux qui se composent essentiellement de l'amande comme les amandes, et les noix.

Les fruits secs du commerce sont les figues, les pommes, les poires, les prunes, les raisins et les jujubes.

Figues. — Ces fruits sont produits par le figuier, arbre originaire du Levant et qui croît surtout dans les pays chauds. Les figues du commerce viennent de l'Italie, de l'Espagne et du midi de la France où on les fait sécher en les exposant à l'action des rayons du soleil les plus ardents. Elles sont tantôt jaunes, grosses et rondes, tantôt oblongues, de couleur plus ou moins violette. Leur saveur est sucrée et se rapproche un peu de celle du miel. Le commerce les fournit sous des noms divers tirés soit du pays qui les produit soit de leur aspect extérieur; ce sont: les figues de *Marseille*, les figues *Peloises*, les figues *Bellones*, les figues de *Salerne*, les figues *grasses*, les figues de *Smyrne*, les figues en *buste*, et les figues d'*Espagne*.

Celles qui possèdent une teinte noire ou qui sont couvertes de taches noirâtres doivent être rejetées; elles moisissent facilement et ont presque toujonrs été récoltées pendant une saison pluvieuse.

Pommes et Poires. — Les pommes et les poires sèches peuvent être divisées en 2 catégories: 1° les poires qui sont destinées spécialement à la fabrication des boissons, et 2° les poires destinées à être mangées en compote; enfin, les pommes qui sont aussi utilisées de la même manière. Les pommes et poires tapées ont une couleur brunâtre, sont généralement dures et ridées; elle sviennent principalement de Châtellerault et de Saumur.

D'autres localités en fournissent cependant quelques quantités.

On les dessèche après les avoir incisées en les exposant à plusieurs reprises à la chaleur d'un four.

Prunes. — Les *prunes ou pruneaux* se récoltent dans diverses parties de la France et principalement dans le sud-ouest où on les fait sécher au moyen de la chaleur du four. Elles sont aplaties en longueur ou en rond, de couleur brune, noire ou rougeâtre; quelques espèces ont conservé l'efflorescence blanche qui les recouvrait avant la dessication. Ce sont: les prunes d'*Eute* et les prunes *communes* qui viennent des départements du Lot, du Tarn et du Lot-et-Garonne.

Les prunes de *Bordeaux*, les prunes de *Tours* qui sont les plus anciennement connues et dont on fait une grande consommation aux États-Unis dans la fabrication du rhum; les prunes *noires*, les prunes *couaches* qui sont grosses et belles mais presque sans saveur; les *Brignoles* et les *Pistoles* qui viennent de la Provence; les prunes *fleuries* qui sont récoltées dans les Basses-Alpes et séchées au soleil; la fleur blanche des prunes fraîches s'y trouve parfaitement conservée.

Raisins. — Les raisins secs du commerce sont ceux de *Provence*, de *Malaga*, de *Deura*, de *Corinthe*, de *Lipari*, de *Smyrne* et de *Samos*.

Les raisins de *Provence* sont de plusieurs sortes qui portent les noms de *Verdat, Aragnan, gros Silicien blanc, panse*; les grappes avant d'être exposées au soleil sont trempées dans une lessive chaude de carbonate de soude ce qui rend la peau des grains dure et résistante.

Le raisin de *Malaga* qui est le meilleur raisin sec qui existe, doit son goût fin et délicat à son mode de préparation qui consiste à le faire dessécher sur la vigne même en arrêtant les progrès de la maturation par une torsion que l'on fait subir aux ceps.

Le raisin de *Deura*, est en petits grains qui ont été séchés sur la terre.

Les raisins de *Corinthe* les plus anciennement connus sont principalement dans l'île de Zante.

Les raisins de *Lipari* sont moins estimés que les raisins de Corinthe, plus gros et plus foncés en couleur.

Les raisins de *Smyrne* sont petits, égrénés sans pépins, d'une belle couleur d'or et transparents quand ils sont récents.

Les raisins de *Samos* sont en gros grains charnus et sucrés.

Jujubes. — Les *jujubes* appelées autrefois gingeoles sont fournies par le *jujubier* arbre originaire de l'Arabie ou de la Perse, et maintenant naturalisé en France.

Ces fruits de la grosseur d'une olive sont d'abord verts, puis jaunes, puis rouges; ils renferment une pulpe aigrelette de saveur vineuse. Les jujubes de commerce sont récoltées dans le midi de la France où les cultivateurs les font sécher soit en suspendant les rameaux au plancher de leurs maisons, soit en les exposant au soleil sur des claies.

Tous ces fruits sont l'objet d'un commerce considérable surtout dans ces dernières années où le prix élevé du vin, de la bière et du cidre a forcé les classes peu aisées à tirer dans ces produits une boisson plus économique.

La vente considérable qui s'en est faite à suggéré à certains marchands l'idée d'augmenter leur poids en les humidifiant, en les mouillant ou en les exposant dans des caves humides. Ils ont réussi à élever le poids de leur marchandise d'un cinquième et au-delà; de plus cette forte proportion d'eau avait pour résultat de ramollir et de détériorer les fruits qui se couvraient de moisissures et particulièrement les pommes qui sont quelquefois devenues nuisibles à la santé par suite du développement d'une grande quantité de petits champignons.

Les fruits secs de bonne conservation ne doivent pas contenir plus de 15 pour % d'eau. Pour en déterminer la quantité, il suffit d'exposer à la chaleur d'une étuve jusqu'à dessication complète un poids déterminé de fruits secs; la perte de poids qu'ils éprouvent indique la quantité d'humidité qu'ils contiennent.

On a quelquefois vendu des figues et des pruneaux mêlés de fruits secs de la plus mauvaise qualité. Ce mélange, de même que l'excès d'humidité, constitue d'après une circulaire de M. le Préfet de police en date du 20 juin 1855 le délit de *procédés frauduleux tendant à tromper sur le poids de la marchandise* ou celui de falsification de substances alimentaires que la loi punit.

GÉLATINE.

La gélatine est une substance que l'on extrait de la peau, de la chair, des cartilages, des tendons, des membranes et des os des animaux. Elle est incolore ou jaunâtre, transparente et ressemble à de la corne quand elle est sèche. Elle est incomplétement soluble dans l'eau froide qui la gonfle; elle se dissout au contraire facilement dans l'eau bouillante d'où l'alcool la précipite.

La meilleure gélatine est incolore et inodore; elle se gonfle dans l'eau et se prend en gelée. La gélatine de bonne qualité doit solidifier à la température de 0° trois à quatre fois son poids d'eau. Quand elle est desséchée elle constitue les diverses colles.

Colle forte. — La colle forte se présente dans le commerce en tablettes sèches et cassantes, transparentes, blanchâtres, rougeâtres, brunâtres ou noirâtres, couleurs qui dépendent du soin qu'on a apporté à sa préparation; ces tablettes portent l'empreinte des filets en corde sur lesquels on les a mises à sécher.

La colle forte, la plus belle et la plus estimée, porte le nom de *colle de Rouen* ou *grénétine;* elle est parfaitement transparente et entièrement soluble dans l'eau bouillante.

Viennent ensuite : la *colle de Givet,* qui est transparente et blonde; la *colle anglaise* ou *colle-façon,* qui est nébuleuse; la *colle de Flandre* ou *de Hollande,* qui est moins transparente encore; la *colle de Paris,* qui est noire et constitue l'espèce la plus inférieure.

Les usages de la colle forte sont nombreux et variés; la grénétine, en raison de sa pureté et de sa transparence, sert à préparer des gelées alimentaires, à faire des pâtes à moulures, de la fausse écaille; la colle forte sert encore dans l'apprêt des tissus, les placages d'ébénisterie, etc., etc.

La colle forte est sujette à retenir du plomb et du cuivre dont la quantité est plus ou moins considérable. La présence de ces métaux est surtout nuisible dans l'encollage des étoffes destinées à être imprimées en couleurs claires, car le soufre que ces étoffes contiennent toujours réagit sur le cuivre et le plomb et les transforme en sulfures qui sont noirs. On constate leur présence en réduisant en cendres une certaine quantité de colle; on traite les cendres que l'on a obtenues par de l'acide azotique, et on évapore pour chasser l'excès d'acide. Le résidu de l'évaporation est redissout dans de l'eau distillée et la solution donne un précipité jaune par l'iodure de potassium quand elle contient du plomb, et une couleur bleue par l'ammoniaque quand elle contient du cuivre.

Colle à bouche. — La colle à bouche est de la gélatine très-pure à laquelle on ajoute du sucre et une huile aromatique. Son nom lui vient de ce que, quand on veut s'en servir, on l'humecte avec la salive et on en frotte légèrement le papier; elle sèche promptement et sa bonté consiste dans sa force, sa transparence et sa dureté.

Colle de poisson. — La colle de poisson, aussi nommée ichthyocolle, est la vessie natatoire du grand esturgeon (accipenser huso). Les seuls apprêts qu'on lui fasse subir consistent à la nettoyer et à la couler en forme de cœur ou de lyre, ou bien à la plier comme les feuillets d'un livre. Les formes qu'elle affecte lui font donner les noms suivants :

1° *Colle en lyre* ou *petit cordon*, qui est la plus estimée;

2° *Colle en cœur* ou *gros cordon ;*

3° *Colle en livre, en plaque* ou *en feuille,* qui est l'espèce la moins recherchée.

Les espèces commerciales sont les suivantes :

La *colle de Russie,* qui est la plus fine et la plus estimée.

La *colle de Cayenne,* que l'on prépare aussi en Allemagne; elle est en morceaux épais comme la main et a subi un laminage qui nuit à sa solidité ; on la prépare en feuilles et en cordons;

La *colle en livrets,* qui est la plus mauvaise.

Sous le nom de queue de rat on vend la vessie natatoire de la morue, laquelle est presque totalement insoluble et ne sert guère qu'aux limonadiers, qui l'emploient avec succès pour clarifier leur café.

La colle de poisson est demi-transparente, d'un blanc légèrement jaunâtre, fibreuse et tenace; quand elle est bien pure elle solidifie 30 à 45 fois son poids d'eau. La colle en feuille laisse apercevoir, quand on l'interpose entre l'œil et la lumière, des fibres qui en réfractant inégalement la lumière produisant une espèce de chatoiement, ce qui lui donne une apparence nacrée; elle se divise seulement dans le sens de ses fibres. La colle en cordons est opaque et d'un gris terne; elle donne une gelée grise, non transparente, et laisse par l'eau bouillante un résidu élastique et très-volumineux.

On blanchît la colle de poisson au moyen de l'acide

sulfureux dont elle garde souvent des traces, et qui se transforme en acide sulfurique. Il suffit pour s'en assurer de laver la colle à l'eau distillée chaude et à l'essayer par le chlorure de baryum, qui détermine dans ce cas un précipité blanc insoluble dans les acides et par le papier de tournesol qu'elle rougit.

On falsifie la colle de poisson en lyre en lui substituant des nerfs de bœuf roulés, et la colle en feuille avec les membranes intestinales du veau et du mouton.

On reconnaît ces fraudes en traitant ces colles factices par de l'eau bouillante qui ne les dissout pas. De plus, la colle factice en feuille se divise facilement dans tous les sens, contrairement à l'ichthyocolle véritable qui ne se déchire que dans le sens des fibres.

Colle de peau d'âne. — Cette colle, qui est très-rare et d'un prix extrêmement élevé, vient de la Chine où on la prépare et où elle sert à fabriquer l'encre noire dite *encre de Chine;* elle est en tablettes épaisses, demiopaque et d'un gris terne; à cause de sa rareté elle ne fait pas une espèce commerciale, et ne possède du reste aucune qualité supérieure à la bonne gélatine.

GENIÈVRE ou GIN *voir* Eau-de-Vie.

GINGEMBRE.

La plante qui fournit le gingembre est originaire des Indes et des îles Moluques; elle a été depuis longtemps transportée au Mexique et de là à Cayenne et aux Antilles; maintenant l'Amérique et surtout la Jamaïque fournissent la presque totalité du gingembre que l'on trouve dans le commerce de l'Europe. Cette plante est le *zinziber officinale* qui possède un rizôme souterrain et vivace, articulé, rampant et produisant des tiges annuelles.

Il y a deux sortes de gingembre : *le gris* et *le blanc.*

Le gingembre gris est formé par trois ou quatre tubercules, quelquefois cinq, ovoïdes, comprimés, réunis par des articulations; souvent ces tubercules sont séparés les uns des autres par la rupture de ces articulations. Ils sont ordinairement recouverts d'un épiderme jaune grisâtre, ridé; la partie la plus renflée a été le plus souvent dénudée pour faciliter la dessication des parties internes. Au dessous de cette première couche se trouve une zône rouge ou brune, tandis que l'intérieur est complétement blanc. Le gingembre possède une odeur aromatique et excitant l'éternuement; sa saveur est forte et âcre. Ce gingembre est fourni par la même plante que le gingembre blanc; selon quelques auteurs, il doit sa couleur blanche à ce qu'on l'a plongé dans l'eau bouillante avant sa dessication; d'autres prétendent qu'il a été simplement trempé dans une lessive alcaline ou mélangé de cendres sèches.

Le gingembre blanc présente un plus grand nombre de ramifications que le gingembre gris, ses tubercules sont aussi plus allongés et plus plats. Ordinairement il est privé de son écorce qui est un peu jaunâtre, striée longitudinalement sans aucun indice d'anneaux transversaux; il est alors presque aussi blanc à l'extérieur qu'à l'intérieur et sa poudre est très-blanche. Il est plus fibreux que le gingembre gris, se pulvérise plus aisément; son odeur est moins forte, mais sa saveur est plus chaude et plus piquante. L'opinion la plus accréditée sur le gingembre blanc est que cette sorte diffère de la première en ce que l'on a enlevé l'épiderme avant la dessication que l'on a opérée par l'exposition au soleil.

On prépare, dit-on, un faux gingembre blanc en mondant le gingembre gris de son écorce, et en le blanchissant soit au moyen du chlore, soit au moyen de l'acide sulfureux, ou même en l'enduisant à l'extérieur avec de la chaux.

Ce gingembre blanc factice se reconnaît facilement du véritable, par la forme plus arrondie de ses tubercules, par sa cassure plus nette et son intérieur moins blanc, quelquefois rougeâtre dans les parties externes.

Le gingembre est très-sujet à être piqué par les insectes ; on doit le choisir dur, compact et pesant.

Cette substance pulvérisée est employée comme épices, surtout en Angleterre où on en fait une grande consommation.

GIROFLE.

Le giroflier est un arbrisseau originaire des îles Moluques. Ce qu'on appelle *clous de giroflé* dans le commerce sont les fleurs de cet arbre non encore épanouies. Ils contiennent entre autres principes une huile volatile plus pesante que l'eau, extrêmement âcre et assez caustique pour produire la rubéfaction de la peau. Le girofle jouit au plus haut degré des propriétés stimulantes ; on l'emploie habituellement comme condiment. Il a la forme de la fleur du lilas non épanouie. Sa couleur est brun clair ; il a une saveur chaude, âcre et piquante ; une odeur aromatique forte et agréable, rappelant celle de l'œillet.

Il y a dans le commerce plusieurs sortes de girofles ;

ce sont : le girofle *anglais,* les girofles de *Cayenne, de Bourbon* et *de l'île de France, de Hollande, de Batavia, de Sainte-Lucie.*

Le girofle de bonne qualité est brun foncé, pesant, d'une saveur âcre et aromatique ; il laisse exsuder de l'huile par la compression de l'ongle.

Souvent on falsifie ce produit en y mêlant des girofles privées déjà de leur huile essentielle par la distillation. Le clou de girofle épuisé est noir, ridé, peu huileux, se moisit facilement, a perdu presque complétement son odeur et sa saveur ; il est ordinairement plat et beaucoup plus petit. Cette falsification a été surtout pratiquée en Hollande, et aujourd'hui encore l'aspect huileux de celui qui vient de ce pays paraît provenir d'un enrobage dans une huile grasse contenant de l'essence de girofle, opération qui a pour but de masquer le mélange frauduleux de girofle épuisé.

GLU.

La glu est une substance agglutinative qui sert à enduire de petits osiers bien unis et bien minces que l'on nomme *gluaux,* pour y faire prendre les oiseaux à la pipée.

Cette glu qui est vendue plus particulièrement en province se prépare avec la seconde écorce du *houx* (*hilex aquifolia*). On laisse pourrir cette écorce dans des tonneaux, on la bat ensuite dans des mortiers afin de la réduire en pâte. Cette pâte obtenue est lavée à grandes eaux et pétrie à diverses reprises. On la met ensuite dans des barils où elle se perfectionne en se débarrassant d'une certaine matière écumeuse que l'on a soin d'enlever au fur et à mesure de sa production. Le produit arrivé à un état convenable est mis dans des vases de grès dans lesquels on la conserve.

GLUTEN.

Le gluten est une substance élastique, blanchâtre, contenue dans la farine, et que fournissent en quantités considérables les amidonneries dans lesquelles on opère, sans fermentation, le lavage de la pâte. Cette substance, qui est la partie la plus nutritive de la farine, fût longtemps considérée comme le résidu à peu près inutile de la fabrication de l'amidon. La préparation du gluten granulé a fait de ce produit une substance alimentaire saine, agréable et que l'on consomme aujourd'hui, en grande quantité, pour la fabrication des potages. Elle consiste à granuler et dessécher le gluten, puis à séparer en trois ou quatre sortes les grains suivant leur grosseur.

Dès que le gluten est extrait, on l'étire tout frais dans de la farine employée à poids égal ; on profite ainsi de son élasticité pour l'amener en lanières que la farine empêche de se réunir. On le porte dans une sorte de pétrin dans lequel la granulation s'achève : ce pétrin est formé de deux cylindres concentriques tournant dans le même sens. Le plus petit tourne avec une rapidité beaucoup plus grande que l'autre, et est armé de chevilles qui divisent les lanières et les transforment en grains ovoïdes de diverses grosseurs. On dessèche ces grains dans une étuve chauffée à 40 ou 50 degrés, et munie de tiroirs pour faciliter le chargement.

Après la dessication on passe le gluten à travers des

tamis à mailles de diverses grosseurs, qui le séparent en grains de quatre espèces différentes, mais identiques pour la qualité.

On détermine facilement la qualité du gluten au moyen de l'opération suivante : on en prend un poids déterminé ; on le malaxe dans l'eau et on le laisse se gonfler pendant cinq ou six heures ; on le pèse alors de nouveau et le poids de l'eau qu'il a absorbée est égale à la différence des poids obtenus. Un bon gluten absorbe plus de deux fois son poids d'eau pour développer son élasticité.

Le gluten étant très-azoté on conçoit qu'il jouisse des propriétés nutritives des plus marquées.

GOMME ARABIQUE.

La gomme connue sous le nom de gomme arabique venait autrefois spécialement de l'Arabie et de l'Egypte ; aujourd'hui le Sénégal en verse dans le commerce des quantités considérables.

Les gommes sont des corps solides, durs, à cassure vitreuse, complétement solubles dans l'eau et qui découlent naturellement de certains *acacias*, arbres appartenant à la famille des légumineuses.

Il y a dans le commerce trois sortes principales de gommes ; ce sont : la *gomme arabique* ou *gomme turique,* la *gomme du Sénégal* et la *gomme de l'Inde.*

La *gomme arabique* est rousse ou plus ordinairement blanche ; elle est en petites larmes blanches parfaitement transparentes, mais qui paraissent opaques à cause de la propriété qu'elle a de se fendiller en tous sens à la surface.

La *gomme du Sénégal,* aussi appelée *gomme rousse,* comprend la gomme du *bas fleuve* qui est la plus estimée, et la gomme du *haut fleuve* ou de *Galame,* qui est en morceaux beaucoup moins réguliers. Ces deux gommes ont une couleur jaune pâle, une saveur douce qui paraît un peu sucrée dans les gros morceaux rouges. On y trouve toujours mélangés des semences et quelquefois des fruits entiers d'un arbre qui végète dans le voisinage des acacias, du *bdellium* qui est une gomme-résine, des gommes de différents aspects, et entre autres la *gomme lignirode,* dont les morceaux incomplétement solubles dans l'eau portent le nom de *marrons.*

La *gomme de l'Inde* ou *gomme rouge* a une couleur brune foncée, ses larmes sont molles et soudées en une seule masse que l'on a ensuite cassée par morceaux anguleux. A part le sable et les autres impuretés qu'elle renferme, elle est de bonne qualité.

Le *cap de Bonne-Espérance* fournit aussi une gomme de bonne qualité et qui se rapproche beaucoup de la gomme du Sénégal dite du *haut fleuve.*

La gomme arabique de qualité supérieure est soluble dans l'eau sans résidu ; elle donne à ce liquide une consistance visqueuse ; elle ne se dissout pas dans l'alcool qui au contraire la précipite sous forme de flocons de couleur blanche ; elle ne donne aucun phénomène de coloration avec l'eau iodée, ce qui la distingue nettement de la matière amylacée.

La gomme arabique est la base des pâtes de jujube, de guimauve, etc.; elle sert au confiseur qui lui donne les formes les plus variées; on l'emploie en pharmacie à faire des sirops, des tablettes et des émulsions: elle joue un grand rôle dans la composition des apprêts sur étoffe, et on s'en sert pour gommer les étiquettes et les timbres-poste.

La gomme est souvent mélangée frauduleusement avec des gommes de prix inférieurs et de nature étrangère; on y trouve de la *gomme de Barbarie,* de la *gomme de Djedda,* la *gomme de Bassora,* le *bdellium* et la *gomme indigène.*

La *gomme de Barbarie* vient du Maroc, des environs de Mogador; elle est légèrement verdâtre et oblongue; on la reconnaît à ce qu'elle n'est pas complétement soluble dans l'eau. Quand on la débarrasse de la poudre qui la couvre à sa surface, elle paraît luisante et glacée; elle est d'une transparence imparfaite.

La *gomme Djedda* est en morceaux durs et brillants, de diverses couleurs; elle ne fait que se gonfler dans l'eau.

La *gomme de Bassora* et celle qui est fournie par les cerisiers, amandiers, pruniers, se reconnaissent de la même manière, à ce qu'elles ne sont pas solubles dans l'eau, qu'elles épaississent plus ou moins; la dernière est aussi connue sous le nom de *gomme du pays.*

Quant au *bdellium,* comme nous l'avons dit plus haut, il est de nature gommo-résineuse, presque totalement insoluble, et possède une saveur âcre et amère.

La gomme arabique pulvérisée entre pour une bonne part dans le commerce des gommes; aussi les fraudeurs s'y attachent-ils de préférence; ils la mêlent avec de *la fécule,* de *l'amidon,* de *la farine* et de *la semoule.*

On reconnaît facilement la présence des matières féculentes en faisant bouillir la gomme dans de l'eau, et en traitant la liqueur par de l'eau iodée qui lui donne une couleur bleue intense. La gomme arabique qui contiendrait en mélange de la poudre de gomme adragante, traitée de la même manière, donnerait par l'eau iodée une coloration violette.

On reconnaît facilement les grains de *semoule* en faisant dissoudre à froid la gomme dans de l'eau : la semoule insoluble se précipite au fond du vase.

GOMME ADRAGANTE.

La gomme adragante est produite par un astragale, l'*astragalus verus*, arbrisseau appartenant à la famille des légumineuses et qui croît en Egypte, dans l'Arabie et dans l'île de Crête.

Cette gomme est blanche, jaune ou rouge ; ses morceaux sont en feuilles, en plaques ou en rubans contournés comme le vermicelle. Cette dernière sorte porte spécialement le nom de *gomme vermiculée*.

Elle possède une élasticité qui la rend difficile à pulvériser ; quand on la chauffe à 50° environ elle se réduit plus facilement en poudre.

Elle se compose de deux principes, l'un qui est soluble dans l'eau, qui est parfaitement semblable à la substance de la gomme arabique et que pour cette raison on nomme *arabine*; l'autre, l'*adragantine*, qui est insoluble dans l'eau mais qui s'y gonfle considérablement. Elle contient quelquefois des traces d'*amidon* qui lui communique la propriété de se colorer en violet par l'iode. Elle fournit à l'incinération environ 4 % de cendres.

La gomme adragante sert à préparer les mucilages

destinés à lier des pâtes sucrées ; on l'emploie dans la fabrication des papiers marbrés ; la gomme en plaque entre dans la composition des apprêts pour étoffes.

On falsifie la gomme adragante par la *gomme de Bassora*, la *gomme de Sassa* dite *pseudo-adragante*. La première ne se colore pas par l'iode, tandis que la seconde prend une couleur bleue intense.

On a vendu de la gomme adragante fabriquée avec de la fécule cuite mêlée avec de la pâte de farine que l'on moulait au moyen de cylindres ou de tamis. Cette gomme au lieu de se gonfler dans l'eau se désagrégeait, et l'eau iodée donnait alors une coloration bleue intense.

La gomme adragante en poudre est souvent mélangée de poudre de gomme arabique ou de fécule. Celle qui est falsifiée par la gomme arabique donne par l'eau un mucilage moins consistant et qui prend une teinte bleue par la teinture de Gayac. On peut encore traiter la gomme suspecte par de l'eau et verser de l'alcool dans la liqueur. Quand il y a de la gomme arabique il se forme des flocons abondants qui s'attachent aux parois du vase, tandis que ceux que donnent la gomme adragante sont peu volumineux et nagent au sein du liquide.

La fécule se reconnaît par l'eau iodée.

GOMME LAQUE, *voyez* **Cire à cacheter.**

GOUDRON.

Le goudron est une substance d'une odeur *sui-generis*, noire, visqueuse et collante. Elle provient de la décomposition ignée des matières organiques, dont la combustion est incomplète.

Il y a dans le commerce deux sortes de goudron ; l'un qui est obtenu au moyen de certains arbres résineux, le pin et le sapin, l'autre qui est un produit secondaire de la distillation de la houille dans la fabrication du gaz de l'éclairage.

Goudron de pin ou goudron du nord. — Le goudron de pin se compose de résine non altérée, de résines pyrogénées, d'essence de térébenthine, d'acide acétique, d'esprit de bois, de créosote, de picamare, d'Eupione et d'autres produits particuliers. Il possède une odeur aromatique qui n'a rien de désagréable ; elle est manifestement acide et rappelle évidemment son origine. On le prépare avec les troncs et les branches des vieux pins et sapins qui ne peuvent plus fournir de térébenthine. Ces troncs et ces rameaux sont divisés en éclats et exposés à la dessication pendant un an. Au bout de ce temps on les dispose dans un fourneau creusé en terre et ayant la forme d'un cône renversé. Par dessus on élève un cône semblable mais de sens contraire, de manière que les deux bases coïncident ; on couvre le cône supérieur de gazon et on met le feu par en haut. La combustion se trouvant ainsi ralentie, les produits liquides s'écoulent par en bas en se chargeant des substances volatiles et solubles, puis sont reçus dans une rigole qui les déverse dans un réservoir extérieur. Le goudron laisse bientôt surnager une huile noire qu'on substitue souvent à l'*huile de Cade*, qui doit être obtenue par la distillation d'une espèce de genévrier, l'oxicèdre (*juniperus oxicedrus*).

On trouve aussi dans le commerce un goudron analogue, qui est un produit secondaire de la fabrication de l'acide pyroligneux obtenu par la distillation du bois de hêtre.

Goudron de houille. — Le goudron de houille, comme son nom l'indique, provient de la distillation de la houille. Son apparition dans l'industrie date de 1785. Il diffère essentiellement du goudron de bois par son odeur, sa composition et ses propriétés. Il possède une odeur *fragrante* très-différente de celle du goudron du nord ; il contient de l'acide *phénique* ordinairement à l'état de *phénate d'ammoniaque.*

La vente du goudron de houille a pris une extension considérable, à cause des quantités énormes de cette matière qui sont versées dans le commerce, et à cause des nombreuses applications qu'il a reçues. On l'emploie dans certaines usines à la place de coke pour chauffer les cornues ; souvent même à la production directe du gaz de l'éclairage ; il sert à *carburer* les gaz peu éclairants. On l'emploie pour mouler le charbon de Paris, pour colorer les poteries, couvrir le bois, le fer, la fonte et en général des corps que l'on veut garantir de l'action de l'air humide. Privé d'une partie des huiles volatiles qu'il contient, il forme avec des petites pierres un enduit solide dont on se sert pour couvrir les toitures et les terrasses. Mêlé à la résine, il est employé pour enduire les navires sous les noms de *brai minéral, goudron minéral, black-vernis.* Par la distillation on en retire des huiles volatiles qui dissolvent le caoutchouc et notamment la benzine qui a pris tant d'importance dans l'art du teinturier-dégraisseur. Il constitue les coaltars dont les propriétés antiputrides ont été mises à profit pour désinfecter les plaies chirurgicales.

On voit que le goudron de houille a presque entièrement remplacé les goudrons du nord dans l'application à l'industrie; cependant il arrive que souvent il est important de distinguer ces deux sortes de goudron.

Le goudron de pin regardé en lames minces, par interposition entre l'œil et la lumière, possède une couleur rouge brun, tandis que le goudron de houille dans le même cas possède une couleur noire verdâtre.

Quand on fait bouillir le premier avec de l'eau, le liquide résultant de ce traitement rougit le papier bleu de tournesol; le goudron de houille donne une liqueur qui n'a que peu ou pas d'action sur ce papier.

Ces goudrons en général sont vendus par des négociants qui tiennent non-seulement le commerce de l'épicerie mais encore d'autres produits.

GRUAU.

Le gruau est l'avoine (*avena sativa*) que l'on a dépouillé de son enveloppe; quelquefois elle a subi un commencement de torréfaction. On ne doit pas confondre ce produit avec celui qui sert à fabriquer les pains de luxe qui porte le nom de *pains de gruau*. La farine qui sert à leur fabrication est le résultat de la première mouture des froments les plus beaux. Ces farines portent spécialement le nom de farine de *gruaux sassés;* elles fournissent les pains de la première blancheur.

Le gruau d'avoine se prépare en exposant les grains au four; lorsqu'ils sont suffisamment secs on les vanne, on les nettoie, on les porte au moulin. Les meules de ces moulins sont fraîchement piquées et peu serrées, afin de n'user le grain qu'imparfaitement et de ne détacher autant que possible que la pellicule extérieure.

Dans quelques contrées on fait intervenir l'action de la chaleur; on remplit avec de l'avoine une chaudière au fond de laquelle on met un peu d'eau. On chauffe la chaudière avec un feu doux, de manière à chasser toute l'eau. On place l'avoine ainsi cuite sur l'aire d'un four duquel on vient de retirer le pain, et on l'y laisse enfermée pendant vingt-quatre heures. Le grain ainsi préparé est plus que dépouillé de son humidité; il a éprouvé un commencement de torréfaction; il diffère du gruau d'avoine préparé par la simple dessication, en ce qu'il est sensiblement brun à l'intérieur. On a remarqué que les mets préparés avec ce gruau n'ont pas la viscosité de ceux que donnent les grains d'avoine simplement séchés et concassés.

Les grains après avoir été passés au moulin sont reçus dans une trémie animée d'un mouvement de va et vient en même temps qu'elle reçoit la ventilation déterminée par six aîles en bois. L'écorce est entraînée, et comme une partie des grains échappe toujours à la meule, on les sépare par un criblage et on les soumet de nouveau aux opérations que nous venons de décrire.

L'avoine dépouillée de son écorce porte le nom de *gruau en grains*. On la réduit en gruau concassé au moyen d'un moulin disposé comme celui qui sert à fabriquer la semoule, et devient ainsi un aliment sain, substantiel et agréable. On l'accommode à l'eau; on l'assaisonne de beurre; on le prépare au lait ou au bouillon.

L'écorce séparée par la ventilation pourrait être recueillie et devenir dans des mains habiles un produit utile, car elle contient un principe odorant qui se rapproche beaucoup de celui de la vanille; on peut s'en servir pour aromatiser des liqueurs.

Primitivement le nom de gruau a été réservé à celui dont nous venons de parler et qui est fait avec l'avoine; puis ce nom a été étendu à certaines substances alimentaires analogues et préparées au moyen du *maïs* et de l'*orge*.

Le *gruau de maïs* est obtenu au moyen de la graine du *zea maïs*, amenée par la mouture à la grosseur d'un grain de riz. On obtient ce produit en détachant les grains de la râpe ou panicule, en les faisant sécher et en les passant entre deux meules qui sont deux disques de pierres volcaniques et convenablement espacées. Lorsque la mouture est faite on sépare par le blutage la farine qui est mêlée au gruau. Le maïs ainsi préparé remplace le pain dans les colonies; on le mange avec tous les mets et particulièrement avec ceux qui sont épicés.

Le *gruau d'orge* porte le nom d'*orge perlé;* il se compose de la semence décortiquée, arrondie et blanchie par des moyens mécaniques analogues à ceux qui servent à fabriquer le gruau d'avoine. Quand elle a été seulement dépouillée de sa balle elle prend le nom d'*orge mondé*. Parmi les différentes espèces d'orge qui sont à peu près toutes employées indifféremment pour la fabrication de la bière, l'*hordeum vulgare* sert de préférence à préparer l'orge perlé.

Autrefois, le gruau d'avoine nous venait particulièrement de la Bretagne; aussi, pendant longtemps, l'a-t-on appelé *gruau de Bretagne*. A l'époque actuelle, on trouve sur le marché de Fougères des quantités considérables de semences d'avoine dépouillée de la première enveloppe.

HARICOTS VERTS, *voyez* **Conserves.**

HUILES.

Les huiles sont des principes immédiats extraits des végétaux ou des animaux, qui sont plus ou moins liquides et onctueux, et pénétrent le papier de manière à lui communiquer une demi-transparence en y produisant une tache graisseuse.

La connaissance et l'emploi de l'huile remonte aux premiers âges du monde. De temps immémorial l'olivier était cultivé dans la Basse-Egypte d'où, selon Hérodote, il passa en Grèce et de là se répandit dans le reste de l'Europe. Dans l'Exode, on voit que Dieu ordonna à Moïse de faire une huile composée et destinée à la consécration! On trouve même dans le livre de Job un procédé pour fabriquer l'huile d'olive.

Le nom d'huile est réservé dans le commerce aux corps gras, liquides à la température ordinaire. Les huiles sont plus ou moins visqueuses, d'une saveur faible mais parfois désagréable, quelquefois incolores, le plus souvent d'une couleur jaune, quelques unes sont verdâtres. Elles sont plus légères que l'eau, aussi surnagent-elles ce liquide.

Sous l'influence du froid, elles se figent en prenant des consistances plus ou moins grandes. Elles sont insolubles dans l'eau, mais la plupart se dissolvent en petite quantité dans l'alcool; toutes se dissolvent dans l'éther. Quelques unes sont solubles en toute proportion dans l'alcool, mais elles ne sont pas du domaine de l'épicerie.

Ces corps sont très-combustibles et comme ils renferment une quantité considérable de carbone, ils sont avantageusement appliqués à l'éclairage.

Les huiles exposées à l'air absorbent l'oxigène et changent de nature.

Les unes prennent un goût et une odeur particulière en s'épaississant un peu ; ces huiles sont devenues *rances*. D'autres changent complètement d'aspect et de constitution ; elles se transforment en une matière résineuse solide; ces huiles sont dites *siccatives*.

Les huiles se divisent en huiles *fines* et en huiles *communes*.

Les huiles fines ont des saveurs douces et agréables, rancissent difficilement et en général ne sont pas siccatives; ce sont les huiles *d'olives, d'amandes douces, d'arachides, de noix, de noisettes, de palme, de ben, d'œillettes et de faînes.*

Ces huiles à cause de leur goût fin, principalement celles d'olives, d'œillettes, de noix, sont employées journellement dans le commerce comme huile à manger.

Huile d'olives. — L'huile d'olives est retirée par expression du péricarpe du fruit de l'olivier, arbre de la famille des *Jasminées*. Cet arbre très-délicat et qui se plaît dans les pays tempérés ou mieux encore dans les pays chauds est surtout cultivé dans le midi de la France, en Espagne et en Italie. Les olives après avoir été recueillies sont exposées dans des celliers où la pulpe éprouve un commencement de désagrégation, puis portées sous le pressoir. L'huile qui s'écoule constitue la première qualité et porte le nom d'*huile vierge.* L'huile de seconde qualité est retirée au moyen de l'eau bouillante des résidus de la première expression ; elle porte le nom d'*huile d'Aix*, parcequ'on la prépare particulièrement aux environs de cette ville. Une troisième sorte d'huile est préparée avec tous les résidus des deux premières opérations; elle porte le nom d'*huile d'Enfer*, *Lampante* ou *de Recence.*

Huile de noix. — L'huile de noix fournie par les fruits de différentes variétés de noyer tient un rang distingué parmi celles dont on fait un usage alimentaire en Europe. Elle est presque incolore, d'une odeur agréable et d'une saveur de noix; mais elle rancit promptement en devenant claire comme de l'eau. On l'extrait par expression. La première opération faite à froid donne *l'huile de noix vierge*: la seconde faite au moyen de l'eau bouillante fournit *l'huile cuite* ou *huile seconde.*

Huile d'œillettes. — L'huile d'œillettes aussi appelée *huile blanche* est extraite des semences du pavot *(papaver somniferum)*; elle est moins visqueuse que la plupart des autres, d'un blanc jaunâtre, inodore et d'un goût d'amande; elle est très-employée comme aliment; la litharge la rend siccative.

L'*huile blanche* si saine et si utile pour les classes pauvres fut de 1742 à 1773 le sujet d'une prohibition qui était basée sur cette croyance qu'elle contenait des principes vireux et somnifères du pavot et que par suite son emploi était nuisible à la santé. On a récemment encore cherché à propager la même opinion erronée. Des marchands d'huile d'olive, gênés par la concurrence que l'huile blanche faisait à leur commerce, répandirent le bruit que *l'huile d'œillettes était assoupissante et dangereuse, et que cela s'expliquait puisqu'elle était tirée de la capsule de la plante qui fournit l'opium*. Des expériences furent faites par la Faculté de médecine qui démontrèrent la fausseté de cette assertion; la vente en fut donc autorisée de nouveau. L'huile blanche éprouva encore quelques péripéties. Les mêmes marchands parvinrent à décider l'autorité à la souiller avec de l'essence de thérébentine, ordonnance qui la chassa complétement de l'usage alimentaire. Cette ordonnance fut révoquée en 1774 à la suite des travaux de l'abbé Rozier, qui avait entrepris la tâche de réhabiliter l'huile d'œillettes.

Huile de faînes. — La faîne est le fruit du hêtre, arbre très-abondamment répandu dans nos forêts. L'huile bien préparée a une couleur ambrée; quelquefois elle est incolore, possède une saveur très-douce qui permet de l'employer comme aliment.

Huile d'amandes douces. — Cette huile est extraite de l'amande du fruit de l'amandier, arbre qui croît naturellement en Afrique et est cultivé en Espagne, en Italie et en France. On la retire par simple expression des amandes pilées et réduites en pâte; il suffit de filtrer le produit pour le débarrasser de son mucilage. Les amandes amères comme les amandes douces fournissent au moyen de ce procédé une huile identique et qui n'offre pas de traces de l'huile essentielle prussique que les amandes amères fournissent à la distillation. Les huiles d'amandes sont employées principalement dans les préparations cosmétiques.

Huile d'Arachides. — L'huile d'*arachides* ou *pistaches*

de terre, s'obtient comme celle d'amandes douces en exprimant les semences pilées et réduites en pâte. Cette huile est limpide, inodore, moins grasse que l'huile d'olives la plus fine.

Huile de noisettes. — Cette huile extraite du fruit du coudrier se rapproche de l'huile de noix; on l'emploie dans la peinture parceq'elle est siccative.

Huile de palme. — L'huile de palme n'a paru en Europe que dans les derniers siècles; on la retire par décoction et par expression de l'amande d'une espèce de palmier l'*Elaïs Guiennensis* qui se trouve aujourd'hui dans toutes les colonies françaises. Elle a une consistance butyreuse, possède une saveur douce, une odeur de violette et une couleur orangée qu'elle perd en vieillissant.

Huile de ben. — L'arbre qui produit les semences improprement nommées *noix de ben* est le *Moringa aptera* de la famille des légumineuses, croît en Arabie, à Ceylan, en Egypte etc. L'huile que ces semences fournissent a la propriété de rancir très-difficilement; aussi l'emploie-t-on de préférence dans l'art de la parfumerie pour extraire les odeurs fugaces des fleurs comme le jasmin. Conservée longtemps, elle se transforme en une huile demi-solide et une autre qui reste toujours liquide et ne se fige jamais, ce qui la fait rechercher par les horlogers.

Les huiles communes sont connues sous le nom *d'huiles de graines oléagineuses;* elles ont des saveurs plus ou moins désagréables qui les font repousser de la consommation alimentaire, rancissent plus ou moins facilement ou sont complètement siccatives. Ce sont les huiles de *caméline,* de *chenevis,* de *colza,* de *lin,* de *navette;* toutes ces huiles sont extraites des graines; elles s'y trouvent avec un mucilage qui les rend miscibles à l'eau en lui communiquant l'aspect laiteux, liquide que l'on connaît sous le nom d'*émulsion*. Leur mode de préparation est à peu de chose près identique et a toujours l'expression pour base. Pour les unes, cette opération se fait à froid après le broiement des semences; pour d'autres après une légère torréfaction comme pour l'huile de lin; pour d'autres enfin on emploie simultanément la chaleur soit de l'eau bouillante, soit de la vapeur d'eau et l'expression.

Huile de caméline. — La caméline est une plante cultivée spécialement dans le département du Nord où la fabrication de l'huile qu'elle fournit a frauduleusement remplacé celle de l'huile de colza.

Huile de chenevis. — Le chenevis est la graine du chanvre (*cannabis sativa*), plante originaire de l'Inde et cultivée aujourd'hui sur presque tous les points de la France. L'huile qu'elle fournit est jaunâtre, a une saveur âpre et désagréable et est très-siccative.

Huile de colza. — L'huile de colza aussi appelée *huile à brûler*, extraite de la semence du chou colza (*brassica oleracea*) est jaune, très-visqueuse et douée d'une odeur analogue à celle des plantes de la famille des crucifères, elle est employée pour l'éclairage et la préparation des savons verts.

Huile de lin. — L'huile de lin est extraite de la graine du *linum usitatissimum;* elle est jaune verdâtre et possède une odeur et une saveur particulières. Elle est très-siccative, aussi a-t-elle de nombreuses applications dans la peinture et dans les arts. On donne le nom d'*huile de lin lithargirée* à de l'huile de lin que l'on a fait bouillir sur de la litharge. Après cette opération elle est devenue beaucoup plus siccative, aussi l'emploie-t-on de préférence dans la peinture et la fabrication des vernis. *L'huile de lin cuite* qui entre dans la composition de l'encre d'imprimerie s'obtient en portant l'huile de lin à l'ébullition en l'enflammant. Au bout d'une demi-heure on l'éteint et on l'évapore jusqu'à consistance convenable.

Huile de navette. — Cette huile est semblable à celle de colza et se prépare de la même manière.

Huile de poisson. — On extrait des cétacés et des poissons une sorte de graisse fluide qui porte le nom de l'animal qui l'a fourni, en faisant chauffer dans l'eau les divers tissus animaux. Cette huile est liquide, tantôt incolore, tantôt d'un brun rougeâtre, d'une odeur désagréable. Elle porte les noms d'huile de *baleine*, de *dauphin*, de *marsouin*, de *morue*, etc.

Les huiles comme tous les corps gras doivent être conservées à l'abri de l'air, dans des vases bien bouchés, de préférence en terre, comme des damejeannes, des jarres ou des réservoirs en pierre, placés dans un lieu frais.

Il existe quelques moyens de rendre à une huile rance sa première qualité, ou du moins l'apparence d'une huile fraîche; on peut faire bouillir l'huile à plusieurs reprises avec de l'eau salée; ou bien l'agiter avec du vinaigre ou de l'alcool et recommencer cette opération trois ou quatre fois. On peut encore laisser l'huile pendant cinq à six jours en contact avec de la magnésie calcinée en ayant soin d'agiter longtemps cinq à six fois par jour. Toutefois ces huiles dérancées doivent être consommées immédiatement.

Les huiles peuvent contenir accidentellement du plomb et du cuivre, métaux dont on constate la présence par le procédé suivant.

On agite l'huile avec de l'acide nitrique que l'on soutire et que l'on évapore ; le résidu de l'évaporation est redissout dans de l'eau distillée et cette liqueur donne un précipité jaune avec de l'iodure de potassium si elle contient du plomb et se colore en bleu par l'ammoniaque si elle contient du cuivre.

Les huiles sont sujettes à un assez grand nombre. de falsifications qui consistent dans le mélange de celles qui sont de qualité inférieure avec celles de première qualité, ou dans l'addition de graisses animales et complètement étrangères.

L'odeur que ces corps développent quand on les chauffe dans une capsule de porcelaine sur une lampe à alcool, peut mettre sur la voie et servir pour des opérations ultérieures. On se sert dans le même but d'un aéromètre particulier imaginé par LEFEBVRE d'Amiens. Cet instrument porte une longue tige munie d'une échelle graduée et partant du degré 9,000 pour se terminer au degré 9,400. Les densités des huiles sont comprises entre ces deux extrêmes, celle de l'eau étant 10,000. Le premier et le dernier chiffre de chaque degré, c'est-à-dire le 9 et le 0 ne sont pas marqués sur l'échelle.

Pour se servir de cet aréomètre on amène au moyen d'un bain d'eau convenable la température de l'huile à celle de 15° centigrades et on y plonge l'instrument. On prend le point d'affleurement qui indique la densité. Si par exemple la tige s'enfonce jusqu'au trait 15, cela indique que l'huile a une densité égale à 9,150 qui est celle de l'huile de colza. Voici le tableau des densités des huiles , telles qu'elles ont été déterminées par Lefebvre :

<table>
<tr><td colspan="4" align="center">H U I L E S</td></tr>
<tr><td>du corps du cachalot</td><td>8,840</td><td>de ravison . . . . .</td><td>9,210</td></tr>
<tr><td>de suif ou oléine . .</td><td>9,003</td><td>de sésame . . . . .</td><td>9,235</td></tr>
<tr><td>de colza d'hiver . .</td><td>9,150</td><td>de baleine, filtrée. .</td><td>9,240</td></tr>
<tr><td>de navette d'hiver. .</td><td>9,154</td><td>d'œillettes . . . . .</td><td>9,253</td></tr>
<tr><td>de navette d'été . . .</td><td>9,157</td><td>de chénevis . . . .</td><td>9,270</td></tr>
<tr><td>de pied de bœuf. . .</td><td>9,160</td><td>de foie de morue . . .</td><td>9,270</td></tr>
<tr><td>de colza d'été... : .</td><td>9,167</td><td>de foie de raie . . .</td><td>9,270</td></tr>
<tr><td>d'arachide. . . . .</td><td>9,170</td><td>de caméline . . . .</td><td>9,282</td></tr>
<tr><td>d'olives . . . . .</td><td>9,170</td><td>de coton . . . . . .</td><td>9,306</td></tr>
<tr><td>d'amandes douces . .</td><td>9,180</td><td>de lin . . . .</td><td>9,350</td></tr>
<tr><td>de faînes. . . . . .</td><td>9,207</td><td></td><td></td></tr>
</table>

La tige porte aussi en regard des différents degrés de l'échelle, les noms correspondants des huiles les plus usitées.

La densité d'une huile s'éloigne d'autant plus du degré qui lui est assigné que le mélange d'huiles étrangères est plus grand. Nous ferons cependant remarquer que diverses causes comme le mode de préparation ou d'épuration influe sur la densité d'une même huile et que quelquefois une huile très-pure s'éloigne de deux ou trois degrés de celui qui est assigné à sa densité.

Les seuls moyens d'investigation que l'on possède pour déceler les mélanges d'huiles consistent dans l'examen des diverses couleurs qu'elles prennent avec les réactifs. Cependant il existe pour l'huile d'olive un réactif qui peut être très sensible dans des mains exercées, nous voulons parler du *Réactif Poutet.*

Les huiles non siccatives et particulièrement l'huile d'olives ont la propriété de se solidifier plus ou moins rapidement par leur contact avec l'acide *hyponitrique*. On obtient cet acide en faisant dissoudre du mercure dans de l'acide nitrique, la solution contient l'acide hyponitrique. A douze parties d'huile on ajoute une partie de réactif, on agite le mélange et on laisse reposer. Si l'huile est pure, elle se prend tout entière en une masse compacte au bout d'une heure et quelques minutes; elle met d'autant plus de temps qu'elle renferme une plus forte proportion d'huiles étrangères à l'huile d'olives. L'huile d'œillettes qui sert habituellement à ce genre de fraude met plus de cinq heures à se solidifier.

L'huile d'olives pure agitée dans une petite bouteille de verre, ne se couvre pas de bulles d'air, tandis que quand elle est mélangée d'huile d'œillettes, il s'en forme une certaine quantité, qui sont persistantes et se rassemblent en ligne sur les bords; on dit que le mélange fait le *chapelet*.

Les phénomènes de coloration se déterminent sous l'influence des réactifs suivants:

1° L'ammoniaque qui détermine la solidification du mélange par la formation d'un savon ammoniacal avec une coloration propre à chaque espèce d'huile.

2° L'acide sulfurique qui donne des couleurs différentes selon que l'on agite ou non le mélange. Pour 10 parties d'huile on n'emploie qu'une partie d'acide sulfurique.

3° Le mélange à volumes égaux d'acide azotique et d'acide sulfurique, on met en contact des parties égales de ce réactif et d'huile et on agite.

Nous donnons ci-dessous le tableau des colorations qui se déterminent avec les principales espèces d'huiles.

HUILES	COULEURS OBTENUES PAR LES RÉACTIFS.			
	AMMONIAQUE.	ACIDE SULFURIQUE sans agitation.	ACIDE SULFURIQUE avec agitation.	ACIDE SULFURIQUE et Acide azotique.
d'amandes douces	Blanc.........	Jaune serin, puis terne...	Jaune sale....	Rose fleur de pêcher.
de noisettes...	....idem....	....	....	....
d'olives......	Jaune.........	Jaune pâle, puis verdâtre.	Jaune sale....	Jaune clair.
d'œillettes....	Jaune pâle...	Jaune serin, puis terne...	....idem....	Rouge brique.
de lin.......	Jaune........	Rouge brun foncé, puis brun noir............	Brun noir....	Rouge brun.
de noix......	Blanc gris....	....	....	....
de chenevis..	Jaune.........	Vert émeraude...........	Jaune sale....	....
de colza.....	Blanc.........	Jaune clair avec auréole bleu verdâtre.........	Bleu verdâtre.	Brun rougeâtre.
de navette....	....idem....	........idem...........	....idem....	....
de caméline..	Jaune	Jaune, puis orange vif...	Gris jaunâtre.	....
de baleine....	....idem....	Rouge vif, puis violet....	Rouge brun très-vif puis rouge brun foncé puis violet.	....
de morue....	Jaune foncé..	.........idem		....
de sésame....	....	Rouge vif..............	Brun noir....	Vert-pré foncé.

On reconnaît facilement l'huile de poisson qui a été ajoutée à une huile végétale; il suffit d'y faire passer un courant de chlore qui ne doit pas déterminer de coloration, tandis que dans le cas de fraude, l'huile se colore en brun ou en noir.

L'essai des huiles doit toujours être comparatif; c'est-à-dire que pour examiner une huile suspecte, on doit le faire simultanément avec de l'huile de même nature de la pureté duquel on est sûr. On détermine alors dans les deux huiles les phénomènes de coloration et il est facile d'apprécier la différence des couleurs produites.

INDIGO.

L'indigo, qui est une des substances les plus précieuses pour la teinture, est l'objet d'une branche de commerce très-importante dans les colonies. Aux Indes, en Afrique et en Amérique, les planteurs cultivent diverses plantes des genres *indigofera, isatis, nerium*, des feuilles desquelles ils retirent ce produit au moyen d'une fermentation. Une expérience de quelques années a démontré que les plantes qui fournissent l'indigo, peuvent végéter et donner de bons produits dans le midi de la France : Vienne, Toulon, Narbonne, la Corse, en ont fabriqué pendant quelque temps; mais il est probable que les avantages que l'on eût pu retirer de cette industrie étaient peu considérables, car elle a été peu à peu négligée et aujourd'hui on l'a totalement oubliée.

L'indigo arrive sous forme de masses ou carreaux ordinairement revêtus, quand ils viennent des Indes, d'une marque ou estampille portant les initiales du fabricant et quelquefois le nom de la province ou du district où il a été préparé. L'indigo est constitué par une matière bleue tirant plus ou moins sur le violet, à cassure terne, mais prenant par le frottement de l'ongle ou de tout autre corps dur un brillant poli avec éclat métallique. Quand il est pur il est moins pesant que l'eau.

Les pains ou carreaux d'indigo, par suite d'accidents qui leur arrivent, par suite aussi du défaut de soin apporté dans leur préparation, se brisent ou se crevassent; les marchands ont l'habitude de désigner par certains noms spéciaux ces états particuliers; ce sont :

L'indigo *grand cassé* ou de mauvais *pierrage*, quand il est réduit en morceaux plus ou moins volumineux;

Le *demi pierré*, quand les carreaux sont cassés en deux.

On appelle *grabeaux*, de l'indigo en fragments assez petits pour être *criblés*.

Les carreaux sont dits *écartelés*, quand ils présentent des *crevasses* qui pénètrent jusqu'au centre.

L'indigo est versé dans le commerce sous forme de morceaux irréguliers ou de pains cubiques dont la pâte est plus ou moins fine, plus ou moins légère, plus ou moins pure et homogène.

L'indigo est dit sombre quand il a un aspect peu brillant ; *dur* et *serré* quand sa masse est compacte.

On dit qu'il est *éventé* ou *venteux*, quand il présente dans sa cassure une espèce de moisissure blanche;

Piqueté, quand l'intérieur est parsemé de petits points blancs ou de petites crevasses blanches;

Rubané, quand les couches qui le forment présentent des nuances différentes;

Crasseux, quand il est couvert d'une couche noirâtre ou verdâtre et ridée ;

Brûlé, quand il présente dans sa cassure des places noirâtres ou de mauvaise odeur ;

Pierré ou *sablé,* quand il est mêlé de sable.

Il y a un grand nombre de variétés d'indigos connus sous les noms généraux d'indigos des *Indes,* d'*Amérique* et d'*Afrique.*

Les indigos de l'Inde sont :

1° Les indigos du Bengale divisés eux-mêmes en *bleu pur* ou *bleu flottant, violet, rouge* et *cuivré;*

2° Les indigos de *Coromandel,* qui se divisent en *violet, cuivré* et *ordinaire;*

3° Les indigos de *Madras,* qui portent les noms de *fin bleu, bleu violet, mélangé, ordinaire;*

4° Les indigos de *Manille,* qui comprennent le *fin bleu* et le *fin violet;*

5° L'indigo de *Java,* qui se présente quelquefois sous forme de trochisques.

Les indigos d'Amérique comprennent :

1° Les indigos de *Guatimala,* qui sont estimés d'après le rang qu'occupent dans les cuves les couches qui les forment, et qui portent les noms d'indigo *flor,* fourni par les couches supérieures; d'indigo *sobre,* par les moyennes; et d'indigo *corte* par les inférieures;

2° L'indigo *Caraque;*

3° L'indigo du *Mexique;*

4° L'indigo du *Brésil;*

5° L'indigo de la *Caroline;*

6° L'indigo de la *Louisiane.*

Les indigos d'Afrique sont :

1° Les indigos d'*Egypte;*

2° Les indigos du *Sénégal;*

3° Les indigos de l'*Ile-de-France,* qui sont très-inférieurs en qualité et souvent mélangés de sable.

Les indigos les plus estimés sont ceux qui portent les noms d'indigo du *Bengale bleu flottant* et d'indigo *Guatimala flor*. Tous les deux ont une pâte homogène fine et légère; ils prennent un beau poli par le frottement de l'ongle; le premier est de plus très-spongieux et adhère fortement à la langue.

L'indigo est complétement insoluble dans l'eau, l'alcool froid, l'éther, les corps gras. Dans les arts on l'emploie en dissolution dans l'acide sulfurique et surtout dans l'acide de *Nordhausen* ou acide fumant, qui le dissout très-facilement.

Quand on le jette sur des charbons ardents, il dégage des vapeurs violettes abondantes qui en se condensant constituent l'*indigotine* ou indigo bleu pur.

Le chlore le décolore; la potasse, l'ammoniaque, la chaux, le sulfate de protoxide de fer le font passer à l'état d'indigo blanc.

Ce corps a été falsifié par l'*amidon*, la *crasse de plomb*, la *laque de campêche*, l'*argile calcaire*, l'*iodure d'amidon*, le *bleu de Prusse*.

L'indigo qui est mélangé d'amidon est pâle et se distingue par sa cassure qui possède une teinte particulière. Quand on le fait bouillir dans l'eau, il donne une espèce de colle produite par l'amidon qu'il renferme.

Pour reconnaître la crasse de plomb, on calcine une certaine quantité d'indigo dans un creuset de *porcelaine* au fond duquel le plomb se rassemble en *culot* à l'état métallique.

Quand l'indigo a été falsifié par la laque de campêche ou l'argile, on le pulvérise et on le traite par de l'acide sulfurique; il se développe dans le liquide une couleur brune ou rosée, et en versant dans cette liqueur de l'ammoniaque on détermine la formation d'un précipité gélatineux d'*alumine.*

Quand on soupçonne la présence de l'iodure d'amidon, on pulvérise l'indigo et on le fait bouillir avec de la potasse; on filtre la liqueur et on y verse de l'eau tenant en dissolution de l'acétate de plomb; il se forme alors un précipité jaune d'*iodure de plomb.*

Le bleu de Prusse, qui ressemble beaucoup à l'indigo, a quelquefois été substitué à ce dernier.

Il y a plusieurs moyens sûrs de distinguer ces deux corps l'un de l'autre.

Le bleu de Prusse calciné ne donne pas, comme l'indigo, de vapeurs violettes, mais développe une odeur désagréable et laisse un résidu composé de carbonate de fer.

Le chlore, qui décolore l'indigo, *n'attaque pas le bleu de Prusse.*

Le bleu de Prusse est insoluble dans l'acide sulfurique, tandis que l'indigo s'y dissout.

LAIT.

Bien que le lait n'entre pas essentiellement dans le commerce de l'épicerie, quelques négociants s'occupent de le débiter; quelques-uns même en font le commerce en gros. Nous ne dirons que peu de chose de ce produit, pour ne pas trop sortir du cadre que nous nous sommes tracé; nous nous bornerons à mettre le commerçant à même de s'assurer du degré de pureté de sa marchandise, parce que il est responsable des falsifications et qu'il peut être condamné non-seulement à l'amende mais encore à la prison.

Le lait est un liquide émulsif, blanc, opaque et qui est produit par les glandes mammaires des animaux mammifères. Le lait de vache seul est l'objet d'un commerce important, et c'est aussi le seul sur lequel se porte l'attention des fraudeurs. Il se compose de deux parties distinctes l'une de l'autre : une partie liquide formée par une dissolution aqueuse de *sucre de lait* ou *lactine*, d'albumine et d'une certaine quantité de caséine qui est dissoute à la faveur de l'alcali que le lait contient naturellement. La partie solide se compose de la caséine non dissoute et de la matière grasse ou beurre. Ces deux substances sont tenues en suspension dans la partie liquide sous forme de petits globules excessivement ténus. Quand on abandonne le lait au repos, il se recouvre à sa surface d'une couche plus légère, demisolide, formée par les plus gros globules de beurre et que l'on nomme la *crème*.

Quand le lait est exposé à l'air il se *coagule;* ce phénomène est déterminé par la transformation du sucre de lait en acide lactique, lequel détermine la séparation de la caséine dissoute et la coagulation de l'albumine. Pour rendre au lait *coagulé* son premier aspect on le traite par du bi-carbonate de soude, qui sature l'acide lactique et redissout le caillot.

Le lait qui a bouilli est d'un blanc mat plus prononcé que celui du lait qui n'a pas été soumis à cette opération; il doit cette propriété à l'albumine qui s'est coagulée et qui est restée en suspension. Il donne une crème qui contient la même quantité de beurre, mais qui est moins volumineuse.

Le lait a été l'objet autrefois d'un grand nombre de falsifications qui consistaient dans l'addition de certaines substances destinées à masquer l'eau frauduleusement mélangée ; c'étaient : le *sucre*, l'*amidon*, la *fécule*, la *dextrine*, les *infusions de riz, d'orge* et *de son*, les *gommes arabique* et *adragante*, les *œufs*, le *caramel*, la *cassonade*, la *gélatine*, etc. Ces fraudes ne se reproduisent plus, à l'exception de celle qui est faite par l'eau amidonnée; mais les véritables sophistications qui se pratiquent encore journellement consistent dans la soustraction d'une partie de la crème et l'addition d'une plus ou moins forte proportion d'eau.

La densité de l'eau étant prise pour 1000, celle du lait pur non écrémé est égale à 1031 ; par la soustraction de la crème cette densité augmente et devient égale à 1033 ; les fraudeurs profitent de cette augmentation du lait écrémé pour lui faire subir une double fraude en ramenant la densité à son chiffre normal 1031, par l'addition d'une quantité d'eau convenable. On conçoit donc que pour s'assurer de la pureté du lait, il faut d'un côté prendre sa densité et de l'autre chercher s'il a été écrémé ou non.

La recherche de la densité se fait au moyen d'aréomètres dont la graduation est particulière. Le plus commode est celui de M. Chevallier; il porte le nom de *galactomètre*. L'échelle a été construite à la température de 15°. La graduation est fixée à l'intérieur de la tige; elle se compose de deux parties; la première, qui est teintée en jaune, donne les indications pour le lait non écrémé; la seconde, qui est teintée en bleu, sert à peser le lait écrémé. Quand un lait marque 100° ou au-dessus, il doit être considéré comme pur ; mais quand l'instrument s'enfonce jusqu'à des degrés inférieurs, par exemple 80, cela indique qu'il a été allongé d'eau et dans une proportion égale à 80 % de lait pur, et par conséquent de 20 % d'eau.

L'observation devrait être faite à la température de 15°; mais on arrive facilement à opérer à toutes les températures au moyen de corrections que l'on apporte dans les résultats. On observe la température du lait sur lequel on opère au moyen d'un petit thermomètre et l'on ajoute ou l'on retranche du nombre trouvé, selon que la température est inférieure ou supérieure à 15°, la différence du degré avec 15 : si la température est égale à 18° on ajoute 3 à l'indication du galactomètre, 83 au lieu de 80; si la température est de 12 on retranche 3 de 80, soit 77. *(Voir la broch.* CHEVALLIER *père)*.

Les instruments destinés à dire si un lait est écrémé ou non sont de deux sortes : les uns, les *crèmomètres*, mesurent directement la quantité de crème; les autres, les *butyromètres*, mesurent seulement la quantité de beurre; ces derniers donnent des indications plus précises, et parmi eux celui de Marchand fonctionne rapidement et est d'un emploi commode. Il se compose d'un long tube de verre fermé par un bout. Au fond de ce tube on met une goutte ou deux d'une dissolution de soude caustique; puis on verse du lait jusqu'à la première division qui porte la lettre L ; on verse ensuite de l'éther jusqu'au second trait marqué E ; on agite le tout vigoureusement et on verse de l'alcool jusqu'à un troisième trait A ; on agite encore et on plonge l'instrument dans de l'eau à 45° environ. Bientôt le beurre se rassemble en haut du tube où on le mesure au moyen d'une échelle occupant les trois dixièmes de la division supérieure et divisée en 30 parties égales. Si le beurre occupe 10 divisions, on obtient la quantité de ce corps pour un litre de lait en multipliant 10 par le nombre 2,33 et ajoutant 12,6, ce qui fait 35 grammes 9 de beurre.

Un lait normal non écrémé contient pour un litre des quantités de beurre qui varient entre 35 et 43. Quand on trouve un chiffre inférieur à 35 on doit considérer le lait comme écrémé, et prendre alors sa densité au moyen du galactomètre en se servant de l'échelle teintée en *bleu*. On peut encore par l'évaporation déterminer si le lait est pur ou allongé d'eau. Un lait normal donne 129 grammes 30 de matières solides; pour cela il suffit de faire évaporer le lait au bain-marie jusqu'à ce qu'il ne perde plus de son poids par une exposition prolongée à la chaleur. On conçoit qu'on n'opère pas sur un litre, l'expérimentation serait trop longue, on opère ordinairement sur un décilitre.

On reconnaît facilement l'eau amidonnée au moyen de l'eau iodée qui donne une coloration bleue.

LÉGUMES SECS.

Sous le nom de légumes secs nous comprenons toutes les graines comestibles fournies par la famille des légumineuses que l'on peut conserver très-longtemps après avoir été desséchées, et qui sont en usage journalier dans l'économie domestique. Ce sont : les fèves, les haricots, les pois et les lentilles.

Les légumes secs étaient connus des anciens; les plus vieux documents de l'histoire nous apprennent que les Israélites en faisaient usage, comme nous le voyons par le récit du plat de lentilles vendu par Jacob à son frère Esaü en échange de son droit d'aînesse; on sait aussi que Pharaon servit des légumes secs à Daniel et aux trois enfants hébreux; que Tobie présenta des fèves, des lentilles et des pois à David dans son camp où les vivres manquaient; que Dieu ordonna à Ezéchiel de faire des pains avec les fèves et les lentilles; que les Philistins campèrent près d'un champ semé de lentilles.

L'histoire grecque et latine nous apprend que ce genre d'aliment était en haute estime en Italie et en Grèce; les poètes en faisaient la nourriture de leurs héros; Athénée rapporte que les pois, les fèves, les lupins, les féveroles étaient servis sur la table du pauvre et du riche. Les Gaulois et les Francs en faisaient un usage considérable, et une ordonnance renouvelée plus tard par Charlemagne punissait d'une amende toute atteinte aux champs où on les récoltait.

Fèves et féveroles. — On cultive en grand trois variétés principales de fèves :

1° Les *féveroles* ou petites fèves qui sont particulièrement destinées à servir de nourriture aux animaux;

2° Les *gourganes* qui servent surtout aux approvisionnements de la marine; elles sont vésiculaires, plus grosses que les premières;

3° La *fève de marais* qui est plus volumineuse, aplatie et qui est généralement préférée pour les usages de la table.

Les fèves sont des fruits revêtus d'une enveloppe dure et coriace, difficile à séparer, presque toujours elles sont perforées par un insecte.

Pour éviter ce dernier inconvénient on les récolte un peu avant leur maturité; desséchées en cet état elles se conservent presque indéfiniment pour peu qu'on aie le soin de les mettre à l'abri de l'humidité qui les gonfle, en déterminant une fermentation qui les altère et désagrège la fécule qu'elles contiennent.

Elles possèdent un arôme particulier presque désagréable et que l'on masque au moyen de quelques plantes de la famille des labiées comme le thym (*thymus vulgaris*) ou la sariette (*satureia hortensis*).

Haricots. — Les haricots sont les graines du *phaseolus vulgaris*, desséchées dans leurs gousses par l'exposition à l'air sec. Il en existe un grand nombre de variétés, telles que haricots blancs, rouges, violets, panachés, qui ne diffèrent les uns des autres que par la couleur de la peau et un arôme très-léger. Parmi les haricots blancs les plus estimés sont les flageolets qui sont récoltés avant la maturité complète, à l'époque où l'enveloppe encore verte est tendre et contient une grande quantité de substances digestibles.

Pois. — Les pois secs sont de deux sortes :

1° Les *pois ronds* dont on a opéré la récolte et la dessication après la maturation complète ; ils sont ronds et possèdent une teinte jaunâtre à peu près uniforme. Ils sont sujets à être piqués par les vers ;

2° Les *pois cassés* qui ont été récoltés encore verts, séchés, décortiqués et concassés entre des meules. Ils possèdent une couleur verte tirant un peu sur le gris ; les cotylédons sont ordinairement séparés et chacun d'eux est souvent divisé en 2 ou 3 fragments.

Les pois cassés sont généralement préférés aux pois secs parce qu'ils ont une saveur moins prononcée que les pois ronds et qu'ils se gonflent même dans l'eau froide.

Lentilles. — Les lentilles sont des graines d'une forme circulaire et aplatie, elles sont fournies par l'*ervium lens*. Les graines sont plus petites que celles des autres légumineuses, leur forme sert de type à celles qui portent le nom de lenticulaire. Les lentilles sont de deux sortes:

1° La *grande lentille* qui possède les graines les plus grosses;

2° Le *lentillon* dont les graines sont plus petites, mais généralement plus estimées à cause de leur saveur qui est plus agréable.

L'arôme des lentilles réside tout entier dans l'écorce; c'est un fait dont on peut s'assurer en dégustant comparativement des plats préparés l'un avec des lentilles ordinaires et l'autre avec ces graines décortiquées.

Comme les fruits des autres légumineuses, elles sont sujettes à être attaquées par les vers; quelquefois quand elles sont trop vieilles, la cuisson en est longue et difficile; il suffit de laisser 3 ou 4 heures dans l'eau froide ces lentilles pour leur rendre la propriété de se gonfler facilement par l'eau chaude.

La farine de lentilles est un sujet singulier de commerce. Un anglais a eu l'idée de faire prendre au public comme médicament cette farine sous le nom d'*ervalenta*; d'autres imitateurs traitent aussi les malades avec la même farine, mais ils l'ont dotée du nom de *revalescière*. Le premier de ces vendeurs pour augmenter, disait-il, l'efficacité de l'*ervalenta*, établissait qu'il fallait qu'elle fut prise avec de la *mélasse de la Cochinchine*.

Cette farine sous ces noms divers est encore vendue aujourd'hui au *bon public*.

LIQUEURS.

Les liqueurs sont des liquides alcooliques et sucrés, contenant en dissolution des principes aromatiques.

Lorsque le goût des liquides spiritueux, d'abord

restreint aux plus basses classes de la société, passa dans les rangs de la plus haute, l'idée de se distinguer du vulgaire, et la crainte de blesser les gosiers délicats, suggérèrent celle de mitiger l'alcool avec de l'eau et du sucre. Plus tard on imagina de joindre à ces boissons divers parfums ou arômes qui firent bientôt de ces breuvages une nécessité; ce genre d'industrie se perfectionna rapidement; chaque fabricant s'appliqua à faire de nouveaux produits, tant pour soutenir la concurrence que pour satisfaire les exigences de plus en plus grandes des gourmets.

Telle est l'origine des *liqueurs de table*. La base de ces boissons est, comme nous l'avons dit plus haut, un mélange d'eau, d'alcool et de sucre dans des proportions convenables, auquel on ajoute les arômes les plus propres à flatter le goût et l'odorat des consommateurs. Le talent du liquoriste consiste surtout dans le choix des aromates, leur association et le mode de traitement qu'on doit leur faire subir. Ainsi, on se sert d'une macération ou d'une infusion pour certaines plantes; pour d'autres on emploie la distillation; pour quelques autres on emploie la fermentation. Certaines plantes peu odorantes par elles-mêmes, ou même douées d'odeurs peu agréables, peuvent fournir dans des mains habiles des liqueurs très-suaves, par leur association et leur mode de traitement.

On prépare les liqueurs de deux manières : *par distillation* ou *sans distillation*.

Le premier de ces procédés, c'est-à-dire la distillation, paraîtrait au premier abord préférable à tous les autres; il a été longtemps employé presque exclusivement; il semble en effet qu'il soit plus propre que la macération ou l'infusion pour dégager les principes les plus subtils des plantes, et opérer plus intimement leur combinaison; mais il est aussi incontestable qu'une grande partie des principes volatils est perdue, et ce sont en général les plus suaves, ce qui tient sans doute à leur plus grand degré de volatilité. C'est à cause de cette différence de volatilité des différents produits que l'on en obtient souvent par la distillation un liquide qui ne ressemble en rien à celui que l'on attendait.

La distillation a de plus l'inconvénient de communiquer aux liquides un goût empyreumatique connu sous le nom de *goût de feu*, très-persistant et qui ne disparaît souvent qu'après un temps très-long; il est vrai que l'on évite en partie cet inconvénient en chargeant d'eau le liquide à distiller et en ne recueillant que les premières parties.

Toutes ces considérations font qu'aujourd'hui bon nombre de fabricants s'efforcent de remplacer la distillation par la macération dans l'alcool qui est préférable. Pour ne perdre aucun principe, on doit opérer à la température de l'atmosphère; quelquefois même, pour éviter la volatilisation de principes très-fugaces, il faut mettre les liquides à l'abri de la chaleur, dans une cave par exemple. Les liquides se chargent uniformément des arômes, donnent un parfum égal, et pour des mêmes quantités exigent beaucoup moins de plantes que la distillation. Le seul inconvénient que l'on ait à reprocher à la macération, est de fournir des liquides en général colorés; cette objection n'est pas sérieuse, si l'on observe que le consommateur tient moins naturellement à la blancheur du produit qu'à la délicatesse de son goût.

Un liquoriste intelligent a toujours à sa disposition

des esprits aromatiques et des teintures préparées d'avance, des eaux distillées et du sirop de sucre bien clair. A l'aide de ces provisions il peut, sans autre guide que son goût, fabriquer en peu d'instants, *illico*, des liqueurs selon le besoin de son commerce. Ce procédé a de plus l'avantage de donner aux esprits et aux distillés le temps de se dépouiller de leur goût de feu. On divise généralement les différentes sortes de liqueurs en trois catégories : les *liqueurs ordinaires*, les *fines* et les *surfines*, division qui semblerait reposer sur leur saveur et le plus ou moins de soins apportés à leur confection, mais qui, en réalité, ne repose que sur la plus ou moins grande quantité d'alcool qu'elles contiennent; cependant nous devons dire que, en général, on force aussi la dose d'aromates.

On désigne spécialement les liqueurs fines sous les noms de *crèmes* et d'*huiles*, soit à cause de l'analogie qu'elles ont avec la crème, soit à cause de celle qu'elles ont avec l'huile par leur viscosité. Les consommateurs sont habitués à voir à certaines liqueurs des couleurs qui paraissent inhérentes à leur nature, et le fabricant est souvent obligé de se conformer à cette exigence en colorant ses produits. Cette partie de l'art du liquoriste, pour être la moins essentielle, n'est pas toujours la plus facile.

Nous pourrions rappeler ici ce que nous avons dit à propos de l'*absinthe*, pour laquelle nous avons fait un article spécial. On ne doit employer à ce but aucune matière colorante capable de nuire à la santé, et pour cela, comme pour la préparation des bonbons, le fabricant doit s'en rapporter à l'ordonnance de police telle que nous l'avons donnée à cet article. (Voir *Bonbons*.)

La perfection d'une liqueur dépend le plus souvent

des soins apportés au mélange de ses composants. Cette opération doit toujours être faite à froid et l'alcool aromatique ne doit être versé que petit à petit dans la liqueur sucrée. Les eaux odorantes et les matières colorantes préalablement dissoutes dans l'eau ou l'alcool ne sont ajoutées qu'à la fin.

Nous n'avons pas parlé des liqueurs par infusion, parce qu'on se sert rarement de ce mode de faire. Dans ce cas on se contente de jeter le sirop bouillant sur les substances et de laisser infuser pendant un temps plus ou moins long; on ajoute alors l'esprit de vin.

Contrairement à ce que font quelques distillateurs qui filtrent leur liqueur immédiatement après le mélange, on doit attendre au moins quatre ou cinq jours pendant lesquels les divers principes se combinent avec le sucre.

La clarification des liqueurs se fait au moyen de la filtration, laquelle s'opère au moyen de papier blanc sans colle, à l'exclusion du papier gris qui communique toujours un goût désagréable; au moyen de coton ou de chausses; chaque espèce de filtre est déterminée par la viscosité de la liqueur. Pour les liqueurs dont les arômes sont très-fugaces, il faut autant que possible filtrer en vase clos; pour cela on se sert de préférence des filtres en papier.

Il est un fait acquis aujourd'hui, c'est que les liquides distillés perdent instantanément leur goût de feu et acquièrent un parfum plus suave quand on abaisse leur température. On se sert souvent de ce principe pour bonifier les liqueurs en les plongeant pendant quelques instants dans de la glace pilée; on fait cette opération de préférence après la filtration.

Au point de vue de leur préparation les liqueurs se

divisent en *liqueurs proprement dites, marasquins* et *ratafias*.

Les premières sont préparées avec des alcools aromatiques, de l'eau et de l'alcool.

Les marasquins sont des liqueurs obtenues avec le liquide provenant de la fermentation des sucs de fruits. Ce nom appartenait d'abord à un esprit que l'on fabriquait en grand à Zara, en Dalmatie; mais aujourd'hui on l'a étendu à tous ceux que l'on retire des vins de fruits tels que pêches, framboises, groseilles; ils ont ordinairement un goût de noyau prononcé et doivent leur parfum à la peau du fruit; rarement ils ont assez de force après la première distillation : on est presque toujours obligé de les rectifier.

Les ratafias sont des liqueurs obtenues par infusion.

Nous donnons ici quelques formules de liqueurs; il serait impossible dans un manuel comme le nôtre de donner toutes celles qui ont été mises en usage. Cependant nous dirons qu'on peut faire une très-grande quantité de liqueurs en prenant :

    Alcool 3/6 parfaitement pur . . . 100 gr.
    Sirop de sucre blanc cuit à 35° . 100
    Eau distillée aromatique. 100

Mêlant exactement, filtrant et conservant pour l'usage. C'est la base de *l'illico* de fleurs d'oranger, de rose, d'angélique, etc., etc.

Liqueur de Café.

  Pr. Café Moka. . . . . 2 kil.
      Sucre. . . . . 10 »
      Alcool de vin à 36°. . . . . 8 litr.
      Eau. . . . . 6 kil. 500

On brûle le café dans un brûloir bien propre, jusqu'à

ce qu'il ait acquis la couleur de cannelle claire ; on le
pile dans un mortier, on met la poudre dans un alambic en verre ; on bouche et on laisse macérer pendant
quatre jours. Au bout de ce temps on distille au bain-
marie ; on met à part le premier demi-litre qui passe,
puis on distille à siccité.

On fait fondre à froid le sucre dans l'eau et on passe
le sirop que l'on a obtenu. 4 kilog. de ce sirop mélangé
avec 500 grammes du liquide distillé constitue la crème
de café.

Liqueur de Noyau.

Pr. Amandes amères . . . . 2 kil. 500
    Eau-de-vie à 25° . . . . 9 litr.

On fait digérer pendant huit jours à une douce chaleur, on distille au bain-marie pour retirer 5 litres ; on
ajoute au liquide distillé 4 kilog. 500 de sirop de sucre
et on mêle exactement.

Liqueur de Mexico.

Pr. Citrons. 8
    Cédrats. 2
    Vanille. . . . . 15 gr.
    Eau-de-vie. . . . . 7 litr.
    Sucre. . . . . 3 kilog.

On fait macérer dans l'eau-de-vie les écorces des fruits
ainsi que la vanille ; on y mêle les sucs des fruits exprimés, puis on fait fondre le sucre ; on filtre au bout de
huit jours.

Liqueur de Roses.

Pr. Roses fraîches mondées de leur calice 500 gr.
    Sucre en poudre . . . . 1 kil.
    Eau-de-vie. . . . . 2 lit.
    Cochenille . . . . 2 gr.
    Acide tartrique. . . . . 1 »

On empile les roses et le sucre par couches dans un bocal que l'on place dans un lieu frais. Quand le sucre est fondu on ajoute l'eau-de-vie, la cochenille et l'acide tartrique; on filtre après le mélange.

Autre.

Pr. Eau distillée de roses . . . . . 100 gr.
    Alcool de vin. 100
    Sirop de sucre 100
On mêle le tout et on laisse clarifier par le repos.

Liqueur de Thé.

Pr. Thé Hyswin . . . . 125 gr.
    Eau-de-vie à 22° . . . . 4 litr.
    Sucre . . . . 1 kil. 500
    Eau . . . . 3 litr.
On fait infuser le thé dans 180 grammes d'eau bouillante et on verse le tout dans l'eau-de-vie. Au bout de vingt-quatre heures on filtre et on ajoute le sucre fondu dans l'eau.

Liqueur d'Abricots.

Pr. Abricots 30
    Sucre blanc. . . . . 1 kilog.
    Alcool de vin . . . . 1 litre.
    Cannelle . . . . 10 gr.
    Vin blanc. . . . . 4 litres.
On fait bouillir les abricots dans le vin blanc; après l'ébullition on ajoute tous les autres ingrédients; on retire du feu, on recouvre le tout et on le laisse infuser pendant cinq jours.

Marasquin de Zara.

Pr. Framboises	. . . .	4 kil.
Myrrhe	. . . .	4 gr.
Alcool de vin	. . . .	8 lit.
Kirsch-Wasser	. . . .	8 »
Sucre	. . . .	12 kil
Eau	. . . .	12 lit

On fait macérer pendant deux ou trois jours les fruits écrasés et la myrrhe concassée avec l'alcool de vin ; on distille au bain-marie; on ajoute les autres ingrédients et on passe à la chausse.

Liqueur de Curaçao.

Pr. Ecorces de curaçao (d'orangettes)	180 gr.
Eau-de-vie à 22°	. . . .	2 litres.
Sucre	. . . .	1 kil.

On laisse macérer dans l'eau-de-vie pendant douze heures les écorces coupées par tranches; on passe; on ajoute le sucre et on filtre à la chausse.

Liqueur de Parfait-Amour.

Pr. Zestes de	. . . .	12 citrons.
Ambrette	. . . .	4 gr.
Vanille	. . . .	15 »
Eau-de-vie à 22°	. . . . . .	24 litres.
Sucre	. . . .	6 kil.
Eau	. . . .	4 litres.

On met les zestes des citrons, la vanille et l'ambrette dans l'eau-de-vie; on laisse macérer pendant cinq jours; on distille et on mêle le produit obtenu avec le sucre que l'on a fait dissoudre dans l'eau; on filtre à la chausse.

MACIS.

Le macis est une substance devenue jaune par la dessication, mais rouge dans le principe et qui revêt la muscade sous forme de lanières charnues. Cette couche que les botanistes appellent *arille* est elle-même recouverte d'un *brou* épais mais peu succulent et que l'on rejette ordinairement.

Pour préparer le macis, on le sépare de la noix, et on le fait tremper dans de l'eau salée après quoi on le fait sécher. L'eau salée a la propriété de lui conserver sa souplesse et d'assurer la conservation de l'arôme. On doit le choisir jaune orangé, sec, épais, charnu, souple, d'odeur forte et agréable, de saveur âcre et aromatique.

Le macis est employé à aromatiser les liqueurs de table et les produits des confiseurs; il doit ses propriétés à une huile essentielle que l'on peut retirer par la distillation. On la trouve dans le commerce, incolore, très-fluide et d'une odeur très-suave.

MARMELADES.

Les marmelades sont des aliments de luxe destinés à peu près aux mêmes usages que les confitures. Leur consistance est celle d'une pâte demi-liquide; elles sont composées de sucre et de pulpe végétale, particulièrement de celle qui est extraite des fruits, quelquefois de pulpe de fleurs ou d'autres parties de plantes.

Les marmelades diffèrent des confitures et des gelées en ce qu'elles ne doivent pas essentiellement leur consistance à un principe gélatineux. Leur préparation consiste à faire cuire ensemble du sucre et de la pulpe obtenue préalablement. Les pulpes sont constituées par le mélange des sucs et des parties cellulaires des végétaux, à l'exclusion des parties fibreuses et ligneuses que l'on extrait au moyen de divers procédés appropriés à leur nature. Lorsque les parties végétales sont uniquement composées de tissus cellulaires ou de tissus vasculaires encore tendres, le mélange de ces tissus divisés par un moyen quelconque constitue la pulpe, et rien n'est plus facile que la préparation des marmelades auxquelles ces fruits servent de base. Pour quelques-unes composées de parties molles et de parties dures, l'opération se réduit à piler les fruits dans un mortier et à séparer la pulpe des parties ligneuses en la forçant, au moyen d'une spatule appelée *pulpoir*, à passer à travers les mailles d'un tamis; mais le plus souvent elles ont un tissu trop serré pour être soumises directement à ce genre de traitement; on est alors obligé de les ramollir par l'ébullition dans l'eau qui favorise aussi la confection des marmelades, en transformant en empois l'amidon que les végétaux peuvent contenir, et en coagulant l'albumine. Pour ne perdre aucun principe, l'eau qui a servi à cette coction est mise de côté et évaporée avec le sucre et la pulpe.

Les marmelades les plus usitées sont celles d'*abricots*, de *prunes*, de *poires*, de *pommes*, de *coings*, de *groseilles*, de *citrons*, de *muscat*, de *fleurs d'oranger* et de *violettes*.

Marmelade d'Abricots.

Pr. Sucre . . . . 1 kil.
Abricots 1

On ôte les noyaux des abricots pelés ou non et on les fait dessécher sur un feu doux. On fait cuire le sucre au *cassé*, on y mêle les abricots et on continue à faire

cuire jusqu'à consistance convenable en remuant continuellement avec une spatule en bois; on laisse refroidir
à demi et on coule dans des pots. (1)

Marmelade de Prunes.

Pr. Sucre . . . . 1 kil.
    Prunes. 1

Quand on a affaire à des prunes qui quittent le noyau
on l'ôte; dans le cas contraire on met les fruits sur le
feu de manière à les ramollir, puis on les passe au tamis
au moyen du pulpoir. On opère ensuite comme pour
les abricots.

Marmelades de Poires et de Pommes.

Pr. Poires ou pommes. . . . . 1 kil.
    Sucre 1

On plonge les fruits dans l'eau bouillante et on les y
maintient jusqu'à ce qu'ils commencent à fléchir sous
les doigts; on les retire du feu; on enlève la peau et on
les passe au tamis au moyen du pulpoir. On évapore la
pulpe en consistance de pâte demi-liquide, on y incorpore le sucre amené au *cassé* et on fait cuire en consistance.

Marmelade de Coings.

On prend des coings bien jaunes et on les fait cuire
tout entiers jusqu'à ce qu'ils soient ramollis; on les pèle;
on les passe au tamis et on évapore la pulpe en consistance demi-solide. On prend alors :

Pulpe de coings. . . . . 2 kil.
Sucre . . . . 2 » 500

---

(1) Cette marmelade a été souvent un sujet de fraude, car on a
remplacé une partie des abricots par le potiron. Toute marmelade
ainsi faite pourrait déterminer une condamnation.

On fait cuire le sucre au *cassé* et on y incorpore la pulpe à la manière ordinaire. On doit couler cette marmelade toute chaude dans les pots et ne la couvrir que le lendemain.

On prépare quelquefois la marmelade de coings *rouge*; c'est la précédente colorée avec un peu de cochenille.

Marmelade de Groseilles.

On ôte les râfles et toutes les parties vertes; on les met sur le feu avec la moitié de leur poids de sucre concassé. On les fait cuire à petits bouillons jusqu'à consistance convenable.

Marmelade de Citrons.

On ôte le dur de la tête et de la queue des citrons; on les coupe en quatre et on exprime le jus dans une assiette. On les fait cuire ensuite à l'eau bouillante jusqu'à ce qu'ils fléchissent sous les doigts; on les passe à l'eau fraîche, on les égoutte, on les presse dans une étamine, on les pile dans un mortier et on les passe au tamis. On prend ensuite:

Pulpe de citrons . . . . 1 kil.
Sucre 2

On fait cuire le sucre au *cassé* et on introduit la pulpe.

Marmelade de Muscat.

On écrase les grains, on les passe au tamis; on évapore la pulpe et on la mêle à partie égale de sucre cuit au *cassé*. Pour avoir une bonne marmelade il faut se garder de la faire bouillir.

Marmelade de Fleurs d'oranger.

Pr. Sucre . . . . 625 gr.
    Fleurs d'oranger émondées. . . 250

On fait bouillir la fleur d'oranger dans de l'eau pendant 8 ou 10 minutes ; on la retire du feu et on ajoute un gramme d'alun. Au bout de 10 minutes on la retire et on la fait de nouveau bouillir avec de l'eau contenant le jus d'un citron jusqu'à ce qu'elle soit suffisamment ramollie ; on la presse dans un linge et on la pile. On fait cuire le sucre à la *plume* et on le verse en trois ou quatre fois sur la pulpe que l'on entretient sur un feu très-doux sans la faire bouillir.

Marmelade de Violettes.

Pr. Violettes mondées des calices et des
     onglets . . . . 500 gr.
    Sucre 750

On pile les violettes dans un mortier et on passe la pulpe avec force à travers une étamine. On introduit la pulpe dans le sucre cuit à la *grande plume* et à moitié refroidi.

On ne doit pas confondre les marmelades avec les *compotes*, préparations sucrées du même genre qui en diffèrent en ce que les fruits sont cuits entiers ou simplement divisés en quartiers. On les prépare en faisant cuire les fruits dans de l'eau jusqu'à ce qu'ils soient ramollis et en leur faisant jeter quelques bouillons avec le sucre dissous dans l'eau sous forme de sirop demi-liquide.

On prépare encore de bonnes compotes en pelant et divisant les fruits, en les enfermant avec du sucre et un

peu d'eau dans un vase de terre hermétiquement clos.
On expose ce vase à la chaleur d'un four.

MIEL.

Le miel est un corps visqueux et sucré produit par
l'abeille, insecte de l'ordre des hyménoptères. On retire
le miel des gâteaux de cire dans lesquels il est enfermé,
1° en le laissant égoutter, (le miel qui s'écoule est le plus
pur et porte le nom de *miel vierge*); 2° en soumettant les
rayons de cire à une pression gra .

Les miels du commerce se distinguent surtout par leur
couleur et leur odeur qui présentent des différences que
l'on attribue généralement aux principes fournis par les
fleurs dans lesquelles les abeilles le récoltent. Les plus
beaux sont récoltés sur les fleurs des labiées, le colza,
le sainfoin, l'acacia, le tilleul, etc.

L'espèce d'abeille influe aussi sur leurs qualités; les
miels communs sont fournis par l'abeille *apis mellifica*
qui le récolte indifféremment sur toutes les fleurs; les
plus estimés sont ceux que prépare l'abeille *apis fasciata*
qui préfère surtout les fleurs odorantes des labiées.

Il y a dans le commerce trois sortes de miel: les miels
de *Narbonne*, du *Gâtinais* et de *Bretagne*.

Le *miel de Narbonne* et de la *vallée de Chamouny* est
le plus estimé, le plus blanc et le plus aromatique. Il est
grenu, de saveur douce et suave et très-odoriférant.

Le *miel du Gâtinais* ressemble beaucoup au précédent,
mais son odeur et sa saveur sont moins aromatiques; il
est aussi moins grenu; il y en a quatre sortes de qualités
différentes: le *surfin*, le *blanc fin*, le *blanc ordinaire* et
le *commun*.

Le *miel de Bretagne* est jaunâtre ou brunâtre; il a une

odeur forte et un goût particulier dus à un principe qu'il contient spécialement, le *couvain,* qui lui donne en outre une grande tendance à fermenter. Ce principe y est apporté avec le miel, des fleurs de sarrazin que l'on cultive en grande quantité dans cette contrée. C'est le plus commun et le moins estimé.

Le miel est une association de plusieurs *acides organiques, de substances grasses, de principes colorants et aromatiques,* de *glucose* et de *sucre incristallisable.*

Quelques-uns de ces principes et notamment la glucose cristallisent et lui donnent son aspect grenu. Cette cristallisation produit une augmentation de volume dont il faut tenir compte, car si on ne laissait pas au miel la place suffisante pour se dilater, la force d'expansion développée est telle qu'elle briserait les vases les plus solides.

Le miel est d'un usage journalier dans l'économie domestique; il entre dans la préparation du pain d'épices, des liqueurs de Dantzic, de marasquin, des hydromels et est employé en pharmacie.

Les falsifications les plus ordinaires qu'on lui fait subir se font avec des farines de *haricots* ou autres, *crues ou torréfiées,* de l'*amidon,* de la *fécule,* de la *dextrine,* de la *gomme,* du *sable,* des *châtaignes* et surtout avec le *sirop de fécule.*

On reconnaît que le miel est mêlé de farines, d'amidon, de fécule, de gomme et de dextrine en le chauffant; au lieu de se liquéfier, il augmente de consistance.

En le faisant bouillir dans de l'eau, il donne une liqueur qui bleuit par l'eau iodée quand il contient des *matières amylacées* et devient *violette* quand il contient de la *dextrine.* Quand on verse de l'alcool concentré dans la liqueur préalablement filtrée, elle devient laiteuse quand le miel contient de la gomme.

Le sable ou autres matières insolubles restent au fond des vases.

La fraude la plus commune consiste à le mêler de *sirop de fécule* concentré et grenu ; on a même vendu quelquefois sous le nom de *miel de Bretagne* une semblable préparation dans laquelle il n'en entrait pas la plus petite quantité.

La consistance, l'odeur et la saveur du miel, sa demi-transparence suffisent quelquefois pour déceler cette fraude.

Le meilleur moyen de la reconnaître consiste à rechercher dans le miel suspect la présence du sulfate de chaux. En effet les sirops de blé et de fécule du commerce retiennent toujours une quantité notable de ce sel résultant des substances employées à leur fabrication. On délaie dans de l'eau distillée une certaine quantité de miel ; on filtre la liqueur et on y verse du chlorure de baryum qui donne avec les sulfates un précipité blanc insoluble dans les acides. La formation de ce précipité est indispensable pour que l'on puisse conclure à la présence de la glucose ; on ne devrait pas se fonder pour cela sur celui que déterminerait l'oxalate d'ammoniaque, car nous sommes assurés par des expériences faites et plusieurs fois répétées dans le laboratoire de M. Chevallier que tous les miels, même les plus blancs de Narbonne, contiennent de la chaux en quantité notable ; que quand on traite par l'oxalate d'ammoniaque leur solution dans l'eau distillée, il se forme toujours un précipité blanc. Si on concluait de là que le miel contient de la glucose on donnerait lieu à des erreurs préjudiciables.

MOUTARDE DE TABLE.

La moutarde de table est une préparation qui doit son odeur et sa saveur forte à l'huile volatile qui se développe par le contact de la poudre avec le liquide qui sert à la délayer. La moutarde simple consiste dans le mélange de la poudre avec du vinaigre; on la prépare de la manière suivante :

On prend cinq litres de graine de moutarde de première qualité et cinq litres de vinaigre blanc ordinaire. On met les graines à macérer dans le vinaigre pendant huit jours en ayant soin d'agiter souvent le mélange et de remplacer le vinaigre qui aurait pu s'évaporer. On passe alors la graine au moulin et on délaye la poudre avec du vinaigre, de manière à obtenir une bouillie claire.

La plupart des commerçants ont renoncé à vendre cette moutarde simple; ils préparent des produits plus suaves en les aromatisant avec des huiles volatiles o des plantes odoriférantes. Chaque fabricant a sa formule qui se rapproche plus ou moins de la suivante qui donne une moutarde très-estimée :

Pr. Graine de moutarde 12 litr.
Persil . . . \
Cerfeuil . . | de chaque
Ciboules . . | une demi-botte.
Céleri . . /
Têtes d'ail 3
Sel marin en poudre fine . . . . . . 250 gr.
Huile d'olive fine . . 125 gr.

Cannelle . . \
Girofle . . . |
Muscade . . . } de chaque
Poivre de la Ja- | 15 gr.
maïque . . . /
Essence de thym . . 40 gout.
id. de cannelle 30 id.
id. d'estragon 3 id.

On hache toutes les plantes; on pulvérise la cannelle, le girofle, la muscade et le poivre de la Jamaïque, et on met le tout à macérer pendant quinze jours dans une quantité suffisante de vinaigre blanc. Au bout de ce temps on passe au moulin et on ajoute la moutarde finement pulvérisée. On joint à ce mélange le sel, l'huile et les essences, et on délaye au moyen du vinaigre qui a servi à la macération. Ce mélange qui paraît être ridicule donne pourtant un produit estimé de certains consommateurs. Quelques fabricants décortiquent la graine de moutarde avant de la pulvériser.

La moutarde doit être conservée dans des petits pots de faïence ou de verre hermétiquement bouchés, pour éviter l'évaporation de l'essence de moutarde.

On trouve dans le commerce des moutardes en poudre, et qu'il suffit de délayer dans du vinaigre ou dans du jus de citron avant de s'en servir.

Ce genre de préparation a paru d'abord en Angleterre et s'est depuis répandu en France. On le prépare en pulvérisant la moutarde et les aromates préalablement desséchés et en mélangeant les produits de la pulvérisation. La moutarde en poudre est surtout destinée à la consommation pendant les voyages de long cours; si elle n'est pas renfermée dans des flacons bien bouchés elle s'altère promptement en perdant une partie de sa force.

On livre encore trop souvent aux épiciers de la moutarde à un bon marché fabuleux ; cette moutarde est allongée de fécule que l'on peut reconnaître en délayant la moutarde et en ajoutant de l'eau iodée.

MUSCADE.

La muscade est le fruit du muscadier (*Myristica moschata*), arbre qui appartient à la famille des myristicées. Cet arbre croît dans les îles Moluques, est cultivé surtout aux îles Banda : en 1770, il fut importé aux îles de France et de Bourbon et de là en Amérique.

Le fruit qu'il produit est de la grosseur d'une petite pêche ; l'enveloppe en est charnue et divisée en deux valves qui se séparent par la dessication. Ces fruits sont quelquefois importés entiers en Europe où on les trouve conservés dans l'alcool ou la saumure, ou confits au sucre.

La muscade proprement dite est l'amande intérieure de ce fruit, débarrassée du brou extérieur, de l'*arille* ou *macis* (voyez *Macis*), et d'une coque dure, solide, sèche et cassante. Elle se présente sous forme arrondie ou ovoïde, de la grosseur d'une petite noix, couverte de sillons dans tous les sens. Sa couleur est grisâtre au fond des sillons et rougeâtre à la surface. A l'intérieur elle est grise, veinée de rouge, onctueuse, d'une odeur forte et aromatique, d'une saveur huileuse et chaude.

La muscade contient une huile volatile qu'on peut en retirer en la distillant avec l'eau ; et une huile grasse concrète que l'on retire par l'expression à chaud. Cette huile connue sous le nom de *beurre de muscade* retient de l'essence qui lui communique son odeur ; on la trouve dans le commerce en pains carrés enveloppés dans des feuilles de palmier.

Il y a deux sortes de muscades :

1° La *muscade ordinaire* ou *muscade femelle* qui est celle que nous venons de décrire. Celle qui vient de *Cayenne* est plus petite, arrive ordinairement enveloppée dans sa coque qui est luisante, presque noirâtre ou d'un brun foncé.

2° La *muscade longue* ou *muscade mâle* qui est fournie par le *myristica dactyloïdes*. Elle est toujours revêtue de sa coque qui présente quatre sillons longitudinaux

allant de la base au sommet et provenant de l'impression
du macis. Sa forme est elliptique ou terminée en pointe
obtuse. L'amande est unie, lisse, marbrée en dedans.
Elle est moins aromatique que la muscade femelle, mais
elle l'est plus que celle de Cayenne.

Les muscades et surtout la muscade longue contiennent de l'amidon en quantité notable, ce qui les rend
facilement attaquables par les vers qui les percent
d'une infinité de trous. Pour les préserver, les Asiatiques
ont soin de les tremper dans l'eau de chaux.

Souvent les commerçants vendent des muscades dont
ils ont bouché es trous avec une pâte composée de
poudre et d'*huile de muscade;* un examen attentif suffit
ordinairement pour déceler cette fraude. On a même fait
servir cette pâte à fabriquer de *toutes pièces* de fausses
muscades, privées de saveur et d'odeur. A Marseille on
en a fabriqué avec de l'*argile,* du *son* et des *débris de
muscade.* On reconnaît ces fraudes en mettant les fruits
à macérer dans l'eau qui les désagrège quand ils sont
factices. On reconnaîtrait à leur odeur et à leur saveur
plus faibles des muscades privées d'une partie de leur
essence par la distillation.

NOISETTES.

Les noisettes sont les fruits du noisetier (*corylus
avellana*). Cet arbrisseau atteint une hauteur de 5 à 7
mètres, ses fleurs paraissent en hiver, longtemps avant
les feuilles; les fleurs mâles sont disposées en longs
chatons jaunâtres, tandis que les fleurs femelles sont
en petits chatons ovoïdes. Le fruit est composé d'une
enveloppe dure et ligneuse contenant une amande d'un

goût agréable et qui fournit par l'expression environ 60 pour °/₀ d'une huile douce. Les avelines, produites par une variété de cet arbrisseau, sont plus grosses que les noisettes ordinaires ; leur nom vient de *Avella,* ville de Campanie où le noisetier croissait en abondance. En Provence cet arbrisseau porte le nom d'*avelinier* ou *avelanier.*

On connaît dans le commerce plusieurs sortes d'avelines qui sont :

Les *avelines de la Cadière,* les *avelines du Piémont,* les *avelines du Languedoc* et les *avelines de Sicile.*

Les avelines de la *Cadière* viennent des environs de Toulon, ce sont les plus grosses ; l'amande est d'un blanc mat, irrégulièrement ronde et revêtue d'une peau rougeâtre ; leur coque est dure et épaisse ; elles portent aussi le nom d'avelines *acadières.*

Les avelines du *Piémont* sont petites, rondes, à coque mince et tendre ; l'amande est revêtue d'une pellicule grise ; elle est jaunâtre et bien nourrie.

Les avelines du *Languedoc* sont de moyenne grosseur ; l'amande est contenue dans une coque épaisse et dure ; elles portent à la partie par laquelle elles étaient posées sur l'arbuste une espèce de cicatrice circulaire, percée de petits trous.

Les avelines de *Sicile* ne viennent en France que dans les années où la récolte est assez abondante pour en permettre l'exportation.

Les avelines sont sujettes à deux sortes d'altération qui proviennent l'une de leur mode de conservation, l'autre de l'époque où on les a récoltées.

Quand elles sont conservées à l'humidité elles pourrissent, et la chair de l'amande se ramollit ; beaucoup d'entre elles sont vides. Quand on les a récoltées avant la maturité, l'amande est ou nulle ou très-petite, et l'intérieur de la coque est tout entier rempli par une matière molle et sans saveur. Les avelines de Sicile surtout sont sujettes à être altérées, ce qui vient de ce que souvent on les embarque pendant qu'elles sont encore trop fraîches. Les avelines trop vieilles acquièrent une saveur rance qui doit les faire repousser de la consommation.

NOUGAT.

Le nougat est une espèce de pâte durcie, ou gâteau d'amandes qui est originaire du midi de la France, et dont la fabrication a été longtemps la propriété exclusive de Montélimar, d'Aix, de Barjols, de Varages et d'Apt. Il est connu sous le nom de *thouron* quand il est de qualité supérieure. Pour l'obtenir on prend les amandes, on les torréfie, on les mêle au miel amené à l'état liquide dans une bassine; on opère la cuisson du sucre et on verse sur une table, sur des pains azimes; on applique une planche surchargée de poids; au bout de vingt-quatre heures on obtient, la cohésion étant parfaite, une pâte durcie, on la divise en briques de 33 centimètres environ sur 8 à 10 centimètres de large. Pour l'obtenir blanc on est obligé de priver l'amande de sa pellicule en la précipitant dans l'eau bouillante puis l'épluchant entre les doigts. La couleur rose s'obtient par une petite addition, dans la bassine, de carmin qui teint la pâte. Si l'on veut l'aromatiser on ajoute, la cuisson étant opérée, l'arôme que l'on désire lui donner.

Le thouron demande plus de soins; les amandes privées de leur pellicule sont concassées puis mêlées à du miel de première qualité; on y ajoute de plus du sucre pour l'aider à durcir, et de l'eau de fleurs d'oranger ou de roses. Certains fabricants mettent des pistaches dans leur nougat; mais il faut être sobre de cette addition.

On a conseillé d'ajouter un peu de sucre au miel afin de le rendre plus dur. Fait au miel seul le nougat est peu transportable.

Un usage assez curieux à citer est celui qui existe à la collation de la veillée de Noël, à Marseille; c'est chez le pauvre comme chez le riche, de manger du nougat.

NOIX DE GALLE.

La noix de galle est une production anormale qui est fournie par une espèce de chêne, le *quercus infectoria*, appelé pour cela chêne à la galle, chêne des teinturiers. C'est un arbrisseau tortueux, haut tout au plus de 1 mètre 45 à 1 mètre 70. Les noix de galle qu'il fournit se développent sous l'influence d'un insecte hyménoptère, le *cynips gallo tinctoria* auquel les bourgeons servent de demeure. La femelle de cet insecte perce au moyen d'une tarière fixée à son abdomen les bourgeons à peine formés des plus jeunes rameaux et y dépose un œuf. Bientôt le bourgeon s'arrondit, perd peu à peu son aspect normal pour prendre la forme d'une petite boule présentant à sa surface des pointes mucronées; dans son intérieur, se trouve une cavité dans laquelle l'œuf éclot et la larve y séjourne jusqu'au moment où arrivé à l'état parfait, l'insecte perce sa prison et s'envole.

La noix de galle vient surtout de la Syrie et de l'Asie-Mineure. On en récolte cependant en Espagne, en Italie et dans le midi de la France.

La composition des galles est très-complexe; on y

trouve un grand nombre de substances neutres, des acides, des sels organiques et minéraux, mais ce qui les rend si précieuses dans l'industrie c'est la forte proportion d'acide *tannique ou tannin* qu'elles renferment.

Il y a plusieurs sortes de noix de galle qui diffèrent les unes des autres par leur grosseur, leur couleur, leur densité et la proportion de tannin qu'elles renferment. Ce sont: les galles d'*Alep*, de *Morée*, de *Smyrne*, les galles *marmorines*, les galles d'*Istrie* et les galles de *France* légères.

1° *Galles d'Alep.* — Les galles d'Alep sont les plus estimées; elles se distinguent par la présence constante de pointes mucronées à leur surface. Il y a quatre sortes de galles d'Alep qui sont: les galles *noires, vertes, blanches* et *en sorte.*

La galle d'Alep noire est la plus estimée, elle est de moyenne grosseur, compacte, à surface noire et recouverte d'une légère efflorescence blanchâtre. On n'y trouve pas la piqûre faite par l'insecte au moment de sa sortie, ce qui tient à ce qu'on l'a recueillie avant cette époque.

La galle d'Alep verte ressemble assez à la précédente, cependant elle est généralement plus grosse, plus légère, verdâtre, et le plus souvent piquée.

La galle d'Alep blanche est l'espèce la moins estimée; c'est aussi la plus grosse, mais elle est légère et blanche, toujours piquée, et paraît avoir séjourné plus ou moins longtemps sur l'arbre après la sortie de l'insecte.

La galle d'Alep en sorte est formée par le mélange des trois espèces précédentes accompagnées souvent de calices et de débris de calices, de grabeaux et de poudre de galles inférieures.

La meilleure galle d'Alep vient des environs de Mossoul.

2° *Les galles de Morée.* — Ces galles sont petites, irrégulières, de couleur brune ou rougeâtre.

3° *Les galles de Smyrne.* — Les galles de Smyrne ont beaucoup de rapport avec les galles d'Alep, elles se divisent comme elles en galles *noires, vertes, blanches,* et galle *en sorte,* mais elles sont plus légères; leur surface est plus unie, moins foncée en couleur. Elles sont plus grosses et généralement moins estimées; on les vend souvent comme galles d'Alep.

4° *Les galles marmorines.* — Ces galles viennent du Levant par la voie de Marseille; elles sont d'un gris peu foncé, jaunâtre ou rougeâtre; elles ont une forme ovoïde, allongée du côté du pédoncule; leur surface présente à peine quelques aspérités. Leur cassure est d'un jaune à peu près uniforme; elles présentent au centre une matière organisée qui simule une espèce de germe.

5° *Les galles de l'Istrie.* — Les galles d'Istrie sont peu estimées; elles sont petites, allongées du côté du pédoncule, sans aspérités à la surface qui présente cependant des sillons qui se sont formés pendant la dessication. Leur texture est rayonnée; elles sont presque toujours piquées, et la cavité centrale est vide d'insecte.

6° *Les galles de France.* — Les galles de France portent aussi le nom de *galles légères;* leur surface est unie, sans apparence de pointes ou de rides, de couleur jaune perlé; quelquefois elles sont noires et difformes. Elles sont toujours percées, se brisent facilement. L'intérieur est compact et d'une texture fine dont la couleur se fonce à mesure qu'elle approche de la surface.

La noix de galle est employée dans les arts à fabriquer

l'encre et la teinture en noir ; elle est employée en médecine, et son infusion aqueuse sert de réactif dans les laboratoires de chimie.

On falsifie la noix de galle de plusieurs manières :

1° On mêle à la galle d'Alep, de Smyrne, des galles inférieures ; cette fraude se reconnaît par l'examen attentif qui permet toujours de distinguer les différences de densité et de couleur que nous avons décrites plus haut.

2° On a vendu comme galles de bonne qualité des galles piquées dont on avait bouché les trous avec de la cire. On reconnaît cette fraude en trempant les noix dans l'eau chaude ; la cire fond et met les trous à découvert.

3° On vend comme galles noires des galles blanches colorées à leur surface au moyen du sulfate de fer ; on reconnaît facilement la présence du sel de fer en mettant les noix à macérer dans l'eau distillée qui dissout l'excès de sulfate de fer adhérent à la surface. La liqueur précipite en noir par le sulfhydrate d'ammoniaque, en brun par l'ammoniaque, et en bleu par le cyanoferrure de potassium ; elle précipite en blanc par le chlorure de baryum.

4° On a quelquefois moulé avec de la terre glaise de fausses galles que l'on colorait avec du sulfate de fer. Il suffit de casser ces noix factices pour reconnaître la fraude.

La valeur des noix de galle étant en raison directe de la quantité de tannin qu'elles contiennent, on apprécie leur valeur en déterminant cette quantité de tannin. Pour cela on pulvérise la noix de galle, on l'humecte avec un peu d'eau, et on la place dans un entonnoir dont la douille est obstruée par un peu de coton; on verse de l'éther jusqu'à épuisement de la poudre. Le liquide qui s'écoule se partage en deux couches que l'on sépare par décantation. On évapore celle qui est inférieure, et le résidu de l'évaporation se compose de tannin. Une bonne galle donne de 38 à 45 pour % de tannin.

ŒUFS.

Les œufs sont composés de trois parties distinctes : le jaune, le blanc et la coque. Le jaune est un mélange de matières grasses tenues en suspension sous forme d'émulsion dans des substances azotées.

Le blanc est formé d'albumine dissoute et retenue dans des cellules à parois très-minces, faciles à briser par le battage.

La coque est formée par des phosphates de chaux et de magnésie sous forme d'enveloppe mince et poreuse. Cette coque étant perméable laisse facilement passer les vapeurs; ce qui explique pourquoi les œufs exposés à l'air libre perdent une quantité d'eau égale à 3 ou 4 centigrammes par jour.

Aucun produit n'est plus facilement altérable que les œufs, à cause de leur nature animale et de cette perméabilité de la coquille qui permet l'accès de l'air dans leur intérieur. Des œufs mal conservés et surtout ceux dont la coquille et l'enveloppe qui la revêt intérieurement ont été fendillées éprouvent une fermentation putride qui détermine la formation d'hydrogène sulfuré, dont l'odeur fétide est caractéristique et connue sous le nom d'odeur d'*œufs pourris*.

Pour le négociant et surtout pour celui qui fait ce

genre de commerce à Paris, il se présente deux questions importantes pour le succès de ses affaires : 1° Comment peut-on s'assurer si un œuf est frais et dire approximativement depuis combien de temps il est pondu ? 2° Quel est le moyen de conserver les œufs ?

Nous avons dit plus haut comment il se fait qu'un œuf perde tous les jours une quantité d'eau variable de 3 à 4 centigrammes. Cette propriété peut être mise à profit de deux manières : pour dire si un œuf est frais et apprécier approximativement **son âge**.

Un œuf nouvellement pondu est complétement rempli par des matières solides en suspension dans des liquides; aussi quand on projette dans de l'eau bouillante un œuf frais, les liquides se trouvant portés tout à coup à une température élevée se dilatent brusquement et la coquille se fendille. Il importe pour faire cette expérience de se servir d'une quantité d'eau assez considérable pour que l'introduction de l'œuf ne fasse pas sensiblement baisser la température. En effet, si on emploie de l'eau en petite quantité la température s'abaisse d'abord et la dilatation des liquides se fait assez lentement pour qu'ils aient le temps de suinter à travers la coquille qui ne se fendille pas. Des œufs datant d'un certain nombre de jours ne se fendilleront pas dans les mêmes circonstances, en raison de l'espace que les liquides évaporés ont laissé libre et qui a été rempli par de l'air qui est facilement compressible.

Lorsqu'un œuf a perdu une certaine quantité d'eau, sa densité a diminué aussi. Quand au moyen du sel marin et de l'eau, environ 10 %, on prépare un liquide tel qu'un œuf récemment pondu nage dans la liqueur sans monter ni descendre; un œuf plus vieux surnage. On pourrait apprécier son état plus ou moins ancien en faisant usage de solutions de sel de moins en moins concentrées jusqu'au moment où l'œuf nagerait dans le liquide. On conçoit aisément tout ce qu'aurait d'approximatif un pareil procédé, mais il suffit pour distinguer un œuf vieux d'un œuf frais.

Pour conserver les œufs il faut, d'après ce que nous venons de dire s'opposer à la fois à l'évaporation de l'eau et à l'entrée de l'air dans l'intérieur de la coquille. Plusieurs moyens ont été employés. On a proposé d'enduire la coquille d'une couche de matières grasses telles que le suif, l'huile, un mélange d'huile et de suif ou mieux de cire et d'huile. On a employé dans le même but des solutions gommeuses, des vernis résineux à l'alcool.

Le meilleur procédé, qui est aussi le moins coûteux, consiste à garder les œufs frais dans de l'eau qui a séjourné sur de la chaux. La chaux que l'eau tient en dissolution obstrue les pores de la coque en même temps qu'elle s'oppose à la décomposition putride. Les œufs se conservent bien de cette manière, quand on a soin de tenir les vases dans un lieu frais et à température constante, comme par exemple dans une cave.

On peut encore laisser séjourner les œufs frais pendant trois ou quatre heures dans une dissolution de sel marin; le sel pénètre à travers les pores de l'enveloppe, et quand on les laisse sécher à l'air les pores se trouvent obstrués par des cristaux qui restent interposés.

Les œufs doivent être conservés à l'abri de toute émanation ou odeur désagréable qui les pénètrent; c'est pour la même raison qu'on ne doit pas les faire cuire dans de l'eau contenant des substances capables d'altérer leur goût.

PAINS D'ÉPICES.

Le pain d'épices est l'objet d'une fabrication assez grande à Paris, Dijon, Nancy, Chartres, etc; connu très-anciennement, il est, dit-on, d'origine asiatique; celui fait à Rhodes était jadis très-estimé. Il doit son nom à ce que les anciens fabricants le préparaient en mélangeant à de la farine de seigle, du miel et divers épices.

En France, la pâte destinée à donner le pain d'épices se fait en obtenant le mélange de la farine ou de la fécule avec du miel ou de la mélasse, pétrissant le tout convenablement, laissant lever, puis portant au four dans des moules très-variés; la pâte obtenue, on glace le dessus, on ajoute des aromates selon le goût; on y met *au pouce* les anis, les nonpareilles, le cédrat, etc.

Quelques fabricants emploient des miels très-inférieurs, d'autres ont ajouté à des miels de la glucose; les pains ainsi faits ne sont fabriqués que pour vendre dans les rues ou dans les foires, leur goût désagréable devrait seul les faire rejeter.

On connaît spécialement dans le commerce cinq sortes de pains d'épices.

Le pain d'épices *façon de Dijon* plus spécialement fait avec des farines de froment dans lesquelles on ne fait entrer que du miel.

Le pain d'épices *de Champagne* ou *pain d'épices léger* obtenu par le mélange de 20 kilogrâmmes de miel de bonne qualité, de 50 kilogrammes de mélasse, de 50 kilogrammes de fécule et de farine de seigle de Champagne.

Le n° 1, pain d'épices fin, fabriqué avec du miel de Bretagne bonne qualité 3/4, mélasse de canne 1/4 et farine de seigle.

Le n° 2 obtenu avec fécule 1/4, mélasse 1/4, miel deuxième qualité 1/2 et farine de seigle.

Le n° 3 fait avec mélasse 1/3, fécule 1/3, miel inférieur 1/3 et farine de seigle.

Depuis quelque temps on a additionné le pain d'épices de sel d'étain afin, dit-on, de conserver plus longtemps de la mollesse à cette préparation ; cette addition est une falsification en ce sens qu'elle introduit dans une substance alimentaire un sel métallique qui peut agir sur l'organisme par un usage prolongé. On reconnaît cette falsification en incinérant dix grammes de pain d'épices, traitant les cendres par l'*acide chlorhydrique* qui dissout l'étain, filtrant ; la solution obtenue précipite en brun par l'hydrogène sulfuré, et en blanc par la potasse ; cette solution par le chlorure d'or fournit un précipité connu sous le nom de *pourpre de cassius*. (1)

PAPIERS.

On ne s'est pas assez préoccupé jusqu'ici de la nature des papiers qui servent d'enveloppes aux produits que l'on reçoit. Cependant une ordonnance très-ancienne et qui de nouveau a été reproduite par les journaux en juin 1862, dit que tous fabricants, tels que chocolatiers, confiseurs, charcutiers, épiciers, marchands de denrées alimentaires quelconques (chicorée, tapioca, café, pain d'épices, biscuits, etc.,) *sont responsables personnelle-ment des accidents qui pourraient être déterminés en contrevenant à l'ordonnance.*

Les papiers ou sacs qui servent aux diverses substances

____

(1) On prétend que pour donner du léger au pain d'épices, on ajoute une petite quantité de carbonate d'ammoniaque.

alimentaires ne doivent donc contenir aucune substance minérale (le bleu de Prusse, l'ocre, l'outremer sont exceptés comme produits pouvant être employés). Les confiseurs ne doivent pas même couler leur sucrerie sur des papiers colorés ou lissés blancs; ils doivent rejeter de leur commerce toutes boîtes qui seraient garnies à l'intérieur de papiers semblables. Les négociants en substances alimentaires, ne doivent pas faire usage de sacs-enveloppes dont les papiers n'auraient pas été examinés soigneusement. La double enveloppe n'empêche pas la contravention à l'ordonnance. On doit éviter spécialement les papiers de couleur verte, bleu clair, blanc lissé, jaune, orange, saumon, l'humidité pouvant permettre aux diverses substances alimentaires, aux confiseries, d'absorber une partie des substances toxiques très-dangereuses).

On reconnaît si les papiers contiennent des sels métalliques en prenant une certaine quantité de papiers qu'on incinère; les cendres sont traitées par l'acide azotique, le résidu repris par l'eau distillée; la liqueur refroidie essayée par 1° l'iodure de potassium, 2° le ferrocyanure de potassium, 3° l'ammoniaque, donne avec le plomb un précipité jaune d'or, blanc jaunâtre, blanc. Si le papier contient du cuivre, avec l'ammoniaque on obtient un précipité bleu; avec le ferrocyanure de potassium un précipité rose, ou brun marron s'il y en a peu. Si un papier contient de l'arsenic, et c'est surtout les papiers verts qui doivent attirer l'attention du négociant, on le carbonise par l'acide sulfurique, le charbon est repris par l'eau distillée, et on filtre et on introduit la liqueur obtenue dans un appareil de Marsh (modification Chevallier père). Si à la fois le papier est arsénical et cuivreux, on recherche dans les cendres le cuivre et on obtient par les réactifs les couleurs *rose* ou *bleue*, suivant qu'on essaie par le cyanoferrure ou par l'ammoniaque. (1)

La responsabilité où se trouve le commerçant doit l'engager à demander à ses fournisseurs, aux marchands de papiers surtout et nous en connaissons d'incorrigibles, de lui donner des papiers convenables. Le négociant étant responsable, le marchand pourrait ne pas reconnaître sa marchandise et entraîner un vendeur insouciant à sa ruine.

PATES ALIMENTAIRES.

Nous comprenons sous le nom de pâtes alimentaires, diverses préparations qui ont toutes la même origine et qui peuvent servir à l'alimentation soit directement, soit indirectement après avoir subi un genre de cuisson qui ne change en rien leur nature et leur aspect. Tantôt elles servent à la confection des potages comme le *vermicelle,* les *pâtes d'Italie;* tantôt elles servent à préparer des mets spéciaux, comme les *macaronis* et les *lazagnes* d'Italie; les pâtes de Nuremberg connues sous

---

(1) Une méthode indicative prompte due à **M.** Chevallier père peut être mise en pratique par tout le monde comme renseignements.

On passe sur le papier suspicionné une barbe de plume trempée dans de l'acide azotique, puis on enlève l'excès d'acide avec du papier joseph, le papier prend une teinte plus pâle. Avec l'iodure de potassium, on obtient une coloration jaune d'or, caractéristique du plomb. Avec le cyanoferrure de potassium la couleur rose passant au brun marron indiquant la présence des sels de cuivre; on opère alors pour plus de certitude par le procédé cité plus haut.

lè nom de *nudeln*, les *nouilles* et les *pivots* d'Allemagne.

Ces préparations diffèrent les unes des autres par quelques manipulations particulières de la pâte et par la forme qu'on leur donne; les unes sont en forme de fils contournés, d'autres en forme d'escargots, de tubes creux et allongés; d'autres ont la forme de grains d'avoine, de lentilles, d'étoiles, de petits cercles orbiculaires.

Ces pâtes sont essentiellement composées d'eau et de la partie la plus sèche et la plus nourrissante du blé connue sous le nom de *semoule;* les pâtes plus communes sont faites au moyen de farine de blé obtenue par la mouture du gruau connu sous le nom de *gruau gris,* qui est encore couvert en partie par la seconde écorce du grain.

Il y a plusieurs sortes de semoule qui diffèrent entre elles par la nature du blé d'où on les a tirées, par la manière dont elles ont été moulues et blutées; les meilleures sont sèches et d'un blanc tirant sur le jaune. Les semoules les plus fines servent à préparer des potages, et les autres certaines bouillies granuleuses dont on fait un grand usage dans quelques contrées. La semoule de bonne qualité se gonfle rapidement et régulièrement dans l'eau et se délaie facilement dans la bouche.

La pâte demande à être pétrie avec soin; cette partie de la fabrication comprend plusieurs opérations; la première est le délayage de la farine ou de la semoule au moyen d'eau chaude en une pâte ferme; la seconde consiste dans le pétrissage; la troisième, qui dure deux heures, dans le battage au moyen d'un instrument particulier appelé *brie;* enfin, la quatrième consiste à replier douze ou quinze fois la pâte sur elle-même et à la comprimer. La pâte préparée au moyen de la farine demande moins de temps pour sa fabrication que celle qui est faite avec la semoule.

Le plus souvent on mêle à la pâte des fromages qui donnent du liant et modifient agréablement le goût du produit. Ainsi préparées elles ne commencent à être bonnes qu'au bout d'un an; quand on a mêlé à la pâte un peu de levain ou de vieille pâte elles sont dans leur bonté parfaite au bout de cinq à six mois; elles sont meilleures, cuisent mieux et sont mieux digérées, mais elles ne peuvent être conservées en bon état au-delà d'une année.

On obtient facilement avec la pâte ainsi préparée les produits, en se servant de moules de diverses formes, à travers lesquels on la force à passer au moyen de presses à vis, horizontales ou verticales.

Pour fabriquer le *vermicèlle* on introduit la pâte dans un cylindre dont le contour est chauffé au moyen d'un fourneau, de manière à ramollir la pâte. Le fond du cylindre est occupé par le moule; on égalise la surface de la pâte avec un cordeau, on la couvre d'un linge et on la soumet à la presse. La pâte sort sous la forme de fils qui en se contournant prennent la forme de vermis-seaux, et de là cette pâte a pris le nom de *vermicelle*. On doit rejeter les premières portions qui passent, quelque propre que soit le moule. A mesure que les fils s'allongent on les coupe à la longueur d'un pied, en les brisant par une secousse au ras du moule; on les dis-pose en les contournant sur des claies de fil d'archal, et on les fait sécher à l'air libre.

La pâte à *macaroni* est la même que celle qui sert à

faire le vermicelle, seulement elle est plus liquide, de façon que les fils en sortant du moule puissent se joindre et former en s'alliant entre eux un petit cylindre creux. Les pâtes doivent être naturellement un peu grosses.

Les *lazagnes* sont en forme de rubans ou lanières festonnées et souvent échancrées à leur bord ; elles se préparent comme le vermicelle et les macaronis, avec de la pâte ferme faite avec de l'eau très-chaude pour retarder davantage la fermentation qui en levant la pâte altérerait la forme du produit.

Les pâtes qui possèdent les formes lenticulaire, en cercle évidé, en étoile, en grain allongé, se préparent de la manière suivante : à l'aide d'un rouleau en bois, on étend la pâte en une galette d'égale épaisseur et on la taille à l'emporte-pièce. Les *nouilles* sont faites de la même manière, en coupant les galettes en petits carrés que l'on roule sur eux-mêmes.

En Italie où l'on fabrique ces pâtes on leur donne les formes les plus variées ; ainsi dans le royaume de Naples on en fait de plus de trente sortes différentes, qui portent des noms divers : les *sadelini, sementale, punte d'Aghi, stelluce, occhidi perdici, stellette, vermicelli.*

On trouve quelquefois des pâtes alimentaires fabriquées avec des farines communes, d'autres dont la pâte a été mélangée d'une trop grande quantité de levain, de telle sorte que la fermentation les altère rapidement. L'aspect et la saveur suffisent pour déceler ce genre d'altération. Quelquefois, pour donner à des pâtes trop blanches la couleur jaune que l'on est habitué à trouver dans le commerce, on se sert pour les fabriquer d'eau colorée avec du safran ; cette addition est sans inconvé-

nient quand la dose de safran n'est pas trop considérable, ce que l'on reconnaîtrait facilement par la couleur exagérée et par la saveur du produit.

On a fabriqué à Paris du vermicelle en y faisant entrer une certaine quantité de gluten extrait des farines
dans la fabrication de l'amidon par la méthode d'un
pharmacien de Vervins (M. Martin).

Ce vermicelle qui est plus azoté, plus nutritif, avait
la plus grande analogie avec le produit dont nous avons
parlé plus haut, le *gluten granulé*.

PATES

DE GUIMAUVE ET DE JUJUBES.

La gomme arabique est la base de toutes les pâtes et
notamment des pâtes de *guimauve* et de *jujubes*. Ces
deux produits dont l'un, le premier, est blanc et complétement opaque, et l'autre jaune et transparent, doivent cette différence d'aspect à la manière dont elles
sont préparées. La pâte de guimauve est une pâte *battue*,
c'est-à-dire que pendant tout le temps de l'évaporation
de la matière on l'agite avec une spatule en y incorporant de l'air, tandis que la pâte de jujubes est mise tout
simplement à évaporer à la chaleur de l'étuve. (1)

---

(1) Ces pâtes étaient jadis exclusivement préparées par les pharmaciens; leur mode d'obtention est consigné au Codex.

Autrefois on faisait entrer dans ces préparations, des infusions
de guimauve ou de jujubes, qui ne donnaient à ces produits
aucune qualité, mais qui avaient l'inconvénient de déterminer
une fermentation rapide.

Pour faire la pâte de guimauve on prend :

    Gomme arabique . . . . 500 gr.
    Sucre blanc 500
    Eau de fleurs d'oranger 64
    Blancs d'œufs. 6

On nettoie bien la gomme avec un canif, on la concasse grossièrement dans un mortier et on la met en contact avec la moitié de son poids d'eau froide; au bout de 24 heures la dissolution est complète, on ajoute alors le sucre et on fait évaporer sur un feu doux en remuant constamment avec une spatule jusqu'en consistance de miel épais. On mêle alors les blancs d'œufs battus sous forme de neige au moyen d'un balai d'osier et on achève l'évaporation jusqu'au moment où frappée sur le dos de la main elle n'y adhère plus. Lorsqu'on cesse l'agitation ou que le feu est trop ardent la matière s'attache au fond de la bassine, brûle et communique à toute la masse un goût désagréable. C'est pour éviter cet inconvénient que certains fabricants opèrent l'évaporation à la chaleur du bain-marie.

Lorsque la pâte est cuite on la coule dans des moules en fer-blanc enduits d'amidon pour empêcher l'adhérence.

Bien préparée cette pâte est parfaitement blanche; quelquefois elle a une teinte azurée qu'on lui communique par l'addition d'une petite quantité de sulfate de cuivre, sel qui peut aussi avoir été apporté dans le produit par du sucre royal azuré d'une manière factice. On reconnaît la présence du cuivre en réduisant la pâte en cendres dans un têt à rôtir, on traite les cendres obtenues par l'acide chlorhydrique et on évapore pour chasser l'excès d'acide. Le produit de l'évaporation traité par l'ammoniaque lui communique une teinte bleue.

Pâte de Jujubes.

Pr. Gomme du Sénégal. . . . . 18 parties.
Sirop de sucre. , ... 22
Eau de fleurs d'oranger. 1

On fait fondre la gomme dans son poids d'eau; on la passe à travers un blanchet et on la mêle au sirop que l'on a déjà concentré par l'évaporation; on chauffe pour porter à l'ébullition en remuant le mélange, puis on l'abandonne sur un feu doux. Quand la pâte est arrivée en consistance d'extrait mou, on enlève les écumes, on aromatise avec l'eau de fleurs d'oranger et on coule la masse dans des moules de fer-blanc enduits d'une légère couche d'huile d'olives, et on achève la concentration dans une étuve chauffée à 35°. Quand la pâte a pris une certaine consistance on la retourne dans les moules. Il faut faire attention à ne pas trop chauffer l'étuve, car l'excès de chaleur déterminerait la formation trop rapide de la vapeur d'eau qui soulèverait la masse sous forme de bulles.

La pâte de jujubes est jaune et transparente; on a quelquefois remplacé la gomme par de la gélatine dans sa préparation. Pour reconnaître cette fraude, on met la pâte à macérer dans de l'eau froide; la gélatine ne se dissout pas. On peut encore la faire bouillir dans de l'eau, filtrer la liqueur et y verser alors une solution de tannin qui entraîne la gélatine sous forme d'un précipité blanc.

On prépare par les mêmes procédés les pâtes de

réglisse, de lichen ; mais, selon nous, ces dernières pâtes sont des préparations pharmaceutiques.

PISTACHES.

Les pistaches sont les fruits du pistachier, arbre qui croît naturellement en Asie-Mineure. Il est très-répandu dans l'archipel grec, dans la Sicile, l'Italie et les provinces méridionales de la France. Ce fruit fut, selon Pline, apporté pour la première fois à Rome par Lucius Vitellius, qui était gouverneur de Syrie sous le règne de Tibère ; dans le même temps un chevalier romain, Flaccus Pompéïus, les transporta en Espagne.

Les pistaches sont des fruits gros comme des olives ; ils sont formés : 1° d'une amande anguleuse, verdâtre à l'intérieur et recouverte d'un épiderme rougeâtre ; elle contient une huile verdâtre qu'elle abandonne à l'expression ; 2° d'une coque blanche, ligneuse, et composée de deux valves faciles à séparer ; 3° d'un brou peu épais, souvent humide, aromatique, tendre et rougeâtre.

Les pistaches servent aux confiseurs et aux glaciers ; l'amande émulsionnée avec l'eau donne un liquide laiteux analogue à celui que fournissent les amandes douces et amères dans les mêmes circonstances.

Les pistaches du commerce sont de trois sortes : ce sont : les pistaches d'*Alep* en Syrie, les pistaches de *Tunis* et les pistaches de *Sicile*.

Les pistaches d'*Alep* sont les plus grosses et les plus estimées ; elles ont une chair jaunâtre, mais ne sont guère consommées que dans le midi de la France où on les emploie comme dessert. Elles sont trop grosses pour être employées par les confiseurs.

Les pistaches de *Tunis* ne se trouvent plus guère dans le commerce français. Elles sont petites, ont un brou tendre et rosé, elles sont vertes à l'intérieur; c'est l'espèce la plus estimée par les glaciers.

La pistache de *Sicile* fournit à elle seule la consommation de toute la France; son brou est violet, et la chair d'un vert prononcé.

Les pistaches doivent être conservées dans un lieu sec, souvent examinées et nettoyées; elles sont sujettes à moisir et demandent des soins tout particuliers.

POISSONS CONSERVÉS.

Sous ce titre nous avons compris les divers modes de conservation employés journellement, qui sont le *salage*, le *fumage*, le *marinage*.

La morue, les harengs, les maquereaux, le saumon, les sardines, les anchois sont soumis à l'action conservatrice du sel ou *salage*.

La morue (*gadus morhua*) est spécialement pêchée à Terre-Neuve dans l'Amérique septentrionale; séchée au soleil ou au vent du nord après avoir été salée, elle porte le nom de *merluche* ou *stock fiche*. Prises près de Boulogne, de Calais, ces morues très-petites s'appellent *cabilliaut* et le nom de *morue verte* quand elle a été salée.

Aussitôt que le pêcheur a pris une morue, elle est tirée à bord, le mousse la remet au *décolleur* qui enlève la *noue* (entrailles), le *foie*, la *langue*, puis le *trancheur*, enlève l'arète, jette dans la cale la chair, les entrailles, les langues; ces dernières sont salées à part. Le foie est mis dans les cagots, genre de cuves où il se corrompt, et donne l'huile dite de foie de morue, huile très-estimée en médecine.

L'huile de foie de morue se fait seule ; on n'a pendant la traversée pour ainsi dire à faire qu'un embarillage.

Le *saleur* couche la morue, c'est-à-dire fait des couches d'un à deux mètres carrés en ayant soin de placer tête contre queue et queue contre tête, puis il la couvre de sel ; au bout de quatre jours on la relève, car elle a égoutté son eau, et on la place dans un autre endroit où on la sale pour n'y plus toucher. Les œufs mis en baril avec du sel sont conservés, et servent en France et en Espagne d'appâts pour la pêche aux sardines.

C'est surtout de Saint-Malo et des Sables-d'Olonne que partent les pêcheurs français pour Terre-Neuve.

Les sardines *(clupea sprattus)* sont pêchées aux flambeaux surtout sur les côtes de Bretagne, de juillet en octobre. Au sortir de l'eau on les laisse égoutter pendant deux heures, puis on les vide, puis dans un baril contenant un doigt de sel on range la sardine de façon que les têtes forment le cercle ; à chaque couche on place la même quantité de sel. Au bout de douze jours on leur fait subir le lavage à la mer : pour cela, on les enfile dans des broches de coudrier ; puis après égouttage, on les range de nouveau dans les barils comme précédemment. Par des trous inférieurs s'écoulent, en passant à travers les feuilles de fougères placées au fond, l'eau et l'huile qu'elles rendent. On leur fait alors éprouver la pression au moyen de faux fonds ; on rajoute de nouvelles sardines au fur et à mesure que la pression a été exercée ; on remplit le baril, puis on met quelques feuilles de fougères, et l'on ferme.

Sur les côtes de la Méditerranée, surtout des côtes de Saint-Tropez, de Cannes, de Nice, d'Antibes, de décembre en mars on fait la pêche d'un petit poisson appelé *anchois* (*clupea encrassicolus*), plus fin de goût que les sardines. La pêche de l'anchois se fait la nuit au flambeau. — On les sale après leur avoir ôté la tête et les entrailles, et on les entasse dans des barils dits barrots ou demi-barrots. Une méthode heureusement abandonnée consistait à salir le sel par de l'ocre rouge, ce qui a été spécialement défendu.

La saumure employée habituellement se fait en prenant du sel, en le dissolvant dans l'eau jusqu'à ce qu'un œuf frais surnage. Chaque baril est couvert d'une brique qui empêche une évaporation trop rapide, tout en garantissant des effets de la pluie. Chez les Grecs et les Romains, on connaissait une sauce dite *garum* qui était faite principalement d'anchois et d'épices.

Les harengs (*clupea harengus*) devinrent une fortune pour la Hollande du moment où Guillaume Denkelson (de Biervliet) eut donné aux autres pêcheurs hollandais le moyen de le saler; l'art de fumer ce poisson est dû aux Dieppois. La pêche se fait sur les côtes d'Angleterre, de France et d'Espagne au filet. On leur donne diverses dénominations suivant leur état: ils sont *vierges* lorsque les œufs ou la laite sont arrivés à maturité, *marchais* lorsque le frai est complet, *à bourse* quand ils sont à demi-vides; ils sont dits *frais* ou *pecs, peckels,* suivant qu'ils ont été pêchés au printemps ou en automne.

Lorsqu'on sale le hareng, le *caqueur,* ou matelot pêcheur, enlève les *breuilles* ou entrailles, laisse la laite et les œufs, lave le hareng à l'eau douce, puis le met à la saumure; au sortir de la saumure, on les sèche ou *varande,* et on les arrange dans les caques ou barils, c'est ce qu'on appelle liter le hareng. On estime plus les harengs salés de suite ou harengs d'une nuit que ceux ressuyés et salés, ou dits de deux nuits. Arrivés au lieu de destination, le marchand saleur les lave et les lite de nouveau dans d'autres barils. Ainsi préparés, on dit que ce sont des *harengs blancs*.

Le maquereau (*scomber vulgaris*) et le saumon (*scomber salmo*), sont tous deux conservés par salaison, de la même manière que les harengs.

On entend par *poisson mariné*, soit ceux qui sont conservés dans une saumure, soit ceux conservés dans l'huile.

Pour les poissons qui sont conservés dans la *saumure*, on met dans de l'eau du sel jusqu'à ce qu'elle refuse d'en dissoudre, on passe à la chausse pour avoir un liquide clair et limpide; quelques personnes ajoutent un peu de thym et de laurier.

On place dans des flacons les anchois, dans des boîtes en ferblanc ou des petits barils ou barrots les sardines, on ajoute la saumure et on ferme hermétiquement. On prépare les huîtres marinées (*ostrea*), de la manière suivante : on les détache avec un couteau de leur coquille, puis on les place dans des petits barils, on verse dessus la saumure et l'on ferme avec le plus grand soin.

Pour les poissons marinés dans l'*huile*, on prend la sardine et l'anchois, on les égoutte, c'est-à-dire qu'on les prive de leur eau de mer, on enlève les têtes et les entrailles, et on met en contact avec de l'huile de bonne qualité; il faut que les boîtes ou flacons soient fermés avec le plus grand soin.

Quant au *thon* mariné, il demande plus de précaution; le thon (*scomber thymnus ou alalonga*), est pêché dans la Méditerranée et dans le golfe de Gascogne, avec des filets dit *mendragues*. Aussitôt retiré de la mer, ce poisson meurt, on le vide alors, on le coupe en tronçons, on le place sur des grils en fer pour le ressuyer, on le fait frire dans l'huile d'olive, enfin on le sale, on le poivre, et on le place dans des barils avec de l'huile fraîche.

Le *fumage* ou *saurage* s'emploie spécialement pour le *hareng* qui prend alors le nom de *hareng sor* ou *sauré,* parce qu'il a été sauré ou séché à la fumée.

Préparé d'abord comme le hareng blanc, le hareng *rouge* (c'est-à-dire ayant la chair rouge), après avoir passé à la saumure est attaché par la tête à l'aide de branches dites *aines*, enfin placé dans des cheminées appelées *roussables*, dans lesquelles on produit de la fumée en grande quantité; on les laisse environ 24 heures dans les cheminées, puis on les embarille à sec pour en opérer la vente.

POIVRE.

Le poivre est le fruit du poivrier, arbuste à tige sarmenteuse et grimpante et qui croît spontanément aux Indes orientales. Les fleurs qu'il porte et les fruits qui les remplacent sont disposés en chatons, c'est-à-dire fixés autour d'un axe commun auquel ils adhèrent directement sans pédoncule. Les fruits sont des baies globuleuses rougeâtres quand elles sont à maturité, mais que l'on recueille un peu avant pour les faire dessécher et les verser dans le commerce.

Il y a trois espèces de poivre : le *poivre noir,* le *poivre blanc* et le *poivre long.* Les deux premières espèces sont produites par le *piper nigrum,* dont les baies sont sphériques de la grosseur d'un petit pois,

blanchâtres et dures, d'une saveur aromatique et brûlante. Quand on les a fait sécher avec leur enveloppe,
qui est noire et ridée, la graine porte alors le nom de
poivre noir.

Le *poivre blanc* n'est autre chose que le poivre noir
que l'on a dépouillé de son enveloppe par une macération
dans l'eau, et que l'on a ensuite fait sécher au soleil.
On obtient encore d'une manière factice le poivre blanc,
en faisant macérer des grains de poivre noir dans une
solution de chlorure de chaux, d'alun ou dans de l'acide
sulfurique étendu. On l'enrobe aussi avec des poudres
de gomme, de talc, de plâtre ou de craie, et l'on augmente ainsi le poids du produit d'environ 1 pour %. La
plus grande partie de celui qui se consomme en France
est fabriqué à Paris.

Le *poivre long* diffère des précédents en ce que on le
trouve dans le commerce sous forme de chatons allongés,
de la grandeur à peu près de ceux du bouleau, secs,
durs, pesants, d'une couleur grise noirâtre. Son odeur
est moins aromatique que celle du poivre en grains,
mais sa saveur est plus brûlante.

Il y a trois variétés de poivre, savoir :

1° Le *poivre lourd*, qui est le plus estimé. Ses grains
sont pesants et d'une couleur brune, sphériques, réguliers; leur peau est à peine ridée et leur cassure est
farineuse;

2° Le *poivre demi-lourd*, dont les grains sont moins
gros, plus noirs et plus ridés; l'amande est moins nourrie et moins dure; sa cassure est d'un jaune plus pâle;

3° Le *poivre léger*, dont les grains inégaux sont souvent creux à l'intérieur et s'écrasent sous les doigts; on
y trouve des pellicules et des grains brisés.

La première sorte vient de Malabar et la troisième vient surtout de Sumatra.

Le poivre est d'un usage journalier dans l'économie domestique où on l'emploie comme condiment; il a une action stimulante prononcée et même rubéfiante quand on l'applique sur la peau en grande quantité. On le vend ordinairement sous forme de poudre ou de petits grains sous le nom de *mignonnette*.

On falsifie le poivre en grains et surtout le poivre en poudre.

Sous le nom de *poivre de Lyon*, on a vendu des graines de navette recouvertes d'une pâte grise et composée de farine de seigle associée soit à du piment, soit à des débris de poivre, soit à de la moutarde pulvérisée; puis on s'est servi des mêmes graines et d'une pâte faite avec le tourteau qui avait servi à l'extraction de l'huile de navette, et que l'on épiçait avec de la racine de pyrètre; on a moulé et coloré en noir de la pâte de son contenant des débris de poivre. Ces produits se vendaient seuls ou mélangés au poivre naturel. On a encore falsifié le poivre en grains en y mêlant diverses semences comme celles du *rhamnus infectorius*, ou des grabeaux de poivre; ceux-ci étaient confectionnés avec les épluchures du poivre, de la fécule de pommes de terre, des débris de tourteaux, de chénevis, et on le colorait en jaune par un peu de curcuma.

Il est facile de reconnaître toutes ces fraudes; l'aspect seul du grain, le manque d'odeur et de saveur suffisent pour rendre suspects de pareils produits. On met à tremper les grains suspectés et s'ils sont fraudés ils se désagrégent rapidement, ce qui n'arrive pas pour les grains de poivre véritable.

Pour donner plus de poids au poivre demi-lourd on le recouvre de gomme au moyen d'une solution gommeuse dans laquelle on les fait séjourner. Les grains mis dans l'eau lui communiquent rapidement la propriété de donner un précipité blanc par l'alcool.

Le poivre en poudre est mélangé de tourteaux de chènevis réduits en poudre ; par suite de cette addition le poivre ne tarde pas à prendre une odeur rance désagréable ; mais il est surtout allongé au moyen d'une poudre dite *épice* ou *terre d'Auvergne*, dont la composition est assez complexe et constituée en totalité par des résidus de fabrication d'huile ou de fécule. On remplace même complétement cette préparation par de la *terre pourrie*. On y mêle de la fécule, des grabeaux de poivre ; en Algérie on falsifie le poivre par de la semoule et des débris de riz. Pour reconnaître ces fraudes il suffit en général du goût et de l'odorat. On peut passer au travers d'un tamis qui retient les débris les plus volumineux, et dont on peut alors constater la nature étrangère au poivre, soit à l'œil nu, soit au moyen d'une loupe.

Au moyen d'une pâte formée de gluten et d'amidon on a imité le poivre blanc ; les grains factices se désagrégent immédiatement dans l'eau. Les Hollandais pour lui donner plus de poids, le recouvrent de céruse qu'ils fixent au moyen d'un mucilage de gomme arabique. Ces grains noircissent immédiatement quand on les met en contact avec de l'eau tenant en dissolution du sulfure de potasse.

Quant au poivre long son usage est bien moins répandu, et nous ne savons pas qu'on aie jamais cherché à lui substituer d'autres substances.

Piment. — Sous le nom de *poivre de la Jamaïque*, on emploie pour les mêmes usages que le poivre le fruit d'un arbre de l'Amérique du Sud et qui est cultivé à la Jamaïque; c'est le *myrthus pimenta* dont les baies sont petites, globuleuses, sèches, à surface ridée, noirâtres, d'une odeur aromatique et d'une saveur piquante.

Le *poivre de Guinée* est le fruit du *capsicum annuum*. Le *piment enragé* est le fruit du *capsicum frutescens* dont les fruits rouges sont excessivement âcres et rubéfiants. Les Anglais et les Indiens l'emploient depuis longtemps et aujourd'hui il commence à se répandre en France; les fruits sont des capsules allongées, luisantes, rouges, ridées et contiennent une matière pulpeuse dans laquelle sont logées les graines. Comme la précédente cette substance jouit de propriétés stimulantes énergiques.

PONCE ou PIERRE PONCE.

Matière volcanique poreuse, la pierre ponce est en général d'un gris blanc, formée de filets rugeux, luisante, soyeuse, et d'une légéreté assez grande pour surnager l'eau; elle se trouve dans les environs des volcans, dans les Iles Lipari, de Vulcano, sur les bords de la Méditerrannée, en Italie près de Santa-Jiora, de Civitta, Castellano, près de Coblentz, d'Audemach en Allemagne, près du Mont-d'Or en Auvergne, en Islande et dans les Hébrides; on prétend que l'on en rencontre aussi dans les Iles Moluques, au Mexique et à la Guadeloupe.

Dans le commerce on en connaît trois espèces :

La *ponce grise*, qui nous vient de Naples, est ronde, à pores serrés; elle sert pour la chapellerie, d'azur des métaux, pour adoucir le parchemin et les peaux d'animaux; comme objet utile à la toilette, c'est la plus estimée.

La *ponce blanche*, qui est plus lourde, moins ronde, plus serrée, sert à polir les substances dures, les glaces, les marbres, les cristaux; elle se trouve surtout en Sicile.

La *ponce plate*, qui est la moins estimée, mais qui sert en général à divers polissages, nous vient de certaines contrées, a une dimension de 10 à 12 centimètres de large sur 30 à 40 centimètres de long. Ce produit a aujourd'hui moins d'emploi que jadis, mais cependant s'utilise journellement.

POTASSE.

Les potasses du commerce sont des sels que l'on emploie concurremment avec les sels de soude dans le blanchiment des toiles et du linge, dans le dégraissage des laines et une foule d'opérations industrielles.

Elles sont essentiellement composées de carbonate de potasse auquel se trouvent toujours mélangés en proportions variables du sulfate de potasse, du chlorure de potassium et du carbonate de soude. On y trouve aussi un assez grand nombre d'autres produits qui ne sont qu'accidentels, et parmi lesquels se trouvent les oxydes de fer et de manganèse qui colorent en rouge et en bleu les potasses inférieures.

Selon son origine, ou plutôt selon le mode de production, les anciens lui donnaient les noms de : *alcali fixe végétal, alcali fixe aéré, sous-carbonate de potasse, sel d'absinthe, sel de tartre, alcali dulcifié, nitre fixé par le charbon, nitre fixé par le tartre.*

Les potasses du commerce sont les *potasses d'Amérique, de Suède, de Finlande, d'Illyrie, de Russie ou d'Odessa ou de Kazan, de Pologne, d'Allemagne ou du Rhin, de Trèves, de Cologne, de Dantzic, de Toscane, des Vosges, etc.* Elles varient pour leur valeur qui est en raison directe de la quantité réelle d'alcali libre ou carbonaté qu'elles renferment. Elles diffèrent aussi par leur aspect qui s'éloigne plus ou moins, selon leur composition, de celui du *carbonate de potasse pur* qui est blanc, d'une saveur âcre, et qui est abandonné au contact de l'air humide, absorbe de l'eau et se liquéfie.

La potasse est retirée des cendres des végétaux. On lessive ces cendres de manière à les épuiser, c'est-à-dire à les dépouiller complètement de la potasse et malheureusement d'autres sels solubles qu'elles renferment, puis on évapore les lessives obtenues. Le résidu, qui porte le nom de *salin*, est calciné dans des fours et livré au commerce.

La potasse d'Amérique comprend : 1° le sel qui porte le nom de *potasse perlasse*. Cette potasse se présente en fragments blancs, durs, et quelquefois azurée ; elle vient de *New-York* ou de *Boston* ; la première est la plus estimée, la seconde est légèrement bleuâtre.

2° La potasse *rouge* qui est colorée en rouge, rose, bleu ou gris ; elle a en général conservé la forme des vases dans lesquels elle a été fondue.

Les potasses de Russie et de Pologne sont presque identiques, en morceaux irréguliers, friables, plus durs dans la première et toutes deux possédant une teinte bleuâtre. Cette teinte se rencontre encore dans les potasses d'Allemagne, de Dantzic, de Toscane, qui est en petites granulations ou en poudre, et qui peut être aussi violette, grise ou tout-à-fait blanche.

La potasse des Vosges est la plus répandue, c'est aussi celle qui contient le moins de potasse réelle; elle renferme une plus ou moins grande quantité de sel terreux dont la présence est due à une calcination insuffisante.

La lie de vin calcinée fournit par la décomposition de son tartre une potasse connue sous le nom de *cendres gravelées*; elle est poreuse, légère, friable et bleuâtre.

Dans le principe on falsifiait les potasses en y mêlant des substances inertes, comme de la brique, de la terre, du sable, qu'il était facile de reconnaître en traitant la masse par l'eau. Ces substances ajoutées frauduleusement pour augmenter le poids de la potasse ne se dissolvaient pas et tombaient au fond du vase où il était facile de les reconnaître. Les potasses contiennent toutes une certaine quantité d'eau inhérente à leur nature, mais on augmentait la proportion en les plaçant dans des lieux humides où l'eau était absorbée. Pour constater la présence d'un excès d'eau, il suffit de dessécher le produit dans une étuve et de considérer la perte que cette dessication lui a fait éprouver dans son poids. Les potasses ne contiennent en moyenne que 8 p. °/₀ d'eau, par conséquent toutes celles qui en contiendraient une proportion plus considérable devraient être regardées comme se trouvant dans un mauvais état de conservation.

Mais plus tard on y mêla des sels solubles de soude, comme les sulfates de soude, le sel marin, fraude grave qui dans certains cas peut faire manquer des opérations; il fallut alors chercher des moyens de constater la valeur réelle des potasses.

Pour atteindre ce but, Descroizilles publia en 1804 un procédé qui est aujourd'hui d'un emploi général dans le commerce; il consiste à faire usage d'une liqueur acide destinée à opérer la saturation de l'alcali.

Cette liqueur est préparée de la manière suivante : on prend 100 grammes d'acide sulfurique marquant 66° à l'aréomètre de Beaumé, et on l'étend d'eau de manière que le volume du mélange soit d'un litre; elle porte le nom de *liqueur d'épreuve* ou liqueur *alcalimétrique*.

On verse cette liqueur dans l'*alcalimètre* jusqu'au trait qui marque la division supérieure. Cet instrument se compose d'une éprouvette de verre, fermée par un bout et portant 72 divisions qui contiennent chacune 0,50 centigrammes de liqueur d'épreuve.

D'un autre côté on fait dissoudre dans de l'eau distillée 5 grammes de potasse à examiner, et on colore la solution avec un peu de teinture de tournesol. On verse l'acide de l'alcalimètre dans cette solution en agitant continuellement jusqu'à ce que la couleur bleue soit devenue *rouge pelure d'oignon;* on constate la quantité de liqueur alcalimétrique qui a été nécessaire à cette saturation. Si on a employé par exemple 50 divisions, on dit que l'alcali marque 50 degrés.

Tel est le procédé de Descroizilles; il a été modifié par Gay-Lussac. La nouvelle méthode donne la quantité réelle d'alcali libre contenu dans une potasse, mais il est d'un emploi plus difficile que le premier.

Dans l'emploi de la liqueur d'épreuve il faut prendre diverses précautions; il arrive que la liqueur alcaline bleue passe au rouge lie de vin avant que la saturation de l'alcali soit complète, ce qui est dû à ce qu'une certaine quantité d'acide carbonique déplacé par l'acide sulfurique est restée dans le liquide; aussi importe-t-il de bien saisir la nuance de ces deux couleurs : *rouge lie de vin* et *rouge pelure d'oignon*. Pour plus de sûreté il est bon d'opérer de la manière suivante : dès que la première teinte rouge a paru, on n'y verse plus la liqueur d'épreuve que goutte à goutte, et on agite de temps en temps avec une baguette de verre; on laisse tomber une goutte de la liqueur saturée sur un papier *bleu* de tournesol; on continue jusqu'à ce que la tache pelure d'oignon que ces gouttes produisent ne passe plus au bleu quand on chauffe le papier.

Les potasses françaises se vendent ordinairement aux 100 kilogrammes, 105 francs en moyenne; les potasses d'Amérique, qui sont inférieures, varient de prix suivant les arrivages; or ces produits n'ont de valeur qu'en raison de leur degré réel.

Il ne faut pas confondre la potasse avec un produit connu sous le nom de *potasse factice*, *potasse rouge d'Amérique; potasse des savonniers*, lequel est uniquement composé de soude et de sels de soude. Il est très-dur, d'une couleur rouge plus ou moins foncée et qu'il doit à de l'oxyde de cuivre; il est très-caustique et désorganise la peau. On le colore avec du sulfate de cuivre dont on détermine la réduction, c'est-à-dire que l'on opère les opérations de l'oxyde de cuivre en remuant quelque temps le bain de soude dans lequel on l'a mis avec un bâton de chêne.

Nous avons dit que les potasses sont toujours accompagnées de sels, comme sulfates et chlorures; pour les purifier, on les met en morceaux dans des entonnoirs en verre dont la douille est obstruée partiellement par quelques fragments de verre, et que l'on expose à l'air humide; on couvre les entonnoirs de papier, et on reçoit dans des récipients un liquide sirupeux qui s'écoule. Ce liquide que les anciens nommaient *huile de tartre par défaillance* contient le carbonate de potasse, un peu de chlorure de sodium, mais ne renferme pas de traces de sulfates. Il n'y a plus qu'à évaporer cette solution pour en retirer le carbonate de potasse.

POUDRE INSECTICIDE.

Les poudres insecticides vendues sous les noms d'*Insecticide*, *poudre Désille*, *poudre d'Apoil*, *poudre du Caucase*, *morto-insecto*, etc., sont connues depuis une quinzaine d'années en Allemagne où on avait depuis longtemps reconnu la propriété destructive qu'elles exercent sur les insectes et particulièrement les *punaises*, les *puces*, etc. Jadis connue sous le nom de *poudre persique*, cette poudre fut mise en vogue par un Viennois qui sut l'exploiter et tirer une fortune considérable de cette exploitation avant de livrer au public le secret de sa composition. Cette poudre exerça quelque temps la sagacité des savants; c'est qu'en effet elle présente une particularité que l'on trouve rarement dans les substances aussi actives. Malgré l'action mortelle et rapide qu'elle exerce sur les insectes parasites, elle est inoffensive pour l'homme qui peut ainsi la répandre autour de lui, sur ses meubles et dans son lit, sans avoir à craindre de s'empoisonner lui-même.

Cette poudre est le résultat de la pulvérisation de quelques variétés de pyrèthre, plantes appartenant au genre anthémis et à la famille des synanthérées. Ces plantes croissent en Asie, en Turquie, et dans l'orient de l'Europe; elles présentent des tiges couchées à feuilles divisées et assez semblables à celles de la camomille romanée *(anthemis nobilis)* qui appartient au même genre.

Ces poudres sont réduites en poussière par les fabricants et vendues en boîtes de carton, de bois ou de fer-blanc. On les projette sur les meubles à préserver au moyen d'un petit soufflet, quelques négociants même les répandent dans le commerce dans des boîtes qui ont la forme du soufflet, et qu'il suffit de percer à leur pointe pour faire fonctionner.

RACAHOUT.

On nous a souvent demandé ce que c'est que le *racahout dit des arabes?*

Selon quelques personnes, il entrerait dans cette préparation de la poudre et de la farine de gland, mais les essais que nous avons fait, nous ont démontré que cette matière alimentaire dans laquelle on fait entrer du gland a mauvais goût.

Nous savons qu'on a obtenu un racahout qui avait une saveur très-agréable, en exécutant la formule suivante :

Salep de Perse . . . . 16 gr.
Cacao caraque 64
Fécule de pommes de terre 48
Fleur de riz 60
Sucre en poudre 250
Vanille . . . . 5 décigr.

Faisant du tout une poudre homogène et finement broyée.

Une espèce de racahout qui portait le nom d'*ardi dakik,* fournissait un bon aliment.

La formule de cette composition qui a été exécutée par les inventeurs en présence de M. Chevallier père, est la suivante :

Cacao	1 kilogr.	300 gr.
Sucre	5	625
Fécule	3	500
Vanille	0	16

On conçoit qu'on pouvait préparer des produits arabiques en faisant varier les poids des matières féculentes diverses, et les mêlant à des cacaos en poudre, du sucre et des aromates

RAISINÉ.

Le raisiné est une confiture demi-solide analogue aux marmelades et que l'on prépare en évaporant le moût de raisin en consistance convenable.

On divise en deux parties le moût que l'on veut transformer en raisiné; on en porte une à l'ébullition dans une bassine étamée, et on modère les bouillons par l'addition de l'autre moitié du moût ajouté par portions successives. Lorsque tout est introduit, on écume à plusieurs reprises et on passe à travers un linge serré. On porte de nouveau le liquide filtré sur le feu et on évapore lentement en remuant continuellement avec une spatule en bois, jusqu'à ce qu'une portion déposée sur une assiette, prenne par le refroidissement la consistance de marmelade ; on reconnaît le point de cuisson en entretenant l'évaporation jusqu'au moment où, déposé sur une assiette de porcelaine, le produit ne laisse plus dégager d'humidité, et qu'il produit autour de lui une espèce d'auréole due à la vapeur d'eau,

On prépare le raisiné de fruits, aux pommes, aux poires, aux abricots, etc., en les pelant et en les divisant par quartiers, puis en les introduisant dans le moût après sa clarification, on évapore jusqu'à consistance convenable.

Dans quelques contrées, on fait avec le jus des cerises une préparation entièrement semblable, et qui est connue sous le nom de *cerisé*. Le cerisé se présente sous forme de bouillie noire, d'une odeur faible mais agréable, d'une saveur sucrée et un peu acide; c'est un aliment qui a assez bon goût, on le trouve particulièrement en Bretagne.

Le raisiné peut contenir du cuivre, ce qui tient à ce qu'on le prépare dans des bassines de ce métal non étamées ou mal étamées. On reconnaît la présence du cuivre en réduisant le raisiné en cendres, le traitant par l'acide chlorhydrique, en filtrant la solution et évaporant pour chasser l'excès d'acide; le résidu repris par l'eau donne quand on le traite par l'ammoniaque, une coloration bleue et un précipité brun-marron par le cyanoferrure de potassium.

RAISINS SECS, *voyez* **Fruits secs.**

RÉGLISSE (Sucs de Réglisse).

La réglisse est la racine d'un arbuste qui croît dans le midi de la France et en Espagne. Le *glycyrrhiza glabra* qui la fournit est composé de racines longues, cylindriques, rampantes et qui donnent naissance à des tiges droites, de trois à quatre pieds de haut.

Il y a quatre sortes de réglisse :

1° La *réglisse de Bayonne,* qui est en racines longues;

grisâtres extérieurement et d'un beau jaune à l'intérieur, en bottes volumineuses dans lesquelles elles sont souvent pliées en deux ;

2° La *réglisse d'Alicante,* qui diffère peu de la précédente, mais qui est cependant ordinairement moins grosse. Il y en a deux sortes : la *grise* et la *brune;*

3° La *réglisse de Catalogne,* analogue à la réglisse de Bayonne et souvent mélangée de débris ou de petites racines ;

4° La *réglisse de France,* qui est longue, grosse, brunâtre à l'extérieur et jaune en dedans. Elle a un goût très-agréable, bien qu'elle soit un peu moins sucrée que les *réglisses d'Espagne.* Dans le commerce elle se vend sèche ou fraîche en grosses bottes.

La racine de réglisse est traversée par un grand nombre de petits vaisseaux serrés les uns contre les autres et contenant un suc épais et sucré. Elle est employée dans la préparation des boissons communes (1). Elle sert en médecine à édulcorer des tisanes, et dans l'industrie à préparer le suc noir ou suc de réglisse.

Cette substance est quelquefois mélangée ou même tout-à-fait remplacée par une racine analogue connue sous le nom de *réglisse de Russie* et qui est fournie par la *glycyrrhiza echinata.* Cette dernière racine est plus grosse que la *réglisse,* très-sucrée mais n'a pas l'odeur et la saveur particulières à cette dernière. On la distingue de la vraie réglisse par sa légèreté plus grande

---

(1) **A Paris,** cette racine sert à préparer un liquide sucré qui est connu sous le nom de *coco,* liquide qui se vend en de très-grandes quantités, mais qui, à l'époque actuelle, perd de sa popularité.

et par l'absence de l'écorce extérieure qu'on a eu soin d'enlever avant de la livrer au commerce.

La poudre de réglisse offre plus de prise à la falsification ; aussi les fraudeurs s'y sont-ils attachés spécialement. Cette poudre a été mélangée de poudre de bois de diverses natures, et notamment de poudre de gayac, suivant M. Peltier, de Douai.

Pour reconnaître la présence de cette dernière, on met la poudre suspecte en contact avec de l'alcool pendant 24 heures en ayant soin d'agiter de temps en temps. On filtre le liquide alcoolique et on y verse un peu de liqueur de Labarraque (chlorure de soude) ; si la poudre est pure de tout mélange il ne se manifeste rien de particulier ; mais, si elle contient du gayac, il se développe une couleur bleue ou verte d'autant plus intense que la proportion de poudre de gayac est plus considérable.

On l'a quelquefois mélangée de poudres minérales, de laque jaune ou stil de grain, mais ces mélanges sont heureusement fort rares.

Pour déceler ces fraudes, on met la poudre dans un appareil à déplacement, c'est-à-dire dans un entonnoir en verre dont on a obstrué la douille par un peu de coton, et on verse dessus de l'eau chaude jusqu'à ce que le liquide, qui sort par en bas, passe clair et incolore ; on évapore à une douce chaleur les liqueurs qui ont passé et on achève la concentration et la dessication de l'extrait dans une étuve. La quantité d'extrait sec fourni par une poudre de réglisse de bonne qualité ne doit être que de peu inférieure à 1/3 de son poids.

Pour reconnaître le stil de grain, il suffit de verser de l'acide chlorhydrique sur la poudre ; il se développe une effervescence qui révèle la fraude. En délayant dans de l'eau distillée la poudre humectée d'acide on obtient par la filtration une liqueur qui donne des précipités blancs par l'ammoniaque et l'oxalate d'ammoniaque.

Sucs de Réglisse.

Le *suc de réglisse* aussi appelé *réglisse noire*, qui devrait plutôt porter le nom d'*extrait de réglisse*, se prépare dans les arts par la décoction de la racine et par l'évaporation des liqueurs.

Le suc de réglisse ordinaire est sous forme de billes ou de bâtons de 5 à 15 centimètres de longueur et du poids de 60 à 120 grammes, un peu aplatis, arrondis aux deux bouts et portent une impression de cachet avec le nom du lieu où on les a fabriqués. Il est sec, noir, brillant, à cassure nette et lisse; sa saveur est douce et sucrée; il est presque totalement soluble dans l'eau.

Sous le nom de *sucre-réglisse à la violette* et de *suc de réglisse anisé*, on vend des préparations faites avec du suc de réglisse, de la gomme, du sucre et de la poudre d'iris ou de l'essence d'anis.

La première se vend sous forme de petits cubes ou en grains; la seconde est en petits bâtons arrondis ou en cylindres très-fins et roulés en spirale.

Les sucs de réglisse sont de deux sortes :

Les *sucs étrangers* et les *sucs français*. Les premiers viennent d'Italie, d'Espagne, de Grèce; ils portent les marques : *Cassano, Palma, Carafa, Longo, Pastora, Lucia,* etc. (1).

---

(1) A l'époque actuelle tous ces noms ne peuvent faire connaître l'origine d'un extrait de réglisse; en effet, on les applique aux extraits préparés en France.

Tous les sucs de réglisse qui portent ces marques ne sont pas de la même qualité ; ceux de qualité inférieure ont passé par les mains de certains industriels nommés refondeurs. Leur industrie consiste à acheter des sucs de bonne qualité, à les faire refondre et à les évaporer de nouveau en y incorporant de la fécule, des farines, des gommes, sous prétexte que les sucs de réglisse purs sont âcres et d'une conservation difficile. Ces extraits refondus et mêlés ont la même forme que les extraits qui n'ont pas subi cette opération.

Pour reconnaître la fécule et la **farine** d'addition dont la proportion est souvent très-considérable, il faut faire dissoudre le suc dans de l'eau, recueillir, laver, faire sécher et peser le dépôt qui se forme au fond du vase.

On tolère dans la fabrication du suc de réglisse l'emploi d'une certaine quantité de fécule ; aussi voit-on sur les bâtons livrés au commerce le chiffre 70, qui indique que cet extrait contient 70 parties d'extrait soluble et 30 de matières insolubles provenant et de la racine et de l'addition faite à l'extrait.

On sépare aussi par l'eau les matières minérales ou organiques : la paille, le sable, le cuivre détaché des bassines ; ces additions donnent du reste au produit une couleur grisâtre ; il devient mou et sa cassure n'est plus que terne et grumeleuse.

Telle est la fraude la plus commune. Cependant on a quelquefois allongé le suc de réglisse par du suc de pruneaux évaporé, des extraits de caroubiers, de châtaignes, de la glucose, du suc d'une plante fourragère.

Quand le suc est pur il est sec, ne s'attache pas aux doigts et casse comme du verre ; quand il est allongé, comme nous venons de le dire, il est humide, visqueux et s'attache aux doigts; il a ordinairement une odeur et une saveur qui rappellent les plantes ou sucs qui 'ont servi à la fraude.

Le suc de réglisse contient ordinairement des parcelles de cuivre enlevées mécaniquement aux vases qui ont servi à le préparer; il en contient généralement peu; et bien que ce mélange ne soit pas dangereux, on conçoit que le meilleur suc de réglisse, sous ce rapport, est celui qui en contient le moins ou qui n'en contient pas.

Pour constater la proportion de cuivre que le suc contient, on en prend une certaine quantité que l'on fait fondre dans assez d'eau pour que la solution ne soit pas visqueuse. Le cuivre tombe au fond par le repos; on décante avec soin le liquide qui surnage et on le remplace par de l'eau; on recommence la même opération jusqu'à ce que le précipité soit entièrement débarrassé du suc de réglisse, on le dessèche à une douce chaleur et on le pèse.

ROCOU.

Le rocou est une substance colorante extraite des fruits du *bixa orellana*, arbuste originaire de Cayenne et des Antilles. Le rocou est d'une consistance butyreuse, sous forme de pains de trois ou quatre livres; il est intérieurement d'un rouge sanguin et présente quelques points blancs dus à du chlorhydrate d'ammoniaque. Quand on le traite par une dissolution de carbonate de potasse ou de soude, sa couleur passe au jaune doré. Il est soluble dans l'eau, l'alcool, l'éther, les huiles fixes et essentielles, et ses dissolutions sont jaune orange et passent au bleu indigo quand on les traite par de l'acide sulfurique.

Le rocou est employé dans la teinture et sert à préparer quelques couleurs à l'eau et à l'huile ; il sert à colorer le beurre, les vernis, les cirages pour parquets ; les anglais l'emploient pour colorer leurs fromages.

Cette substance est souvent mélangée frauduleusement d'*ocre rouge*, de *colcothar*, de *bol d'Arménie*, de *brique pilée*, dont on a résumé la quantité par l'incinération. On prend un creuset de porcelaine que l'on tare et on y brûle 5 grammes de rocou ; après la destruction complète des matières organiques, on laisse refroidir le creuset et on le pèse ; le poids des cendres s'obtient par différence. Les bons rocous n'en donnent jamais plus de 13 pour cent. On le fraude encore en introduisant une grande quantité de feuilles de roseau dans les barils qui le renferment ; les bons rocous ne doivent pas en contenir plus de 6 pour cent.

On détermine la richesse tinctoriale d'un rocou par un essai comparatif : on prend 5 grammes bien desséchés de rocou de bonne qualité et la même quantité de celui que l'on soumet à l'expérience, on les laisse en contact avec de l'alcool jusqu'à ce qu'ils soient épuisés, c'est-à-dire jusqu'à ce qu'ils ne cèdent plus de matière colorante à ce liquide. On filtre alors ces deux liquides alcooliques et on les introduit dans deux tubes de diamètres égaux, fermés à la partie inférieure. On verse de l'alcool dans celui qui est la plus forte en couleur, jusqu'à ce que les deux couleurs soient d'une teinte égale. La hauteur des liquides dans les tubes donne la proportion d'alcool employé à cette opération ; le meilleur rocou est celui qui en exige davantage ; les deux puissances tinctoriales des deux rocous sont en raison directe de la hauteur de la colonne.

SAFRAN.

Le safran est une substance précieuse dans les arts à cause de la matière colorante jaune qu'il renferme. Il se compose des stigmates, c'est-à-dire des lanières jaunes ou rouges qui surmontent l'organe central des fleurs produites par le *crocus sativus,* plante qui appartient à la famille des iridées.

Le safran possède une odeur forte *sui generis;* il cède à l'eau une matière colorante jaune; cette matière colorante est plus soluble dans l'eau chaude, dans l'alcool, les huiles et les essences, et est peu soluble dans l'éther. Quand on traite une solution de safran par l'acide sulfurique, la couleur passe au bleu, puis au violet; par l'acide citrique, au vert pré.

La poudre de safran est d'un rouge écarlate et colore la salive en jaune.

Il y a dans le commerce trois espèces de safran :

1° Le *safran gâtinais,* qui vient du Gatinais et qui est le plus aromatique, est le plus riche en principe colorant; ses filets sont longs et épais, rougeâtres dans toute leur étendue à l'exception des extrémités qui sont ordinairement d'un beau jaune. Il est presque toujours humide.

2° Le *safran du Comtat* ou *d'Angoulême* est moins aromatique, plus sec que le précédent; il est en filets longs, grêles et rouges, et est mêlé d'un grand nombre de filets complètement jaunes.

3° Le *safran d'Espagne* est épais, long, assez semblable au safran gâtinais, mais plus uniformément rouge et beaucoup plus sec.

Contrairement à l'habitude qu'ont certains négociants

de le conserver dans des lieux humides pour lui donner plus de poids, le safran doit être conservé dans des boîtes en bois. L'humidité lui fait éprouver une espèce de fermentation qui lui communique une odeur aigre désagréable.

Le safran est l'objet d'un grand nombre de falsifications: on a trouvé du safran imbibé d'huile dans le but, disait-on, de lui conserver son principe colorant. *On l'additionne d'eau, on le prive d'une partie de sa matière colorante, on le mêle de fleurs de safran bâtard ou carthame (carthamus tinctorius), de pétales de souci, de sable, de fibres de chair musculaire colorées et desséchées.*

Le safran mouillé ou *gorgé* d'humidité se reconnaît facilement à ce qu'il tache les doigts et le papier en jaune.

Le safran huilé laisse des taches graisseuses, transparentes sur le papier entre les feuilles duquel on le comprime.

Le safran auquel on a enlevé une partie de son principe colorant ne jaunit que faiblement la salive; il donne avec l'eau un liquide peu foncé en couleur, et sur lequel l'addition de l'acide sulfurique n'a plus aucune action. Souvent la couleur des filaments est inégale, tandis que celui qui n'a pas subi cette fraude possède une teinte uniforme. On peut apprécier la quantité de matière colorante qui a été soustraite en traitant comparativement par la même quantité d'eau des poids égaux de safran de bonne qualité et de safran suspect.

On reconnaît les fleurs de carthame par l'examen attentif. Ces fleurs sont *tubulées*, tandis que le safran se présente sous forme de lanières plates réunies trois par trois par leurs bases. Elles n'ont pas la saveur ni l'odeur du safran.

Les pétales de souci sont des lames plates dentées à leur extrémité supérieure. On reconnaîtrait de même les fleurs de chardon des teinturiers qui ont été quelquefois mêlées au safran.

Le sable ou tout autre corps lourd et insoluble se reconnaîtrait en délayant le safran dans l'eau; le sable se précipite au fond. On pourrait même simplement l'agiter sur un tamis au-dessus d'une feuille de papier.

Pour reconnaître les fibres musculaires, il suffit de placer le safran sur une plaque métallique chauffée, les fibres se contournent et se meuvent, ce qui n'arrive pas au safran.

SAGOU.

Le sagou est une substance alimentaire se présentant sous la forme granulée. Ce genre de fécule est fourni par le *palmier sagus farinifer*, d'après Rumphius; ce palmier, en France, est connu sous le nom de palmier sagouier ou plutôt sagoutier. Il croît surtout aux Iles Moluques ; lorsqu'il a 13 à 15 ans, on le fend par le milieu, on retire du tronc la moëlle, puis on la place dans des sacs de crin, on en opère le lavage, on obtient alors une fécule que l'on dessèche, puis que l'on graine selon la méthode du pays. Le sagou fut importé en France vers 1734. Ce fut le maréchal duc de Noailles qui en fut l'introducteur; déjà il y avait trois ou quatre ans qu'on le connaissait en Angleterre. Le sagou se présente en grains sphéroïdaux irréguliers blancs ou rosés, insolubles dans l'eau froide, le gonflement qu'il prend dans un liquide bouillant, en a fait une pâte alimentaire. On connaît le sagou rouge et le sagou blanc ; la coloration du premier est due à une certaine torréfaction qu'on lui a fait subir.

M. Guibourt parle aussi d'un *sagou tapioca*, il est différent du précédent, par la coloration bleue intense qu'il prend par l'eau iodée.

On a falsifié les sagous par des fécules, mais cette fraude est facilement reconnaissable au microscope, la granulation du sagou pur n'étant plus la même.

SALEP.

Ce produit alimentaire nous vient de la Perse, de l'Anatolie, de l'Asie-Mineure, il est extrait surtout de l'*orchis mascula*, a la forme de grains ovales, jaunes blanchâtres, demi-transparents, se trouve dans le commerce en chapelets, et présente des grains orbiculaires palmés.

Les bulbes de l'orchis ayant la grosseur d'une noisette, sont d'abord nettoyés et pelés, puis exposés au soleil afin de perdre leur eau, elles deviennent alors grisâtres, transparentes comme les gommes. Une fois sèche, on réduit la bulbe en poudre, puis par lavage, on sépare la fécule ; ces produits séchés puis broyés, sont grainés au tamis.

En présence de l'eau bouillante, elle donne une gelée qui, aromatisée et sucrée est assez agréable.

Les orchis en France pourraient donner du salep, comme l'ont démontré Geoffroy, Retzius, Coste et Villemet, Bodard, Mathieu de Dombasle, de Marsillac, Chevallier père, etc.

Des orchis récoltés dans un voyage fait par ce dernier savant en Auvergne, où ils sont en immense

quantité, présentaient tous les caractères des saleps d'O-
rient. La quantité de ce produit importé en France
est peu considérable, car en 1856, elle ne fut que de
3,712 kil. vendu 19,032 fr. Un salep s'il était obtenu en
France, deviendrait un produit alimentaire qui, dans
beaucoup de départements, pourrait avoir une assez
grande importance.

Le salep d'Orient à l'état de fécule, a été parfois additionné d'autres fécules, mais comme il contient peu
d'amidon, cette fraude se reconnaît facilement par la
teinte bleue qu'il prend en présence de l'eau iodée, couleur caractéristique des fécules.

D'après Brande d'Hœxter, on l'a parfois mélangé de
gommes, de mucilage de coings, de colle de poisson.
Ces additions sont faciles à reconnaître par le microscope, et parce qu'il n'a plus la dureté qui lui est particulier.

SAUMURE, *voyez* **Poissons conservés.**

SAVONS.

Les savons sont des corps onctueux, solubles dans
l'eau et que l'on avait regardés pendant longtemps
comme de simples mélanges de matières grasses avec
des alcalis. Les travaux des chimistes nous ont éclairé
sur la véritable constitution de ces corps, et ont fait
voir que ce sont de véritables sels résultant de la combinaison des alcalis avec des acides gras auxquels on a
donné les noms d'acides oléïque, margarique, stéarique,
qui se sont formés sous l'influence de la chaleur et des
corps employés à la saponification.

Le nom de savon a été étendu à tous les corps gras
ayant une composition analogue; ainsi les produits de

la combinaison des acides gras avec les oxydes de plomb, de fer, sont des savons de plomb et de fer.

Les savons de potasse de soude et d'ammoniaque sont seuls solubles dans l'eau ; nous ne parlerons que des deux premiers savons à base de soude et de potasse, parce que ce sont les seuls qui soient répandus dans le commerce.

On distingue les savons en *savons durs* et en *savons mous* ; les premiers sont à *base de soude* et les seconds à *base de potasse*. Les savons mous sont dits savons *verts* ou *noirs*, ils sont employés surtout dans les pays du nord; en France, on n'emploie guère que les savons durs.

Les savons mous sont fabriqués avec de l'huile d'olive à laquelle on ajoute souvent 1/5 d'huile de graines pour rendre la coupe du savon plus douce en diminuant sa consistance dans le même but. On y ajoute aussi parfois de la soude et de la chaux vive.

Les savons durs se distinguent en savon *blanc* et savon *marbré* ou de *Marseille*, du nom de cette ville, où cette industrie a pour ainsi dire pris naissance, et où la fabrication a acquis des proportions colossales.

Les marbrures de savon sont dues à une sorte de cristallisation des corps colorants tels que : alumine, protoxyde et sulfure de fer. On distingue le savon marbré en *bleu pâle* et en *bleu vif*, nom qu'il tire de l'intensité de la teinte de la marbrure.

Dans la préparation du savon blanc, on évite la formation de ces marbrures, en délayant la pâte dans des lessives faibles, en ménageant la température et en laissant précipiter par le refroidissement l'alumine et le fer.

Les savons mous sont fabriqués avec des huiles de chénevis, d'œillette et de colza, on en prépare aussi de grandes quantités avec les résidus de la préparation des bougies stéariques. Ces savons contiennent un excès d'alcali, ont une belle couleur vert-noirâtre qu'ils doivent à la présence des sels de fer. Quand ils ne sont pas assez colorés, on y remédie au moyen de l'indigo ou du sulfate de fer et de la noix de galle; on fait même usage du sulfate de cuivre.

Les savons de toilette sont aussi à base de soude (savons de *Windsor*, à la *rose*, au *bouquet*, d'*amandes amères*), ou à base de potasse (savons *mou*, *nacré*, *crême d'amandes*). Les huiles fines d'amandes, de noisettes, de palme, d'olives, servent à préparer les savons de soude; les savons de potasse sont ordinairement préparés avec le saindoux. Ces savons sont aromatisés avec diverses essences; quelques-uns sont transparents, ils contiennent de l'alcool en quantité plus ou moins considérable; quant on veut les colorer, on emploie des dissolutions alcooliques colorées.

En outre des savons employés pour le savonnage, il existe des savons de résine dans la préparation desquels la résine entre pour la plus grande partie. On trouve aussi des *savons ponce* dans lesquels on a incorporé à dessein des substances siliceuses; enfin, on prépare des savons avec des résidus graisseux d'origine animale et végétale dont la soude et la chaux forment la base, mais ces savons ont une odeur désagréable qui les fait reconnaître; on a essayé de masquer l'odeur par la poudre d'*iris*.

Le savon est souvent allongé d'eau; pour augmenter son poids, on y incorpore aussi des matières peu

coûteuses, telles que *farine, fécule, alumine, silex, talc,
terre à foulon blanche, terre de pipe, terre glaise, chaux,
plâtre, sulfate de baryte.* Un autre genre de falsification
repose sur la substitution des huiles de graisse aux huiles d'olives ou amandes douces ou autres matières d'une
valeur moindre.

La proportion d'eau que l'on fait absorber au savon est
quelquefois considérable, et les vendeurs le conservent
dans des caves humides. Ce savon est mou, se laisse
pétrir par les doigts auxquels il adhère; pour reconnaître la quantité d'eau qu'il contient on râcle la surface
du savon, on pèse une certaine quantité de *râclures*,
et on les dessèche dans une étuve ou dans un courant
d'air, la perte du poids indique la proportion d'eau que
le savon contenait.

Le savon de bonne qualité étant entièrement soluble
dans l'alcool, il suffit de dissoudre dans ce liquide une
certaine quantité du savon suspect, les matières étrangères, fécule, talc, chaux, plâtre, restent pour résidu
et on constate leur nature par un examen spécial.

Pour reconnaître avec quelles matières grasses les
savons ont été préparés, il n'y a qu'un moyen, c'est de
décomposer le savon par un acide et d'examiner particulièrement l'acide gras qui a été éliminé; toutefois,
nous devons dire que cette opération est difficile. Cependant on peut déterminer si un savon a été préparé
avec le liquide ou une graisse concrète; on fait fondre du
savon dans de l'eau et en y versant quelques gouttes d'acide sulfurique qui le décompose et recueillant la matière grasse avec une spatule à laquelle elle s'attache.
On détermine alors à quelle température cette matière
entre en fusion, et le point de fusion indique si la

matière était solide ou liquide ; l'odeur qu'ils développent indiquent aussi quelquefois leur nature. On observe la consistance de la matière et dans ce cas de mélange d'huile et de graisse solide, on aurait une masse d'autant plus compacte qu'elle contiendrait moins d'huile ; pour faire cette opération, il est indispensable d'opérer à une bonne température.

Lorsqu'un savon vendu pour savon de soude contient une certaine quantité de potasse, sa consistance est moindre, et ce savon est d'autant plus mou qu'il contient une plus grande quantité de potasse.

Pour reconnaître si un savon contient de la matière grasse non saponifiée, on décompose le savon par un acide, on lave les acides gras qui se sont séparés, et on la combine à de la baryte. On traite ce nouveau savon par de l'alcool qui ne dissout que la matière grasse non saponifiée.

On connaissait jadis dans le commerce sous le nom de *savon à détacher* une préparation qu'on fabriquait en prenant : de la glaise à foulons, 2 parties, soude d'alicante, 1 partie, et savon blanc, 1 partie ; on en opérait le mélange sur une plaque de marbre, au moyen de la molette et en humectant peu à peu la pâte, lorsque le broyage était achevé, on coulait en pains et on laissait sécher.

Lorsqu'on désirait enlever une tache nouvellement faite, on prenait une certaine quantité de ce savon, et l'on frottait avec les doigts pour le faire pénétrer dans l'étoffe ; au bout de quelque temps, on frottait avec une brosse jusqu'à ce que la tache ait disparu. Lorsque la tâche était ancienne, on délayait ce savon à l'eau chaude, et on frottait la tache avec le liquide obtenu, puis on laissait sécher à l'ombre.

SEL COMMUN.

Le sel commun, appelé aussi *sel marin*, *sel de cuisine*, est de tous les sels solubles dans l'eau celui qui est le plus répandu dans la nature. Les eaux de la mer en contiennent des quantités énormes et fournissaient autrefois la plus grande partie de celui qui est versé dans le commerce. A l'époque actuelle les sels gemme suppléent au sel marin pour l'alimentation. On sait qu'il existe au sein de la terre en quantités très-considérables, comme à Wielizka en Pologne, à Cardoma dans la Catalogne, où on l'exploite depuis des siècles au moyen de galeries. A Vic, à Moyenna, à Dieuze, à Saint-Nicolas (Meurthe), certaines sources salées en fournissent par l'évaporation et la concentration assez pour suffire à une exploitation. Ce sel cristallise en cubes blancs quand il est pur, gris quand il est moins pur. Ces cristaux sont inodores, d'une saveur franche bien connue, ne renfermant pas d'eau de cristallisation, mais de l'eau interposée qui leur donne la propriété de décrépiter sur des charbons ardents.

Le sel que l'on retire des mines porte le nom de *sel gemme*; il diffère du sel retiré des eaux de la mer en ce qu'il ne renferme pas d'eau d'interposition, et que par conséquent il ne décrépite pas par la chaleur; ce sel a une couleur blanche.

On le retire des eaux de la mer par l'évaporation qui se fait en été dans les marais salants. S'il provient des côtes de l'ouest, il constitue le *sel gris* dont la nuance varie du gris très-foncé au gris très-clair. Les salines du midi le fournissent blanc, en cristaux tantôt volumineux, tantôt menus que l'on obtient en les séparant des premiers par un criblage.

Les sels ainsi obtenus ou sels bruts ne sont pas purs; ils renferment de plus ou moins grandes quantités de sulfate de magnésie, de chlorure de magnésium, de sulfate de chaux et de soude, et de matières insolubles, substances dont la proportion influe sur sa qualité. Un égouttage prolongé enlève une partie du chlorure de magnésium qui est déliquescent; le raffinage en fait disparaître les dernières traces. Cette opération consiste dans une nouvelle dissolution du sel pendant laquelle se précipitent les matières insolubles, et une nouvelle évaporation de la liqueur.

Les sels raffinés du commerce se font remarquer par leur cristallisation en trémies larges et légères, moyennes ou petites; on les trouve aussi en petits cristaux blancs, très-menus, et constituant le *sel fin*. Les plus beaux sels raffinés viennent du nord où l'on donne souvent aux cristaux de grandes dimensions, parce que dans ces contrées le sel se vend à la mesure et non au poids.

A Paris on a calciné les sels de morue pour détruire les matières organiques qu'ils renferment, puis on a fait dissoudre le produit calciné qui fournissait ainsi un sel blanc d'une pureté remarquable.

Nous avons dit que les sels gemme donnaient des sels de couleur blanche; les sels des marais salants ayant une couleur grise; pendant longtemps, et encore aujourd'hui, le consommateur donne la préférence au sel légèrement coloré, dit sel gris; pour faire concurrence au sel marin, les compagnies qui exploitent le sel gemme ont pris le parti assez singulier, et que l'on pourrait qualifier de fraude, de salir les sels obtenus avec une certaine quantité d'argile, de sorte que l'épicier croit quelquefois acheter du sel marin, tandis qu'il reçoit du sel des mines de la Meurthe, *grisés* par de l'argile.

Le sel de cuisine sert comme condiment dans la préparation de nos aliments; il est employé dans la médecine vétérinaire, le chaulage des blés, dans l'industrie, dans les arts et dans les laboratoires de chimie.

Par défaut de soin dans l'entretien des appareils de raffinage, le sel dissout et retient quelquefois du cuivre, du plomb, du fer, du zinc. Pour constater la présence de ces métaux, il suffit de faire dissoudre le sel dans l'eau et d'essayer la liqueur par les réactifs ordinaires. Elle se colore en bleu par l'ammoniaque quand elle contient du cuivre, en bleu par le cyanoferrure de potassium quand elle contient du fer, précipite en jaune par l'iodure de potassium quand elle contient du plomb, et en blanc par l'hydrogène sulfuré quand elle contient du zinc.

A une certaine époque on trouva dans du sel livré au commerce de l'arsénic en assez grande quantité pour déterminer des accidents et même causer la mort. La livraison de ces sels, qui avaient été préparés dans un laboratoire de chimie où l'on traitait des produits arsénicaux, avait donné lieu à un mélange toxique. Ce sel arsénié, expédié dans le département de la Marne, donna lieu dans les localités où il fut vendu au détail à une épidémie.

Le sel marin a été l'objet de fraudes nombreuses surtout à Paris. On y a mêlé du sulfate de chaux, du plâtre cru, des sels de varechs, de la terre, de l'argile, du grès en poudre, de l'alun, du sulfate de soude, du chlorure de potassium, des sels blancs résultant de l'extraction du salpètre, des sels de morue; enfin on augmente journellement encore son poids en le chargeant d'eau.

Pour reconnaître le sulfate de chaux, le plâtre, le grès
et l'argile, on dissout le sel dans l'eau; ces matières,
qui sont insolubles, se précipitent et on les recueille
sur un filtre; on peut, si on veut, après avoir lavé le
précipité, le dessécher et le peser ensuite.

Les sels de varechs contiennent des iodures et des brômures. Pour reconnaître les iodures, on fait dissoudre
le sel dans de l'eau d'amidon, et on verse dans la solution un peu d'eau de chlore; le mélange devient bleu.

Pour reconnaître les brômures, on pulvérise le sel,
on en fait un petit cône que l'on pose sur une assiette
et au sommet duquel on verse de l'eau amidonnée, chlorée, il prend alors une couleur jaune que ne prend pas
le sel pur.

Les sulfates, comme l'alun et le sulfate de soude, se
reconnaissent au précipité blanc que forme dans la
solution le chlorure de baryum, de plus l'alun précipite
en blanc par l'ammoniaque, et le sulfate de soude en
certaine proportion rend le sel marin efflorescent à l'air,
c'est-à-dire que ses cristaux se couvrent d'une poudre
blanche par la perte d'une partie de l'eau de cristallisation.

Pour reconnaître les sels de salpètre, on mêle au sel
un peu de limaille de cuivre et de l'eau. Ce mélange
traité par l'acide sulfurique dégage des vapeurs rouges
(vapeurs rutilantes) que l'on rend sensibles en exposant
à leur action un papier imprégné de teinture de gayac
qui prend alors une teinte bleue.

La potasse caustique que l'on mêle au sel en dégage

une odeur animale désagréable quand il a été falsifié par le sel de morue.

On détermine la proportion d'eau contenue dans le sel en le desséchant dans une étuve; la moyenne est de 8 pour cent, mais par suite de la fraude elle peut aller jusqu'à 18.

Quelques épiciers ont la mauvaise habitude de mettre dans les cases, tonneaux, etc., où il placent leur sel, des fromages, du lard, qu'ils veulent conserver à un certain état d'humidité; souvent les sels dans lesquels ces produits ont été placés acquièrent un goût, une odeur qui les fait considérer comme sels altérés ou mêlés de sels de morue. L'administration, à qui ce mode de faire a été signalé, l'interdit avec raison aux débitants.

SICCATIF BRILLANT.

Le siccatif brillant auquel on a aussi donné les noms de *siccatif Raphanel*, *chromodurophane*, est comme on le sait une préparation destinée à donner à la fois de la couleur et de l'éclat aux parquets ou aux carreaux des appartements. Par sa composition, il appartient aux *vernis* dont il diffère cependant par deux points :

1° Par la présence d'une matière colorante qu'il contient et qui recouvre les surfaces sur lesquelles on l'étend, tandis que les véritables vernis ne laissent qu'une couche mince et d'une transparence suffisante pour ne pas altérer la couleur primitive des objets.

2° Par la présence de la cire qui n'entre jamais dans la composition d'un véritable vernis.

Le *chromodurophane* est une dissolution de résine et de cire, d'alcool et d'essence de térébenthine, mêlée avec une matière colorante. On le prépare de la manière suivante, d'après M. Laboullaye :

Pr. Gomme laque . . . . 480 gr.
    Cire jaune 5
    Alcool à 36°. 1920
    Galipot 336
    Arcanson. 336
    Essence de térébenthine 452

On met ensemble sur le feu dans un matras, la gomme laque, la cire et les deux tiers de l'alcool, prenant toutes les précautions convenables pour éviter l'inflammation de la matière, et lorsque la matière est liquéfiée, on ajoute le reste de l'alcool, on passe à travers un tamis en crin et on place le tout dans une tourille en terre.

D'un autre côté, on fait fondre ensemble le galipot, l'arcanson et l'essence de térébenthine. Après la fusion, on introduit le mélange par fractions dans la tourille en agitant à chaque fois; on passe de nouveau à travers un tamis et on délaie les matières colorantes.

Ces substances colorantes sont :

Le *rouge de Prusse* qui colore en rouge.

L'*ocre de Rhue* qui colore en jaune.

La *terre d'ombre* qui donne la couleur de noyer.

Pour obtenir un bon produit, il faut prendre les précautions suivantes :

Les poudres doivent être broyées très-finement, ou mieux porphyrisées; elles ne doivent pas retenir d'eau en si petite quantité que ce soit, car alors elles ne se mélangeraient que difficilement, et le vernis se décomposerait rapidement. On évite facilement cet inconvénient en ayant soin de se servir de poudres récemment desséchées à l'étuve.

Ainsi préparé, le siccatif porte le nom de *vernis à l'essence*, à cause de l'essence de térébenthine qui entre dans sa composition. Il sèche promptement, mais il a l'inconvénient de répandre l'odeur d'essence de térébenthine, odeur qui est tenace et rend ordinairement les appartements inhabitables pendant cinq à six jours. Pour obvier à cet inconvénient, les fabricants préparent un *siccatif à l'alcool*, dans lequel il n'entre pas d'essence de térébenthine; il se fabrique de la même manière que l'autre, en remplaçant l'essence par de l'alcool fort.

Ce produit qui jouit encore d'une grande vogue, doit sa célébrité à la facilité de son emploi. Il suffit de l'étendre au pinceau et de le laisser sécher; deux couches suffisent généralement pour donner aux parquets une couleur solide et un éclat brillant.

SIROPS.

Les sirops sont des préparations liquides dans lesquelles le sucre est associé à de l'eau, sous forme d'infusions, de décoctions, d'émulsions et d'eaux distillées, le tout amené à une consistance telle qu'ils coulent lentement.

Cette viscosité des sirops tient à ce qu'ils renferment une proportion considérable de sucre. Comme cet élément forme la base de ces produits, il n'est pas étonnant que l'on ait cherché à le remplacer en tout ou en partie par des substances d'un prix moins élevé. Depuis quelques années, ce genre de fraude a pris un développement assez considérable, pour que l'administration s'en soit émue. On falsifie les sirops au moyen de *sirop de fécule de pommes de terre* ou *glucose*, de *sirop de froment* ou *sirop de blé*, qui sont les produits de la saccharification de la fécule ou de l'amidon par l'acide sulfurique.

Le sucre de fécule se reconnaît facilement au moyen du procédé suivant dans les sirops non acides, comme ceux de gomme, de guimauve, de capillaire, d'orgeat. Il consiste à faire chauffer un peu de sirop étendu d'eau dans un petit ballon de verre avec de la potasse caustique. Si le sirop est pur, il reste incolore, ou passe seulement au jaune orangé; mais s'il contient du sucre de fécule, il devient brun-noir foncé, et dégage une odeur de caramel; pour que cette expérience soit concluante, il faut que les sirops soient récemment préparés.

On peut encore se servir d'une dissolution d'*iodure ioduré de potassium*, que l'on obtient en mettant dans de l'eau de l'iodure de potassium à la faveur duquel on y fait dissoudre de l'iode. Quand on verse quelques gouttes de ce réactif dans du sirop mêlé de glucose, il se produit une coloration rouge, il faut avoir soin d'étendre de son volume d'eau le sirop à examiner; lorsqu'on a affaire à des sirops acides, comme sirops de groseille, de citron, de cerises, l'emploi de la potasse ne peut servir, parce que le sucre de canne interverti, c'est-à-dire modifié par la présence des acides, se comporte avec elle comme le ferait le sirop de fécule, on se sert de l'iodure ioduré de potassium, ou mieux on a recours à des procédés *saccharimétriques* fondés sur l'emploi de la lumière polarisée et que nous ne pouvons décrire ici.

On vend à Paris des sirops fabriqués avec du sucre qui a servi à confectionner des conserves, des débris d'office, c'est-à-dire des sucres candis brisés ou salis, des pastilles en mauvais état; ces sirops contiennent des aromates, des acides, des principes de toute nature, et ne donnent que de forts mauvais produits, aussi sont-ils vendus à vil prix.

Sirop de gomme. — Le sirop de gomme, aux termes de la loi, ne devrait être préparé que par le pharmacien, puisque c'est un médicament et non un sirop de luxe, cependant il n'en est rien; les confiseurs, les distillateurs, les liquoristes, les épiciers, le fabriquent et le débitent par suite de l'usage. A cause de sa destination, il ne peut être préparé que conformément à la formule publiée par le codex, et la loi punit comme délit l'infraction à cette règle. Cette formule est la suivante :

Gomme arabique . . . . 500 gr.
Eau froide 500
Sirop de sucre 4000

On lave la gomme à deux reprises en la malaxant avec les mains dans le double de son poids d'eau froide, on la met alors dans l'eau jusqu'à ce qu'elle soit dissoute, on passe la solution et on la mêle au sirop de sucre que l'on fait cuire jusqu'à ce qu'il marque bouillant 29° à l'aréomètre de Beaumé. Il vaut mieux opérer la dissolution de la gomme à froid qu'à l'aide de la chaleur qui donne un produit plus ou moins coloré.

Pour constater la quantité de gomme qu'un sirop contient, on se sert de l'alcool que l'on emploie de la manière suivante : on prend une quantité déterminée de sirop, 10 grammes par exemple, on y ajoute son volume d'eau et on y verse un excès d'alcool. La gomme se sépare sous la forme de filaments blancs, agglutinés, bien différents de ceux que fournissent la glucose et le sirop de blé, et qui se déposent sur les parois du verre qui a servi à faire l'expérience. On décante le liquide et on lave la gomme avec de nouvel alcool, on la traite alors par une eau distillée chaude, qui la dissout, et on fait évaporer cette solution dans une petite capsule de porcelaine, la gomme reste pour résidu et on la pèse.

Ce moyen est plus sûr; cependant, on peut encore prendre de la *teinture de Gayac* et en verser 15 à 20 gouttes dans 30 grammes de sirop à essayer. Si ce dernier contient une proportion de gomme convenable, au bout de 10 à 12 minutes, on obtient une teinte bleue bien caractérisée; si la quantité en est faible, on n'obtient qu'une teinte verdâtre; enfin, on n'obtient aucune coloration quand il n'y a pas du tout de gomme; ce genre d'essai doit être fait comparativement à un sirop normal.

Sirop de groseille. — Le sirop de groseille est d'un usage trop fréquent et les différents procédés appliqués à la préparation trop connue pour que nous nous étendions sur cette opération; tout le monde sait que le sirop préparé avec les fruits mondés de leurs raffles est plus agréable. Avant d'y faire fondre le sucre, il faut donner au suc le temps de se clarifier et d'éliminer ce principe qui lui donnerait la propriété de se prendre en gelée. Quelques personnes y ajoutent du suc de cerises aigres qui donne au sirop plus d'acidité, du suc de cerises sucrées qui le colore, et de suc de framboises qui l'aromatise.

On falsifie le sirop de groseilles, en le préparant de toute pièce, avec du sirop de sucre, des teintures végétales, avec du carmin, les feuilles de mauve, d'orseille, que l'on acidifie avec l'acide tartrique. Quand on verse dans un sirop ainsi préparé de l'ammoniaque, la couleur passe au violet, tandis qu'elle passe au vert foncé avec le sirop bien préparé.

Sirops de limons et d'orange. — Le sirop de limons se prépare avec le suc de ces fruits. On les dépouille de leur écorce et on les prive de leurs semences qui sont amères, puis on les exprime au moyen d'une presse en les mêlant à de la paille hachée, on abandonne le suc à lui-même, il se détermine un léger mouvement de fermentation qui suffit pour le dépurer. On filtre le produit et on y fait fondre le double de son poids de sucre blanc; on aromatise avec la teinture d'écorce fraîche de citrons.

Cette formule n'est guère suivie, on lui préfère à juste titre la suivante qui donne un sirop beaucoup plus agréable :

> Acide citrique . . . . 12 gr.
>
> Sirop simple blanc 800
>
>   — de gomme 200
>
> Eau 12

On fait dissoudre l'acide dans l'eau, et on l'ajoute au sirop que l'on aromatise avec de la teinture de citron. On prépare de même le sirop d'orange. On substitue l'acide tartrique à l'acide citrique quelque fois; on le reconnaît en cherchant les acides par les moyens connus.

Sirop de punch. — Le sirop de punch se prépare de la manière suivante :

> Pr. Sucre . . . . 1500 gr.
>
> Eau 800
>
> Thé Hyswin 7   50 c.
>
> Acide citrique 1
>
> Citrons frais . . . . n° 10
>
> Rhum de la Jamaïque . . . . 16 litres.

On fait dissoudre le sucre dans l'eau, on amène en consistance de sirop et on clarifie au blanc d'œuf. On passe, on porte de nouveau le sirop à l'ébullition et on y ajoute des citrons coupés par tranches, puis le thé. On maintient le sirop à l'ébullition pendant un quart d'heure, on le verse dans un vase contenant l'acide citrique pulvérisé. Au bout de 24 heures, on ajoute le rhum et on passe à la chausse.

On prépare de même des sirops de punch au rack et à l'eau-de-vie.

Ce sirop donne immédiatement du punch au thé en l'étendant de son volume d'eau bouillante.

Sirop de capillaire. — Le sirop de capillaire se prépare avec l'infusion de cette plante bien lavée dans de l'eau froide, mais quand il doit servir de sirop d'agrément, il vaut mieux recourir à la formule suivante :

Capillaire du Canada	500 gr.
Eau froide.	500
Sirop simple.	32000
Eau de fleurs d'oranger.	400

On humecte avec l'eau froide le capillaire que l'on a préalablement débarrassé de la terre qu'il contient. Au bout de 24 heures de contact, on porte le sirop de sucre à l'ébullition, et l'on y verse le capillaire humide ; on fait jeter quelques bouillons, on passe et on aromatise avec de l'eau de fleurs d'oranger.

On a vendu sous le nom de sirop de capillaire du sirop simple préparé avec du sucre non raffiné ou des sucres de qualités très-inférieures. Ces sirops ont une couleur jaune analogue à celle du sirop préparé avec le capillaire, mais on les distingue facilement par l'emploi d'une dissolution de sulfate de fer qui colore en vert le sirop fait avec le capillaire, et est sans action sur les sirops où il n'entre pas.

On peut aussi essayer le sirop de capillaire par l'ammoniaque ou la potasse qui déterminent une coloration jaune rougeâtre, ce qui n'a pas lieu avec du sirop de sucre.

Sirop d'orgeat. — Le sirop d'orgeat est un des plus agréables quand il est bien préparé; pour obtenir de bon sirop, on doit suivre le procédé suivant :

Amandes douces	600 gr.
— amères	200
Eau	2000
Sucre	3600
Eau de fleurs d'oranger	300

On commence par monder les amandes de leur pellicule en les passant dans un bain d'eau chaude: puis on les pile avec une partie du sucre dans un mortier de marbre et on achève la pâte en la broyant sur une pierre à chocolat. On délaye la pâte dans l'eau pour obtenir une émulsion que l'on passe; on ajoute le reste du sucre en poudre grossière et on le fait fondre à une douce chaleur dans un vase en terre *couvert*. On laisse refroidir le sirop dans ce vase; de cette manière, on évite une pellicule qui se forme toujours à la surface du sirop qui se refroidit trop promptement et qu'on serait alors obligé de délayer dans la masse. Finalement on aromatise avec l'eau de fleurs d'oranger.

Au bout de quelque temps, il se forme à la surface du sirop une couche opaque produite par l'émulsion. A cause de cette propriété, on le conserve dans des bouteilles renversées le col en bas; comme le fond de la bouteille présente une plus large surface que le goulot, la couche de matière est moins épaisse, et il suffit d'agiter la bouteille à plusieurs reprises pour le mêler au reste du sirop.

Le sirop d'orgeat s'altère et s'acidifie à la longue; ce genre d'altération se reconnaît facilement au goût.

Quand il n'a pas été préparé avec la quantité voulue d'amandes, il est moins sapide.

SOUDE.

Le produit vendu sous le nom de soude du commerce et qui sert comme les potasses au blanchissage et au dégraissage des étoffes et des laines, est en général de la soude carbonatée contenant une plus ou moins grande quantité d'eau.

Les soudes sont de trois sortes : les *soudes brutes naturelles*, les *soudes brutes artificielles* et le *sel de soude* ou *cristaux de soude*.

Les soudes naturelles sont d'un gris sale, en masses boursoufflées à cassure grenue, et douées d'une légère transparence qu'elles perdent quand on les met sur des charbons ardents. Ces soudes sont le produit du traitement par l'eau bouillante des cendres de certains végétaux qui croissent sur les bords de la mer, ou de l'évaporation des eaux de quelques petits lacs qui sont alcalins et salés.

Les soudes brutes naturelles sont : 1° les *soudes d'Alicanthe* dont il existe trois sortes; la *soude d'Alicanthe douce* ou *barille douce*, la *barille mélangée* et la *bourde*; elles contiennent de 35 à 40 p. 0/0 de soude carbonatée; 2° les *soudes de Malaga* et de *Carthagène*, qui viennent d'Espagne; 3° la *soude de Ténériffe*; 4° les *soudes françaises*, qui comprennent celles de *Narbonne*, d'*Ai-gues-Mortes* ou *blanquette*, qui ne contient que de 4 à 10 p. 0/0 de carbonate de soude; 5° la soude de varechs ou de Normandie, qui est retirée des cendres de varechs, et est excessivement pauvre en alcali.

Les soudes qui ont remplacé pour la plus grande partie les soudes naturelles, sont le résultat de la décomposition du sulfate de soude par le carbonate de chaux en présence du charbon. Elles contiennent une assez grande quantité de matières solubles, qui sont des produits secondaires de la réaction.

Les soudes brutes, naturelles ou artificielles dissoutes dans de l'eau et soumises à plusieurs cristallisations successives fournissent les *cristaux de soude* ou *sel de soude*. Ce sel a une saveur âcre et urineuse, exposé à l'air, il perd son eau de cristallisation, et se couvre d'efflorescences blanches. Dans ce cas, le carbonate de soude abandonne une certaine quantité d'eau qui peut s'élever jusqu'à 66°.

Le carbonate de soude est falsifié par le sulfate de soude et le sel marin.

On reconnaît le sulfate de soude en faisant dissoudre le sel dans de l'eau distillée et en versant dans la solution de l'eau tenant en dissolution du chlorure de baryum, il se forme un précipité blanc insoluble dans l'eau et dans l'acide nitrique. Le poids de ce précipité lavé et séché, indique la quantité d'acide sulfurique et conséquemment celle du sulfate de soude, en versant du nitrate d'argent, s'il se forme un précipité blanc soluble dans l'ammoniaque, on en conclut que la soude renfermait du chlorure de sodium; on peut en le recueillant, le lavant, desséchant et prenant son poids, déterminer les quantités de chlorure de sodium mélangé à ce carbonate de soude.

On détermine la valeur réelle des soudes par les procédés que nous avons indiqués pour les potasses. Les carbonates de soude privés d'eau (les sels de soude) contiennent, en raison de l'eau éliminée, une plus grande quantité d'alcali, aussi titrent-elles un degré supérieur. Ceux qui achètent les soudes doivent les acheter au degré, car on fait des mélanges de toute nature qui souvent ne remplissent pas le but que l'on se propose de leur emploi; déjà un certain nombre de blanchisseurs font titrer ou titrent eux-mêmes les marchandises qui leur sont livrées. Les soudes achetées à ce qu'on appelle le bon marché, sont souvent pour le vendeur le sujet d'un gain considérable, et que nous considérons comme illicite; (la moyenne du degré des sels de soude se paie 55 à 60 centimes).

SOUFRE.

Le soufre est un corps abondamment répandu dans la nature, tantôt isolé, soit sous la forme de masses opaques plus ou moins volumineuses, soit complétement pur et en cristaux réguliers, tantôt en combinaison avec d'autres corps comme le fer, avec lequel il forme des *pyrites*.

On le trouve en dépôts considérables dans des lieux appelés *Solfatares*, et qui se trouvent dans le voisinage des volcans en activité et des cratères éteints. Celui que l'on consomme en France vient presqu'exclusivement de Pozzuolo (Pouzzoles), près de Naples; la Sicile, la Toscane, l'Islande, la Guadeloupe en fournissent aussi de grandes quantités.

Ce corps se présente dans le commerce sous trois formes, en batons cylindriques, dits *canons de soufre*, en poudre dite, *fleur de soufre*, et en masse irrégulière, dite *soufre brut*.

Les canons de soufre sont des cylindres de 3 à 4 centimètres de diamètre, souvent creux dans leur intérieur qui est alors tapissé de cristaux sous forme d'aiguilles prismatiques, on les obtient en recevant le soufre fondu et raffiné dans des moules en bois dans lesquels il se solidifie.

La fleur de soufre s'obtient aussi dans l'opération du raffinage laquelle s'obtient au moyen de la distillation sèche.

Le soufre exposé à l'action de la chaleur dans une chaudière se volatilise, les vapeurs qui se forment se rendent dans une chambre en maçonnerie, où, se trouvant en contact avec l'air froid, elles se condensent et tombent sur le sol sous forme de poudre, entraînant avec elle un peu d'acide sulfureux qui se convertit plus tard en acide sulfurique qui s'empare d'une certaine quantité d'ammoniaque contenue dans l'air

Le soufre est très-combustible, propriété que l'on utilise pour la préparation des allumettes; il est mauvais conducteur de la chaleur, et c'est à cette cause qu'il faut rapporter la propriété que possèdent les canons de soufre de se briser sous l'influence de la chaleur de la main.

Le soufre destiné aux fabriques d'acide sulfurique, n'a pas subi l'opération du raffinage, il a seulement été débarrassé des matières étrangères par une simple fusion. Employé dans les arts, il sert à préparer les acides sulfuriques et sulfureux, la poudre de guerre, le caoutchouc vulcanisé; il entre dans la confection des allumettes, de certains luts et mastics, sert au blanchiment de la soie, de la laine, de la paille, des cordes de boyaux, de l'hyctyocole.

Depuis quelques années, la vente du soufre divisé (fleur de soufre), a pris une extension considérable, en raison de l'emploi qu'on en fait pour le soufrage de la vigne, et cet emploi est cause de l'élévation de son prix et de certaines fraudes qu'on lui fait subir.

Le soufre brut qui est l'objet d'un commerce important est souvent altéré par des matières terreuses, sulfate ou carbonate de chaux, silice, alumine, magnésie, oxide de fer.

On peut s'assurer de la présence de ces substances et déterminer dans quelles proportions elles sont mélangées au soufre au moyen du procédé suivant : On en pèse une certaine quantité et on la calcine dans un creuset de porcelaine, le soufre pur ne laissant pas de résidu, il n'y a qu'à déterminer le poids du produit de la calcination; ce poids représente celui des matières étrangères que le soufre contenait. La fleur de soufre, comme nous l'avons dit, est sujette au même genre de falsification, que l'on décèle de la même manière.

Pour augmenter le poids du soufre, souvent on le charge d'humidité; le soufre mouillé doit être desséché dans une étuve chauffée à 100°, et la perte du poids que lui fait éprouver la dessication, indique la quantité d'eau qui le mouillait.

Nous avons dit que la fleur de soufre contient de l'acide sulfurique et du sulfate d'ammoniaque; pour certains usages, on a besoin de l'en débarrasser; on y arrive par de simples lavages à l'eau chaude, lavages

que l'on répète jusqu'à ce que l'eau qui passe, ne précipite plus en blanc par le chlorure de baryum. Le
soufre qui a subi cette opération, prend le nom de
soufre lavé.

SUCRE.

Un grand nombre de produits organiques répandus
dans les différentes parties des végétaux, ayant une saveur douce, particulière, ont d'abord été confondus sous
le nom générique de sucres. Aujourd'hui, ce nom est
réservé aux principes susceptibles d'éprouver la fermentation alcoolique sous l'influence de l'eau et d'un
ferment, ce qui élimine de cette catégorie de corps les
substances douces de saveur analogue, et qu'on trouve
dans la manne, la réglisse, l'écorce de grenadier, les
baies de sorbiers, certaines matières grasses comme la
glycérine.

On distingue quatre espèces de sucres :

Le *sucre cristallisé*, produit par la canne à sucre et
par certaines racines sucrées, telles que la betterave, la
carotte, etc.

La *glycose* (*glucose*) ou *sucre de fécule* produit par la
saccharification de l'amidon, et que l'on trouve dans le
jus de raisin.

Le *sucre incristallisable*, qui constitue les *mélasses*.

Le *sucre de lait*, qui se rencontre dans le lait des
mammifères. Nous ne parlerons que des trois premières, le sucre de lait ne se trouvant que rarement
répandu dans le commerce.

Sucre cristallisé. — Sous le nom de sucre cristallisé on
comprend aussi bien le sucre retiré de la *canne* à sucre

que celui obtenu de la *betterave*. Cette assimilation est basée sur ce que les sucres de ces végétaux ont la même composition chimique. Cependant, dans l'Amérique du nord on le retire de l'érable, en Chine et déjà en France du sorgho, en Hongrie de la citrouille ; l'origine date de la plus haute antiquité ; on pourrait l'extraire de la carotte et du navet. Cependant les Européens ne le connurent que lors des conquêtes d'Alexandre. Originaire de la Chine et des Indes, l'usage ne s'en répandit que très-lentement en Arabie et en Europe, et ce fut seulement au xviie siècle que l'Amérique récemment découverte, où la culture de la canne à sucre qu'on y avait transplantée avait pris un grand développement, fournit à l'Europe de grandes quantités de sucre qui en répandirent rapidement l'usage.

L'usage s'en est accru de plus en plus par suite de l'abaissement du prix.

Notre intention n'étant pas d'entrer dans de grands détails sur la fabrication du sucre, mais seulement d'en parler au point de vue commercial, nous ne donnerons qu'un léger aperçu sur ses diverses modes d'extraction.

La canne à sucre (*arundo saccharifera*), de la famille des graminées est récoltée avant la floraison. Les cannes sont écrasées dans une espèce de laminoir à trois cylindres improprement nommé *moulin*, le jus s'écoule de la canne qui porte alors le nom de *bagarre*. Ce suc ou *vésou*, après avoir subi l'opération de la défécation au moyen de la chaux, est évaporé en consistance de sirop épais qui, par le refroidissement, se prend en une masse confuse de petits cristaux irréguliers ; on laisse écouler le sirop non cristallisé, et le sucre desséché est expédié en Europe, sous le nom de *sucre brut, moscouade, cassonnade*. Le sirop écoulé, recuit plusieurs fois, ne donne bientôt plus de cristaux, il est épais et de couleur brune, et porte le nom de *mélasse*. Dans les possessions françaises, on fait subir aux cassonnades l'opération appelée *terrage*: le terrage s'opère en versant à la surface du sucre que l'on a mis à égoutter dans des cornues de terre, une bouillie d'argile qui ne cède son eau que lentement; celle-ci entraîne les sirops qui souillaient le sucre qui porte alors le nom de *sucre terré*.

Le sucre, découvert depuis 1747 dans la betterave, n'en fut extrait industriellement qu'en 1812, et aujourd'hui cette industrie est devenue une des branches principales du commerce français. La betterave que l'on prend de préférence est la betterave blanche à collet rose. Cette racine est déchirée avec des rapes, et le sucre exprimé à la presse est soumis à la *défécation* au moyen de la chaux. On le brasse alors sur du charbon animal en grains au moyen du filtre Dumont, et on l'introduit dans des chaudières d'évaporation chauffées par la vapeur à haute pression; lorsque le sirop marque 25° à l'aréomètre, on le passe de nouveau dans le filtre Dumont, et on achève l'évaporation jusqu'à 42° ou 43°. On le laisse alors couler dans des *rafraîchissoirs*, et quand il est prêt de se *grener*, on le coule dans des formes coniques. Par la concentration des sirops neutralisés, on retire de nouvelles quantités de sucre et finalement de la *mélasse*.

Les sucres obtenus de cette manière, portent le nom de *sucres bruts* ou *cassonnade*; ils sont pulvérulents, jaunâtres, encore imprégnés de mélasse; ils contiennent toujours une certaine quantité de matières étrangères, telles que : sable, terre, débris organiques, sels de chaux, de potasse, de soude, de magnésie, d'ammoniaque, aussi ont-ils un goût désagréable et fermentent-ils facilement.

Pour constater la présence de la craie, du plâtre ou de la farine, on dissout une certaine quantité de sucre dans de l'eau ; si le sucre est pur, la dissolution est claire, elle est louche si elle contient de la farine, et bleuit quand on y verse de l'eau iodée. Quand le sucre contient des poudres minérales, ces poudres tombent au fond du verre et sont facilement reconnaissables.

Pour reconnaître le sucre de lait, on dissout une certaine quantité de sucre pulvérisé dans de l'alcool. S'il y a du sucre de lait, la solution est louche et laisse précipiter une poudre blanche qui est de la lactine insoluble dans l'alcool.

Certains fabricants anglais ont répandu dans le commerce un sucre dit *royal*, auquel ils avaient communiqué la nuance azurée par un peu d'indigo. La fraude est facile à déceler, il suffit de faire dissoudre le sucre dans l'eau, on a une solution à laquelle l'indigo donne une teinte bleue, ce qui n'a pas lieu avec le vrai sucre royal.

Comme le sucre est le plus souvent falsifié par la glucose, il est important de pouvoir en constater la présence. On doit regarder comme suspect un sucre mou, onctueux au toucher, terne et s'égrenant sous les doigts, ayant une couleur jaune et un aspect pâteux.

On fait dissoudre une certaine quantité de sucre dans de l'eau et l'on y met un fragment de potasse. Les proportions à employer sont les suivantes : sucre 10 gr.,

eau 20 gr., potasse 50 centigr.; on porte le tout à l'é-
bullition, et si le sucre contient de la glucose, la solution
prend une couleur brune, très-foncée, et dégage l'odeur
de caramel.

Il existe un autre mode d'essai fondé sur l'emploi des
sels de cuivre. On trouve chez les marchands de produits chimiques une liqueur bleue qui porte le nom
de *liqueur de Feeling*, et qui contient un sel de cuivre.
Pour faire l'essai du sucre par ce procédé, on en fait
dissoudre dans une très-petite quantité d'eau; on met
la solution dans un petit tube de verre avec quantité
suffisante de liqueur bleue, et on porte le tout à l'ébullition sur une lampe à alcool; si le sucre contient de la
glucose, celle-ci réagit sur le sel de cuivre et en sépare
du protoxide de cuivre sous forme de poudre rouge, et
la liqueur se décolore, tandis que, dans le cas contraire,
elle ne change pas d'aspect.

Si l'on voulait déterminer la proportion de sucre de
fécule contenue dans le sucre, il faudrait faire usage
d'une liqueur bleue, titrée comparativement à la glucose, c'est-à-dire telle que l'on connaisse la quantité de
glucose qu'il faut employer pour la décolorer complétement. On porterait alors à l'ébullition une quantité
déterminée de liqueur bleue, et on y verserait goutte à
goutte la solution sucrée faite dans des proportions déterminées, jusqu'à disparition complète de la couleur
bleue. La quantité employée ferait voir la quantité de
glucose contenue dans le sucre.

Il existe d'autres procédés de dosage dont l'emploi
est peut-être plus précis, mais aussi moins facile, et
qui demandent une assez grande habitude de ces sortes
d'essais, ce sont: la méthode saccharimétrique de

Péligot, le procédé de Payen, de Reich, le *polarimètre optique*.

Glycose, glucose ou sucre de fécule. —Nous ne dirons que quelques mots de la glycose, dont l'usage n'est pas entré dans l'économie domestique. Le sirop qu'elle fournit et qui est connu sous les noms de *sirop de glycose, sirop de blé*, prend tous les jours une plus grande importance dans les arts. La Bourgogne et quelques autres contrées en font une grande consommation, en lui faisant éprouver la fermentation alcoolique, et en s'en servant, soit pour augmenter la force de leurs vins, soit pour fabriquer des vinaigres factices. On la fait entrer frauduleusement dans la fabrication de la bière, dans celle du pain d'épices, des préparations sucrées, boules de gomme, et dans des préparations sucrées qui ressortent de l'art du confiseur (1).

La glycose se prépare généralement par l'action de l'acide sulfurique étendu sur la fécule à l'aide de la chaleur. On la trouve dans le commerce en mamelons grenus que l'on obtient en saturant l'acide sulfurique par de la chaux et en évaporant la liqueur pour la faire cristalliser, quand elle doit servir à la fabrication de l'alcool on la prépare par l'action de la fermentation. quelquefois les sirops n'ont pas le degré de concentration voulu et donnent lieu à des récriminations de la part de l'acheteur. La glycose préparée à l'aide de l'acide sulfurique, contient ordinairement de la chaux et du sulfate de chaux, ce qui tient à ce mode de préparation.

---

(1) Les liquides dans lesquels entrent la glucose ont un goût peu agréable. Le sucrage des vins, des bières par la glucose n'est pas avantageux.

Sucre incristallisable; mélasse. — Le sirop produit par les vergeoises et le sirop que donne par l'égouttage le sucre de canne, ainsi que celui de betteraves, ne contiennent plus que du sucre incristallisable.

La mélasse de canne et la mélasse de betteraves ne sont pas identiques; la première peut servir directement dans un grand nombre de cas. En Amérique, on en consomme beaucoup, les enfants en font un grand usage, elle sert à la préparation du pain d'épice, à la fabrication du caramel et à l'enrobage du café, à préparer des boissons économiques dans les ménages. Soumise à la fermentation et distillée, elle donne un alcool qui possède un parfum très-recherché, puisque c'est de cette manière que l'on prépare le rhum.

La mélasse de betteraves, au contraire, est de très-mauvais goût, elle contient une très-grande quantité de sels, et quand on la fait servir à l'enrobage du café, le produit qu'on obtient a une saveur salée. Elle ne peut servir que dans les préparations communes, comme dans celle du cirage; l'alcool qu'elle fournit est de mauvais goût et il peut servir à fabriquer le vinaigre, la céruse ou blanc de plomb.

Les cassonnades de canne sont toujours un peu acides et ont une odeur de fermenté qu'on ne retrouve pas dans les cassonades de betteraves qui sont ordinairement alcalines.

Les sucres bruts de canne sont estimés et classés d'après leur aspect sous trois rapports différents : la *richesse cristalline*, la *nuance*, le *degré d'humidité*.

On a déposé à la Bourse des *types* qui font foi en matière de commerce; ils servent de termes de comparaison et sont échelonnés depuis les nuances les plus basses jusqu'aux plus élevées ; ils sont établis de la manière suivante :

Basse quatrième.
Quatrième ordinaire.
Quatrième bonne ordinaire.
Bonne quatrième.
Belle quatrième.
Fine quatrième.

Le point de départ est le blanc parfait qui, s'il existait, serait la première nuance, la seconde nuance est très-rare ; viennent ensuite la bonne 3e, la 3e et la 3e ordinaire. Parmi ces types se trouvent classés les sucres bruts de Porto-Rico et de Cuba, de la Martinique, de la Guadeloupe, de Bourbon, de Havane et Santiago, du Brésil.

Le Brésil, la Havane, Santiago, la Martinique, la Guadeloupe, Java, Benaris, la Cochinchine, fournissent des sucres terrés de qualités diverses.

Les sucres bruts, soumis à l'opération du raffinage, constituent les sucres en pains du commerce.

Le raffinage est une opération par laquelle le sucre brut est soumis à des dissolutions et cristallisations successives, à la clarification, au moyen du charbon animal et de l'albumine du sang de bœuf ; après cette opération, le sucre est mis à cristalliser dans les formes et transformé en pains que l'on soumet à un *terrage,* opération analogue à celle que nous avons décrite plus haut pour les sucres bruts. On appelle *clairçage* un terrage dans lequel l'argile est remplacé par un sirop de sucre blanc.

Les sucres que l'on retire des produits de l'égouttage des premières opérations, sont moins blancs et moins consistants; ils portent les noms de *lumps, bâtardes* et *vergeoises.*

Les lumps et les bâtardes sont les premiers produits de cette nouvelle cristallisation, la seule différence qui existe entre ces deux sucres, consiste dans le mode de vente et non dans la fabrication. Dans les lumps, on sépare la partie colorée du pain de celle qui ne l'est pas, tandis que dans les bâtardes, on vend le pain tel qu'il se trouve, après avoir été terré deux fois, égoutté et séché à l'étuve.

Les lumps qui n'ont été qu'égouttés se vendent sous le nom de *lumps verts,* la partie colorée porte le nom de *mélis.* Les raffineurs de Marseille et de quelques autres villes méridionales, tirent des lumps une espèce de sucre presque aussi blanc que le sucre raffiné et qu'ils nomment *sucre tapé.*

Les vergeoises sont produites par les sirops qui se sont écoulés des lumps et des bâtardes.

On se sert pour envelopper les pains, de papiers de diverses épaisseurs et de couleurs variées; il en est de violet, de bleu, de jaune. Ils ont un poids réglé dans le tarif et que les vendeurs ne doivent pas dépasser.

Le sucre raffiné et recouvert de papier, se divise en quatre sortes : *commun, fin, superfin* et *royal.* Les trois premières espèces n'ont pas besoin d'explications spéciales; quant au sucre royal, ses cristaux sont plus grands et mieux formés, le sucre a été raffiné deux fois, et le second raffinage a été fait au moyen des blancs d'œufs et du charbon animal; ses cristaux sont légèrement azurés.

Le sucre peut être altéré accidentellement par du fer, de la chaux, du zinc, du plomb. On brûle le sucre suspect et on traite les cendres par l'acide nitrique; cette solution évaporée pour chasser l'excès d'acide est traitée par de l'eau distillée dans laquelle on recherche les corps susnommés par les procédés spéciaux à chacun d'eux.

Le sucre est falsifié de plusieurs manières, la plus commune consiste à y mêler de la glucose ou sucre de fécule, quelquefois de la lactine ou sucre de lait, différentes farines ou des matières minérales comme de la craie, du plâtre; ces dernières substances se trouvent surtout dans les cassonades et le sucre râpé.

SUCS DE RÉGLISSE, *voyez* Réglisse.

SULFATE DE CUIVRE

(Vitriol bleu, Couperose bleue).

Le sulfate de cuivre aussi appelé *vitriol bleu, couperose bleue*, est un sel qui se présente en cristaux d'une belle couleur bleue et de la forme d'un prisme oblique transparent; sa saveur est âcre et styptique; exposé à l'air il se couvre d'une poussière blanche en perdant son eau de cristallisation. Il est soluble dans l'eau et la solution qu'il fournit donne un précipité blanc par le chlorure de baryum, un précipité brun marron par le cyanoferrure de potassium, et une coloration bleue intense par l'ammoniaque.

Le sulfate de cuivre est employé dans le chaulage du blé, pour fabriquer les verts de Schèele et de Scheveinfurth.

Il y a dans le commerce trois sortes de vitriol bleu :

1° Le *sulfate de cuivre pur ou presque pur*, dont les

cristaux sont d'un bleu foncé, légèrement ternis à la surface par le contact de l'air ;

2° Le *vitriol de Salzbourg*, qui est bleu verdâtre et dont les cristaux sont quadrangulaires ; il contient des quantités variables de sulfate de fer dont la proportion influe sur la qualité ; on en distingue trois variétés dites *un aigle*, *deux aigles* et *trois aigles* ; le dernier contient le plus de sulfate de cuivre ;

3° Le *vitriol mixte ou de Chypre*, qui contient du sulfate de zinc ; ses cristaux sont d'un bleu clair.

Nous venons de dire que le vitriol bleu contient souvent des sulfates de fer et de zinc, quelquefois ces sels y ont été ajoutés frauduleusement ; on y a mêlé aussi du sulfate de magnésie.

On constate la présence de ces substances de la manière suivante :

On fait dissoudre le sulfate de cuivre dans de l'eau distillée acidulée par de l'acide sulfurique, et on traite la solution par l'hydrogène sulfuré qui précipite le fer et le zinc. On recueille le précipité sur un filtre, on le calcine dans un creuset de porcelaine, on traite le résidu par l'acide azotique et on étend d'eau distillée. On filtre de nouveau et on verse de l'ammoniaque qui précipite le fer sous la forme d'un précipité brun, mais qui dissout le zinc. On filtre de nouveau et on verse de l'hydrogène sulfuré qui donne alors un précipité blanc.

Pour reconnaître le sulfate de magnésie, on verse dans la liqueur obtenue après le premier traitement par le sulfhydrate d'ammoniaque, du phosphate de soude additionné d'un peu d'ammoniaque qui donne un précipité blanc.

Le sulfate de cuivre est une substance dangereuse

que l'épicier doit tenir soigneusement serrée afin qu'elle ne puisse salir les autres marchandises ni être confondue avec aucune d'elles.

SULFATE DE FER
(Vitriol vert, Couperose verte).

Le sulfate de fer se présente en cristaux obliques, transparents, d'un vert bleuâtre et de saveur styptique et astringente ; comme le sulfate de cuivre il s'effleurit à l'air en se recouvrant d'une poudre blanche. Il se dissout dans l'eau et la solution donne par l'ammoniaque un précipité brun, par le chlore et l'infusion de noix de galle un précipité noir, par le chlorure de baryum un précipité blanc ; le cyanoferrure de potassium y détermine un précipité blanc qui bleuit rapidement.

Le sulfate de fer sert à la teinture en noir, à la fabrication de l'encre, à la désinfection des matières putrides. Dans le commerce il est toujours très-impur ; il contient ordinairement un excès d'*acide*, des *sulfates de zinc, de cuivre, d'alumine, de chaux, de magnésie, de l'alun et de l'arsenic.*

On reconnaît l'excès d'acide par la forte réaction qu'il exerce sur le papier bleu de tournesol ; on reconnaît le cuivre par la coloration bleue que l'ammoniaque communique à la dissolution aqueuse.

Le zinc se reconnaît comme nous l'avons dit à propos du vitriol bleu.

Le sulfate d'alumine et l'alun se reconnaissent au précipité blanc soluble dans un excès du réactif que fournit la potasse.

Quand il contient de la chaux, sa dissolution donne un précipité blanc par l'oxalate d'ammoniaque, et quand il contient de la magnésie on obtient un précipité blanc grenu par le phosphate de soude ammoniacal.

Dans le but de communiquer aux cristaux de sulfate de fer trop purs et qui sont d'un vert pâle la couleur vert foncé que l'on est habitué à leur trouver dans le commerce, on les mélange avec de la mélasse qui leur communique une onctuosité anormale.

L'arsenic que le sulfate de fer contient quelquefois provient de ce qu'on s'est servi pour le préparer de pyrites arsenicales : on s'assure de la présence de l'arsenic au moyen de l'appareil de Marsh.

SULFATE DE ZINC
(Vitriol blanc, Couperose blanche).

Le sulfate de zinc ou *vitriol blanc* ou *couperose blanche* est un sel qui se présente en petits cristaux transparents, incolores, doués d'une saveur styptique et rougissant le papier de tournesol. Quand on le chauffe au feu, il se fond dans son eau de cristallisation et se prend par l'évaporation en une masse blanche de texture homogène. Sa solution aqueuse donne un précipité blanc par le chlorure de baryum, des précipités blancs par la potasse et l'ammoniaque ; ces deux précipités se dissolvent dans un excès des alcalis. Le sulfhydrate d'ammoniaque et le cyanoferrure de potassium donnent des précipités blancs ; le cyanoferride de potassium donne un précipité jaune.

On emploie le sulfate de zinc dans le chaulage des blés et la désinfection des matières fécales. On a constaté qu'un kilogramme de ce sel cristallisé et neutre d'une valeur de 23 à 27 centimes pouvait désinfecter un mètre cube de la matière des fosses.

ll contient quelquefois du fer et plus rarement du cuivre.

Le fer se reconnaît au précipité bleu que la dissolution fournit par le cyanoferrure de potassium. Le cuivre se reconnaîtrait par la teinte bleue qu'il communiquerait à l'ammoniaque.

TAPIOCA ou TAPIOKA.

On a donné ces noms brésiliens à la fécule du *jatropha manioc* desséchée et granulée sur des plaques de fer chauffées convenablement.

Le jatropha manihot végétal et qui est aussi connu sous les noms de *manioc*, *magnioc* ; le manioc est originaire d'Afrique, mais il a été transporté en Amérique par les nègres qui en font usage pour leur nourriture.

Ce jatropha est un arbrisseau à feuilles palmées à fleurs verdâtres, dont les racines qui contiennent la matière féculente, acquièrent quelquefois la grosseur de la cuisse, les racines sont charnues, agglomérées, de couleur grise, verte, ou rose en dehors selon la variété cultivée.

Ces racines sont toujours blanches, dans l'intérieur elles renferment un suc laiteux très-abondant. Ce suc, au moment où la racine est fraîche est très-actif et même toxique, mais ainsi que s'en est assuré Bajon, par des expériences directes, au bout de 36 heures ce suc a perdu ses principes actifs.

La racine de manioc privée de ce suc est un aliment très-précieux, on l'arrache de terre depuis l'âge de six mois jusqu'à deux ans. Selon la variété, on la lave on enlève l'épiderme, on la divise à l'aide de la râpe, et on soumet le marc à la pressé; par ce mode de faire, on obtient la farine de manioc qu'on fait sécher dans une poêle en la remuant; le produit ainsi obtenu, est connu dans le pays sous le nom de *conaque,* si on la fait cuire légèrement après l'avoir réduit en pains ou en galettes, elle porte le nom de *cassave.* Selon divers auteurs, le tapioca serait la fécule obtenue par dépôt ou suc lorsqu'on prépare le produit destiné à fournir la cassave, produit qui serait ensuite chauffé sur des plaques de fer; nous sommes portés à admettre ce dire et notre opinion ressort de l'examen que nous avons fait des divers tapiocas que nous avons pu nous procurer, qui étaient des provenances directes.

Ces deux préparations placées dans des lieux secs se conservent longtemps.

La farine de manioc est douce, mucilagineuse, fade, grenue, nourrissante, d'un blanc légèrement jaunâtre. Selon Mérat et Delens, 60 grammes de cette farine suffisent pour un repas, parce qu'elle se gonfle et qu'elle acquiert beaucoup de volume en cuisant. Selon les mêmes auteurs, une livre de tapioca peut servir à la nourriture d'un homme pendant vingt-quatre heures, quelque soit l'appétit dont il soit doué.

Outre la farine, on retire de cette racine, lorsqu'on la râpe, une fécule blanche, douce, légère, qui est aussi considérée comme très-nourrissante et très-délicate, à laquelle on a donné le nom de *moussache,* et à Cayenne celui de *cypépa,* dérivé de *mouchacha,* enfant en espagnol, comme qui dirait *enfant de manioc.*

On prépare avec la moussache la fécule la plus fine du manioc des gâteaux, de la patisserie. On l'emploie aussi pour l'empesage du linge.

On a confondu la *moussache* avec l'*arrowroot*. M. Ri-
cord Madiana, dit que la moussache est plus légère
que l'arrowroot, de telle sorte qu'une boîte qui contient
500 grammes d'arrowroot, ne peut renfermer que 438
grammes de moussache.

Le tapioca fut d'abord mis en usage pour les malades,
maintenant, il est employé comme aliment et l'on en
consomme des quantités considérables; il entre dans
la préparation des potages au maigre et au gras.

Le tapioca nous était autrefois envoyé d'Espagne,
maintenant il nous est expédié du Brésil, sous forme de
grumeaux agglomérés blancs, quelquefois rougeâtres,
très-durs et un peu élastiques. Gonflé et délayé dans
l'eau, il donne une dissolution qui bleuit fortement lorsqu'on la traite par l'eau iodée.

Le tapioca mis pur avec l'eau, à l'aide de la chaleur,
fournit un empois opaque d'une saveur douce.

Le tapioca subit en France avant d'être livré au
commerce diverses opérations ; 1° le triage, 2° la dessication à l'étuve, 3° un broyage, 4° un tamisage, 5° l'em-
paquetage, 6° le rafraîchissage ; toutes ces opérations
exigent des soins minutieux.

Le tapioca importé en France, est quelquefois mélangé de tapiocas indigènes, nous en avons trouvé qui
venaient d'Angleterre, et qui contenaient des quantités
assez considérables de ce produit dont nous parlerons
plus bas; l'achat du tapioca doit donc n'être fait qu'a-
près qu'on a examiné chaque sac ou chaque baril à
l'aide du microscope. En se servant de cet instrument,
lorsqu'on en a l'habitude, on peut parfaitement distinguer les granules féculeux du tapioca de ceux de la
fécule de pomme de terre, et même de ceux de la fécule

du blé, aussi, est-ce à tort qu'on a avancé que *le tapioca était composé d'amidon qu'on obtient de la racine de manioc lorsqu'on prépare la cassave.*

Nous avons, à l'aide de cet instrument étudié : 1° la fécule séparée de la racine, 2° la fécule qui constitue la moussache ; 3° celle qui se trouve dans la cassave ; 4° celle qui existe dans les tapiocas. Nous donnerons dans les planches qui se trouvent à la fin de cet ouvrage des figures indiquant ce qu'on observe au microscope, lorsqu'on examine des tapiocas exotiques et des tapiocas indigènes (1).

Nous avons pu, pour ces essais, nous procurer de la racine de manioc et en extraire la fécule pour l'examiner. Il est vrai que la racine que nous avons pu nous procurer était sèche ; nous comptons pouvoir renouveler ces essais prochainement sur de la fécule extraite de racines nouvelles, M. Menier ayant eu la complaisance d'en demander des échantillons dans les lieux de production ; nous le remercions d'avance de l'empressement et de la bienveillance qu'il a mise à nous offrir ses services pour nous mettre à même d'étudier cette intéressante question (2).

Tapioca indigène, Tapioca de fécule de Pomme-de-terre.

Le tapioca indigène, ou *tapioca factice*, est le produit qu'on obtient en traitant la fécule de pommes-de-terre

---

(1) Travaux faits journellement à l'usine près Paris, Marque A C et Cie.

(2) M. Boutron-Charlard, a bien voulu donner à M. Chevallier père, de la fécule extraite par lui-même, de racines de manioc.

par l'eau, l'imbibant de ce liquide, projetant le produit ainsi obtenu sur des plaques de cuivre chauffées à 100°.

Le tapioca indigène est en fragment arrondi, presque régulier, d'une structure homogène et non granulée, il est plus blanc, moins opaque et plus facile à rompre sous la dent que le tapioca exotique, il donne avec l'eau un empois opaque d'une saveur fade.

Ce tapioca contient quelquefois du cuivre qui provient des plaques de ce métal servant à sa préparation ; la présence de ce métal est facile à constater, d'abord elle est souvent visible non-seulement à la loupe, mais encore à l'œil ; pour s'assurer de sa présence d'une manière positive, on incinère le tapioca, et on recherche dans les cendres par les moyens que nous avons indiqué la présence du cuivre.

Le prix du tapioca indigène est assez élevé, quoiqu'il soit fabriqué avec des produits que nous avons sous la main ; en effet, ce prix est selon les maisons qui le livrent au commerce, de 80, 82, 100 et même de 140 fr.

Le prix du tapioca exotique est singulièrement variable, en effet, il y a des tapiocas qu'on peut vendre 190 fr., d'autres sont vendus en semoule 300 fr., demi-fin 280 fr., fin en poudre 240 fr. avec 10 p. 0/0 d'escompte.

Arrowroot.

Ce nom d'arrowroot, qui est d'origine anglaise, a été donné à une fécule amylacée provenant de la racine de plusieurs plantes monotycoledones.

Les racines qui le fournissent sont celles du *curcuma*

angustifolia et surtout celles *du maranta indica* et du *maranta arandinacea,* cultivées aux Antilles dans le but d'obtenir cette fécule.

On dit qu'on retire de l'arrowroot du *tacca pinifida* et que celle-ci serait préférée par les Anglais.

Cette fécule se rapproche de la moussache, mais elle est plus fine, plus douce au toucher. Elle est formée de grains transparents et noués sans saveur.

L'arrowroot s'obtient comme la fécule du manioc en râpant la racine, séparant la farine par le tamis, la lavant et la faisant sécher ; la farine en fournirait, donnée moyenne, le quart de son poids.

L'arrowroot le plus estimé vient de la Jamaïque ; cependant, celui qui nous vient de la Martinique n'a rien de moins en qualité.

THÉ.

Le thé, dont l'usage est si répandu en Angleterre, et qui se naturalise en France, est originaire de la Chine où il constitue la branche la plus importante du commerce intérieur. De la Chine il fut transporté au Japon vers le xve siècle, mais il ne fit son apparition en Europe que vers le commencement du xvie siècle. Les anglais n'en ont connu l'usage que vers 1660, et il ne parut en France que beaucoup plus tard encore ; à cette époque, on commença à en faire un usage journalier, et on l'employa comme boisson de luxe.

Au Japon, on le nomme *tsja* et *tcha* en Chine. C'est un arbrisseau de deux mètres de hauteur environ, dont les feuilles toujours vertes sont légèrement coriaces, ovales, oblongues, pointues, finement dentées. Il présente deux variétés différentes entr'elles par le nombre des organes de la fleur, et qui fournissent toutes les deux indifféremment les nombreuses espèces de thé du commerce : la culture, la nature du sol, l'âge de l'arbre, le mode de dessication et de préparation, sont les seules causes des différences d'aspects et d'arôme que l'on remarque dans ces produits. La récolte des feuilles se fait 3 fois par an ; on les fait sécher sur des plaques de fer chaudes où elles se crispent et se roulent sous la forme qu'elles ont dans le commerce. Les thés de qualité supérieure, sont roulés à la main feuille par feuille.

Il y a deux espèces de thés : les *thés verts* et les *thés noirs*.

Les thés noirs comprennent : 1° le *thé pekoe* ou *pekao* ou *pekin*, qui constitue l'espèce la plus fine et la plus aromatique; il est exclusivement préparé avec les pousses des feuilles, ce qui le rend fort cher, son infusion est aromatique et d'un beau jaune doré. Pour donner à son odeur plus de suavité, les chinois y mêlent des fleurs de l'*olea flagrans*.

2° Le *thé pekoe d'Assam*, dont la feuille moins oblongue et plus large que celle du précédent, donne une infusion considérablement moins suave et moins agréable.

3° Le *thé pekoe orangé*, en grains très-petits, de couleur noire foncée, mêlée de jaune orange. Mélangé avec du Congo, il se vend à Londres sous le nom de *howqua mixture*.

4° Le *thé Congo* ou *Koong-foo* ou *camphou*, est mince, étroit, noir-grisâtre.

5° Le *thé Poukong* ou *Paou-chung*, dont les feuilles sont un peu plus larges que celles du Congo. La plus petite espèce de ce thé est la plus aromatique de tous les thés noirs.

6° Le *thé bohea* ou *boiu-bou* ou *woo-e*, qui renferme plus de débris ligneux que toutes les autres sortes; il a été soumis à un grillage plus prolongé.

Les thés verts comprennent: 1° le *thé hyson* ou *he-chun*, qui est le produit de la première récolte et l'espèce la plus estimée de tous les thés verts; sa feuille est large, mince, étroite, bien tordue en spirale et roulée longitudinalement, son odeur est suave et aromatique, son infusion est jaune citron.

2° Le *thé poudre à canon*, composé des feuilles les plus belles et les mieux roulées de l'espèce précédente.

3° Le *thé impérial* ou *thé perlé*, qui a la même origine que les deux premiers, mais qui est composé de grains plus gros et formés de feuilles plus serrées et roulées avec plus de soin.

4° Le *thé hyson-schoulang* ou *téhulan*, qui doit son odeur suave à des fleurs d'olea flagrans qu'on y a mélées.

5° Le *thé hysson junior*, ou *yu-tsun*, qui a l'odeur de la violette.

6° Le *thé tonkay* ou *tun-ke* ou *songlo*, à feuilles larges, jaunes, mal roulées; son infusion est jaune et a un goût âcre.

7° Le *thé hyson-skin*, qui est de la qualité la plus inférieure: il est jaune-brun, mal roulé et mêlé de semences de thé; son infusion a un goût ferrugineux et est un peu trouble.

D'après une enquête faite à Londres, il résulte que les différentes nuances des thés du commerce, sont dues à une espèce de teinture que les chinois leur font subir au moyen d'un peu de gypse, de curcuma et d'indigo. Le gypse a pour but de simuler une efflorescence analogue à celui que forme le duvet des jeunes feuilles.

Le principe actif du thé est la *théine*, substance que contient aussi le café, sous le nom de *caféine*; c'est elle qui communique aux infusions de thé et de café leurs propriétés excitantes et toniques. C'est elle qui, combinée au tannin, se sépare de l'infusion par le refroidissement, sous forme d'une poudre qui communique au liquide l'aspect laiteux. Elle existe en plus forte proportion dans le thé vert que dans le thé noir, lequel contient du reste en moindre quantité tous les principes aromatiques du thé.

Le thé est livré au commerce dans des caisses vernissées, doublées de feuilles d'étain ou de plomb, pour empêcher tout accès à l'air. Elles sont en outre revêtues de nattes de bambou, et le thé que l'on envoie en Russie sous le nom de *thé de caravanne*, est muni d'une quatrième enveloppe constituée par une peau cousue.

Le thé est l'objet d'un certain nombre de falsifications consistant : 1° dans la substitution de feuilles autres que celles du thé; 2° dans le mélange avec du thé avarié, raccommodé, ou avec du thé épuisé par une première infusion; 3° dans des colorations artificielles.

La falsification par les feuilles étrangères, se pratiquait à Londres, il y a une trentaine d'années, sur une grande échelle, on y mêlait des feuilles de prunier sauvage, de frêne, de sureau, d'aubépinier, de saule, de peuplier, de maronnier d'Inde, de Mahaleb, d'églantier, de laurier, d'orme, et pour leur donner l'aspect et la couleur du thé, on colorait ces feuilles en vert par des sels de cuivre et en noir par le bois de campêche. On s'assure facilement de l'origine des feuilles de thé, en mettant les grains à macérer dans l'eau chaude, où ils déroulent. On peut alors les étendre sur du papier examiner leurs caractères.

Ce genre de fraude est aujourd'hui moins commun ; cependant on trouve encore du thé mélangé avec des feuilles d'une plante nommée *epilobium angustifolium*; ce mélange comme tous ceux que nous avons indiqués précédemment, peut se reconnaître par le procédé suivant :

On trie les grains suspects et on les fait bouillir quelques minutes avec de l'acide nitrique, on sépare l'acide des feuilles après qu'on les a exprimées, et on l'évapore dans une capsule de porcelaine jusqu'à siccité. Si les grains examinés sont formés par des feuilles de thé, le résidu de cette opération se colore en rouge pourpre, dans le cas contraire, il n'y a pas de coloration.

On peut encore se servir de sulfate de quinine, tel qu'on le trouve dans les pharmacies ; on le fait dissoudre dans de l'eau acidulée par un peu d'acide sulfurique, et on verse quelques gouttes de cette solution dans l'infusion du thé à examiner. Il se forme un précipité abondant dans le cas où le thé est pur, ce précipité est d'autant plus faible que le mélange des feuilles étrangères est plus considérable, ou que le thé a été plus complétement épuisé par des infusions antérieures.

Quant aux diverses colorations qu'on lui fait subir, nous avons dit qu'elles consistaient dans l'emploi des sels de cuivre, du bois de campêche, mais on les a aussi colorés par des mélanges de bleu de Prusse et de chromate de plomb ou de curcuma.

Les sels de cuivre sont décelés par la couleur bleue que prend l'ammoniaque liquide quand on laisse le thé y séjourner quelques heures. Pour reconnaître la coloration par le bois de campêche, on arrose le thé avec de l'eau, de manière à le rendre humide, et on le frotte sur du papier blanc, il laisse alors dés taches noires-bleuâtres, qui rougissent quand on les touche par une goutte d'acide sulfurique.

Pour reconnaître le mélange dans lequel entre le chromate de plomb, on brûle une certaine quantité de thé, et on traite les cendres par de l'acide nitrique. La solution acide est filtrée puis évaporée dans une capsule de porcelaine pour chasser l'excès d'acide. On dissout le résidu dans de l'eau distillée, et en y versant quelques gouttes d'une solution d'iodure de potassium, il se forme un précipité jaune.

On a trouvé, quoique rarement, des thés qui contenaient du sable, de la plombagine; on emploie aussi, dit-on, les excréments des vers à soie pour falsifier le thé, dit *gempoudre*; nous devons dire que si cette dernière mode de fraude existe, elles est du moins fort rare.

Les chinois mêlent aux thés inférieurs de la poussière de thé agglomérée, et lui donnent le nom de *lie the*.

TOMATES, *voyez* **Conserves.**

VANILLE.

La vanille est produite par une plante grimpante et sarmenteuse, le *vanilla aromatica*, qui est originaire du Mexique. Le fruit aromatique que l'on trouve dans le commerce est une gousse longue, douée d'une odeur suave et qui ne contient pas d'huile essentielle.

On en trouve quatre sortes :

1° La *vanille givrée* ou *vanille longue plate*, qui est la plus estimée; sa longueur varie de 0ᵐ215 à 0ᵐ230 et sa largeur de 0ᵐ007 à 0ᵐ009; elle est d'un brun noirâtre, souple sans mollesse, onctueuse au toucher. Quand on la conserve dans des vases bien bouchés, elle se couvre au bout de quelque temps d'une efflorescence blanche due à des cristaux d'acide benzoïque à qui l'on a donné le nom de *givre* ;

2° La *vanille moyenne plate* ressemble complétement à la première; seulement elle est un peu moins longue;

3° La *vanille courte plate* qui est encore plus petite;

4° Le *vanillon*, qui possède une longueur à peu près égale à celle de la précédente, se compose de gousses rondes, épaisses et comme gorgées de suc. Elles sont ordinairement crevassées longitudinalement et sont recouvertes d'un liquide épais et noirâtre. Leur odeur est douce, mais possède quelque chose de désagréable. Elle vient spécialement de l'Inde.

La vanille de bonne qualité est généralement aplatie, d'un rouge brun, possède une odeur suave et balsamique, et contient un grand nombre de petites graines dures et d'un noir luisant.

Elle est journellement employée dans la parfumerie, la confiserie et la chocolaterie; elle sert dans les cuisines à aromatiser les plats fins et délicats. Comme elle ne contient pas d'huile essentielle on l'emploie généralement sous forme de teinture alcoolique ou à l'état de poudre. A cause de l'élasticité dont elle est douée elle se laisse difficilement pulvériser, et cette opération serait même tout-à-fait impossible si on n'avait soin de la broyer avec du sucre qui la divise.

Quelquefois on communique aux vanilles de qualité inférieures l'aspect de la vanille givrée en la roulant dans des petits cristaux d'acide benzoïque, lesquels s'attachent à sa surface. Cette fraude se reconnait facilement par un examen attentif; dans ce cas les cristaux sont larges et presque tous appliqués sur la gousse par une de leurs faces plates, tandis que dans la vanille givrée ils sont plantés perpendiculairement.

On arrange les vanilles altérées en les enrobant avec du baume du Pérou, du baume de Tolu, de la mélasse, du sucre brûlé; ces gousses se reconnaissent facilement à ce qu'elles collent aux doigts et diffèrent complétement d'aspect avec célles qui sont de bonne qualité; on place ordinairement ces gousses travaillées au centre des bottes.

On a quelquefois vendu des gousses épuisées par l'alcool et recouvertes de baume de Tolu; le goût et l'odeur suffisent pour les reconnaître.

La vanille de bonne qualité possède une crosse noire et onctueuse; quand elle est altérée cette altération se manifeste d'abord par la crosse qui devient cassante lorsque ce produit a été soumis à une manipulation frauduleuse quelconque.

VERMICELLE, *voyez* **Pâtes alimentaires.**

VERMILLON, *voyez* **Cinabre.**

VERNIS, *voyez* **Cirage.**

VÉTIVER.

Le vétiver est la racine de l'*andropogon muricatum*; on l'emploie pour éloigner les insectes du linge et des vêtements; dans l'Inde, il sert depuis longtemps comme parfum.

Cette racine qui est appelée dans ce pays *villie-vayr*, se compose d'un chevelu formé de radicules tortueuses, d'un blanc-jaunâtre. Par son aspect, elle a quelques rapports avec le chiendent à balai. Elle possède une odeur forte, aromatique et tenace.

Les souches qui produisent ces radicules sont obliques et plus grosses, mais dans le commerce, on ne trouve guère que le chevelu sous forme de paquet oblong, lié par les deux bouts et renflé au milieu.

On a quelquefois mêlé au vétiver d'autres racines ayant avec lui plus ou moins de ressemblance et presque dénuées d'odeur ; on y trouve particulièrement la *racine de Liwarancusa*, dont la couleur est plus blanche, presque droite et ne possède qu'une odeur faible et fugace.

Le *chiendent* qu'on y mêle quelque fois se reconnaît facilement par sa saveur sucrée et à ce qu'il ne possède aucune odeur.

VINS.

De toutes les boissons produites par la fermentation des liquides sucrés, le vin occupe le premier rang.

La culture de la vigne et la fabrication du vin remontent à la plus haute antiquité. Si on recherche l'histoire de ce commerce en France, on voit que jusqu'à Henri III, la vente fut libre pour tout le monde. Ce roi en fit à cette époque une spécialité ; les vins dans certaines localités sont vendus tels qu'on les a recueillis, ce sont des vins du crû. Quelquefois ces vins sont acides, peu estimés, aussi ne sont-ils bus que dans la localité, ou bien mêlés avec des vins généreux de meilleurs crus ; ils constituent alors des coupages qui sont pour nous des vins médiocres, mais qui sont potables.

Les différences frappantes qui distinguent les différentes variétés de vins les uns des autres, sont dues à la nature du sol, au climat, à la culture, à l'exposition, à la marche des saisons et à l'espèce de cépage.

Dans les contrées chaudes, la vendange se fait du 8 au 20 septembre, et dans les contrées plus septentrionales, elle se fait du 20 au 30 du même mois. De tous les pays, la France est celui qui fournit la plus grande quantité de bons vins, dont presque tous sont transportables et se bonifient en vieillissant.

La fabrication du vin repose sur la transformation en alcool du sucre contenu dans le jus de raisin sous l'influence de la fermentation. Les grains de raisin écrasés sont exprimés et le jus abandonné à la fermentation; le vin est ensuite introduit dans des tonneaux où la fermentation s'achève, puis on le soutire pour ne pas le laisser en contact avec la lie qui pourrait le faire tourner à l'aigre. Quand après ces opérations le vin n'est pas limpide, on le clarifie avec de la colle de poisson, opération qui porte le nom de *collage*; par suite de cette opération, les vins communs et nouveaux perdent de leur âpreté. Le tannin qui rend quelques-uns trop astringents est entraîné en combinaison insoluble par la gélatine, qui diminue aussi la quantité de matière colorante, propriété dont on se sert pour colorer des vins trop chargés en couleur, les vins fins en acquièrent plus de finesse. Les vins se divisent en deux grandes catégories : les *vins blancs* et les *vins rouges*.

Les vins blancs sont faits avec le raisin blanc; cependant, on les prépare aussi avec le raisin rouge, et aujourd'hui même, en Champagne, on a une tendance à employer ceux-ci de préférence, parce qu'on a reconnu que le jus des raisins noirs donne un vin plus aromatique et qui se conserve mieux; la seule précaution à prendre dans cette préparation consiste à ne pas laisser fermenter le moût sur le marc en le soutirant après que le grain est écrasé. Les vins mousseux sont des vins blancs qui ont été mis dans les bouteilles avant que la fermentation soit complétement terminée. Celle-ci, en s'achevant dans les bouteilles, souvent avec l'addition d'une certaine quantité de sucre, produit de l'acide carbonique qui entre en dissolution dans le vin, sous l'influence de la pression qu'il exerce lui-même.

Les raisins rouges doivent leur couleur à la matière colorante bleue, contenue dans le marc et que les acides libres ont fait tourner au rouge; elle est renfermée dans la pellicule du fruit, et entre en dissolution dans le moût qu'on laisse fermenter en présence du marc. Dans le midi de la France, on prépare des vins dits *vins de couleurs* ou *vins teinturiers*, destinés à colorer des vins qui le sont trop peu. Premièrement, en faisant usage de raisins dits teinturiers; deuxièmement, par l'addition d'une certaine quantité de plâtre. Par cette opération, le liquide reste plus longtemps en contact avec le marc, et il se dissout davantage de matière colorante.

Les *vins de liqueur* ou *vins sucrés*, sont des vins que l'on prépare en Italie, en Espagne, et dans le midi de la France. Le raisin de ces contrées étant très-riche en sucre, la quantité d'alcool fournie par la fermentation, est bientôt assez considérable pour arrêter l'action du ferment, de sorte qu'il reste en dissolution du sucre inaltéré.

Quand les vins mousseux ont séjourné pendant un an dans les bouteilles, ils ont laissé précipiter un dépôt floconneux dont il importe de les débarrasser. Pour cela, on renverse la bouteille de manière à rassembler les matières solides dans le goulot.

En les débouchant rapidement, la partie trouble est lancée au dehors : on remplit alors la bouteille avec de bon vin ou un sirop alcoolisé.

Tous ces vins ont à peu près la même composition, et les principes essentiels s'y trouvent presque toujours dans les mêmes proportions. L'*arôme* ou *bouquet* est produit par une huile essentielle dont les éléments variables résident dans la pellicule du raisin.

Le vin est sujet à quelques altérations : il se *trouble,* s'*acidifie,* se *graisse,* prend le *goût de fût, tourne à l'amer,* se *pique*; d'autres fois, il s'y développe une fermentation tumultueuse que l'on nomme *pousse* des vins, et qui défonce les tonneaux, ou bien la fermentation des vins destinés à être mousseux, ne se fait pas.

Le soufrage arrête la fermentation qui causait le trouble du vin; quand le vin est devenu aigre, on corrige en partie ce défaut en l'additionnant d'une certaine quantité de tartrate neutre de potasse, on colle et on tire à clair; mais le vin qui résulte de cette opération est toujours très-inférieur.

On détruit la graisse par l'addition d'une certaine quantité de tannin, et le goût de fût en transvasant dans un autre tonneau et en agitant avec de l'huile d'olive. On mélange les vins amers avec les vins nouveaux, et pour raccommoder les vins *tournés* ou *piqués,* on arrose les tonneaux avec de l'eau froide, ou même on met de la glace dedans. On évite la pousse des vins en les soutirant dans des tonneaux soufrés, y ajoutant un peu d'alcool, faisant un collage à clair. Enfin, on force les moûts à fermenter en chauffant avec un poële le lieu où les tonneaux se trouvent.

Le vin peut contenir du plomb provenant soit du

comptoir où il coule, soit de la grenaille dont on se sert pour rincer les bouteilles. Pour reconnaître ce métal, on évapore une certaine quantité de vin et on brûle l'extrait qu'on a obtenu. Les cendres sont traitées par de l'acide nitrique, et elles donnent une solution dans laquelle on reconnaît le plomb par ses réactifs ordinaires.

Il peut contenir du cuivre provenant des conduits, des robinets, des pompes, etc., faits en ce métal et que l'on emploie dans les chais.

Le vin qui a été en contact avec des ustensiles en zinc, peut en contenir une certaine quantité. Ces deux métaux se reconnaissent par une opération semblable à celle que nous avons décrite pour le plomb.

On sait combien est variable la quantité d'alcool contenue dans un vin, aussi est-il important de pouvoir facilement la déterminer. Pour cela, on se sert d'un petit alambic, appareil Salleron, ou mieux de l'appareil Duval, qui est beaucoup plus commode, et fonctionne parfaitement. Dans la cucurbite de l'appareil Duval, on introduit 2 décilitres de vin à titrer, et on distille de manière à ne retirer qu'un décilitre. Ce liquide obtenu est ramené au moyen d'un bain d'eau froide à la température de 15° et pesé à l'alcoomètre centésimal. Si le liquide marque, par exemple 20°, il contient 20 p. 0/0 d'alcool, et le vin examiné en contient moitié moins, c'est-à-dire 10 p. 0/0, puisque l'alcool de deux décilitres se trouve ainsi rassemblé en un seul. Cette opération porte le nom vulgaire et impropre de *brûlage* du vin.

Ce procédé est le plus commode; il donne des résultats positifs, tandis que d'autres instruments l'*ébullioscope*, le *dilatomètre*, qui ont été proposés pour arriver au même but, ne donnent que des résultats plus ou moins approximatifs.

Le mouillage du vin est la fraude la plus commune, surtout dans les grands centres où les boissons paient des droits d'octroi considérables. Cette falsification consiste dans le vinage primitif du vin et dans l'addition d'une plus ou moins grande quantité d'eau. Jusqu'à présent, la dégustation prétend seule pouvoir reconnaître cette fraude, et cependant on conçoit qu'un pareil moyen d'analyse doit être souvent en défaut, malgré l'habitude et l'habileté des personnes chargées de cette fonction. Toutefois, il existe des procédés qui interviennent utilement dans la question ; ils consistent à déterminer la quantité de matières solides *(extrait)* contenues dans une quantité déterminée de vin suspect comparativement à celle que fournit la même quantité de vin normal. Le vin naturel renferme environ 22 grammes d'extrait pour un litre.

On évapore un décilitre de vin au bain marie, et on achève la dessication dans une étuve, jusqu'à ce que la capsule qui renferme l'extrait ne perde plus de son poids par une longue exposition à la chaleur. On pèse alors cette capsule avec l'extrait, et puis après l'avoir bien nettoyée, la différence des deux poids obtenus donne celui de l'extrait.

M. Béchamp propose, pour obtenir des résultats plus certains, de n'évaporer qu'une petite quantité de vin, afin d'amener plus promptement l'extrait à l'état de dessication complète.

On peut aussi, pour arriver aux mêmes conclusions, doser la quantité de crème de tartre qui n'est guère inférieure à 2 gr. 50 par litre dans le bon vin. Ce procédé, exigeant l'emploi de liqueurs titrées et une certaine habitude des dosages alcalimétriques, ne peut être employé par tout le monde.

Le vinage est une opération qui a pour effet de rehausser par l'alcool les vins faibles, acides ou susceptibles d'altération. La loi du 24 juin 1824 affranchit de tout droit les eaux-de-vie versées sur les vins, pourvu que la quantité employée n'excède pas la proportion de 5 litres d'alcool par hectolitre de vin. Ce n'est là qu'une source d'abus, car le vinage est devenu le moyen de falsification le plus répandu. Aujourd'hui avec un hectolitre de vin, le fraudeur en fait deux en y mêlant de l'eau et de l'alcool qui finissent par contracter une liaison intime avec le vin, si bien que la fraude est difficile à constater. Les vins qui servent à ce genre de préparation, sont les vins très-colorés et plâtrés du midi, aussi ces mélanges précipitent-ils toujours abondamment par le chlorure de baryum et l'oxalate d'ammoniaque. Ici encore, l'évaporation et la détermination de la quantité d'extrait, est le meilleur moyen de déceler la fraude.

Pour reconnaître le sucre ou la glucose qu'on aurait ajouté au vin, il faudrait le faire évaporer et traiter la solution par l'alcool. La solution alcoolique filtrée serait évaporée de nouveau, et on redissoudrait le résidu dans l'eau distillée. Cette nouvelle liqueur chauffée quelques instants avec un peu d'acide sulfurique, serait traitée par la liqueur bleue de Feeling, comme nous l'avons indiqué pour les sucres (voyez *Sucres*).

Pour masquer l'addition d'eau alcoolisée, on ajoute quelquefois au vin de l'acide tartrique. Dans les circonstances ordinaires, il est possible de reconnaître, par la simple dégustation un vin naturellement acide ou artificiellement mélangé avec de l'acide tartrique; mais pour les vins *saulés*, vins qui se sont acidifiés naturellement, il est impossible de dire s'ils sont le résultat d'une fermentation ou le résultat de la fraude.

En versant du chlorure de potassium dans du vin additionné d'acide tartrique, on obtient au bout de dix minutes un précipité cristallin de bitartrate de potasse.

Pour reconnaître du vin contenant de l'acide sulfurique libre, on l'évapore en un extrait que l'on traite par l'alcool; la solution alcoolique filtrée et étendue d'eau distillée, précipite alors en blanc par le chlorure de baryum.

On ajoute quelquefois aux vins de l'alun, dans le but de leur donner *du nif,* c'est-à-dire les clarifier, de rehausser leur couleur, et leur communiquer de l'astringence. Pour reconnaître l'alun, on prépare un extrait avec le vin, et on le réduit en cendres. On traite ces cendres par un peu d'eau acidulée par l'acide nitrique. On a ainsi, par l'ammoniaque, une liqueur qui donne un précipité blanc, qui ne se redissout pas. Il faut avoir égard à ce qu'on peut trouver dans les cendres du vin des petites quantités d'alumine provenant de sels naturels.

Enfin, on a fabriqué des vins de toute pièce en colorant avec le bois de sureau, l'hyèble, le myrtille, les mûres, le bois d'Inde, les betteraves, le coquelicot, un mélange d'eau et d'alcool dans les proportions qui constituent le vin. Dans ce cas, l'extrait fourni par le vin se compose uniquement de la matière colorante qui prend alors un aspect tout différent de celui que fournit le vin naturel.

On prend du vin naturel et du vin suspect pour les examiner simultanément, on verse dans chacun d'eux de l'acétate de plomb qui précipite la matière colorante sous forme de laque bleu-violâtre pour le vin et de couleurs différentes pour les vins fabriqués. On peut aussi verser du sulfate d'alumine et puis de l'ammoniaque; dans ce cas, la matière colorante se précipite avec l'alumine.

Ces vins ne contiennent pas de crême de tartre, sont désagréables au goût, et ordinairement reconnaissables à leur seul aspect.

On donne le nom de *vin de lie* au produit que l'on obtient en étendant la lie d'eau et la soumettant à la presse, un pareil mélange ne saurait être un vin ni loyal, ni marchand; le débitant ferait mieux de prendre les lies dès que le vin est soutiré et de les filtrer; on obtient de cette façon un vin qui ne diffère en rien des vins ordinaires.

On ne devrait non plus jamais utiliser ce qu'on nomme les *baquetures* qui ne sont que les restes des clients et tout ce qui coule sur les comptoirs que l'on clarifie et que l'on mélange à d'autre vin; les baquetures contiennent aussi souvent du plomb, du zinc ou du cuivre.

Le vin doit être conservé dans des vases bien fermés, car tout le monde sait que souvent quand on ne bouche pas les fûts, le vin s'acidifie. Quelques personnes mettent du sel dans le vin, cette addition qui a pour but d'aider à sa conservation, est tout à fait inutile et communique un goût désagréable. Ce vin précipite abondamment par le nitrate d'argent.

VINAIGRE.

On donne le nom de vinaigre aux liquides alcooliques qui ont éprouvé la fermentation acide. Sous l'influence du ferment l'alcool qu'ils contenaient, en absorbant l'oxygène de l'air, s'est transformé en un acide particulier qui est l'acide acétique. — Comme les différents liquides qui peuvent éprouver ce genre de fermentation, tels que vins, cidres, bières, eaux-de-vie, alcools de toute espèce, contiennent des quantités extrêmement variables d'alcool, les vinaigres produits par leur acétification contiennent des quantités relatives d'acide acétique.

Les vinaigres contiennent de plus tous les principes fixes et les différents sels qui existaient dans les liquides qui les ont fourni.

Depuis la découverte de l'acide acétique dans les produits de la distillation des bois et principalement du bois de hêtre, on fabrique sous le nom d'acide *pyroligneux, acide acétique du bois, vinaigre de bois,* un acide qui est connu dans le commerce sous le nom de vinaigre de *Mollerat,* du nom du fabricant qui l'a préparé et vendu le premier en grande quantité.

Ce vinaigre de *Mollerat* pur jouit d'une partie des propriétés de l'acide acétique et ne laisse pas de résidu à l'évaporation comme les vinaigres de vin, de cidre, de bière; il ne contient pas de tartre comme les vinaigres de vin.

Les vinaigres de bière, de cidre, de poiré, sont plus particulièrement en usage dans le nord de la France. Ils sont moins riches en acide acétique, se conservent difficilement et ont un goût plus ou moins désagréable qui rappelle leur origine. Le vinaigre de vin fait la

partie commerciale de ce produit en concurrence avec
le vinaigre *de bois*.

On distingue facilement les vinaigres de bière, de
cidre et de poiré du vinaigre de vin par la couleur,
par l'odeur qui rappelle le liquide primitif; la consistance et l'aspect de l'extrait qui n'offre pas, comme
pour le vinaigre de vin, de points brillants dus aux cristaux de tartre et par son odeur qui rappelle celle des
pommes ou des poires, ou sa saveur qui est amère pour
le vinaigre de bière, par le degré de force qui est beaucoup plus élevé dans le vinaigre de vin.

Le vinaigre de vin le meilleur vient de l'Orléanais et
particulièrement de la Sologne; il est connu sous le
nom de vinaigre d'Orléans; il est clair, limpide, d'un
jaune assez foncé, d'une saveur franche et agréable.

Le vinaigre de bois contient quelquefois accidentellement des corps étrangers tels que : sels de chaux, acétate et sulfate de soude, acide sulfureux, des matières
empyreumatiques, du plomb, du cuivre, du zinc, de
l'arsenic et du fer. Le vinaigre qui provient de l'acétification de l'alcool de fécule retient quelquefois de la
glucose qui se transforme en *caramel*.

Les sels de chaux proviennent de ce que pour décolorer l'acide acétique on s'est servi de charbon animal
mal lavé ou non lavé; le charbon contient des sels de
chaux sulfate, carbonate et phosphate qui entrent en
dissolution sous l'influence de l'acide acétique. On les
reconnaît en versant de l'oxalate d'ammoniaque qui
produit un précipité blanc abondant.

Pour purifier l'acide pyroligneux on le transforme
en acétate de soude par les actions successives de la
craie et du sulfate de soude.

L'acétate de soude ainsi produit est légèrement torréfié pour détruire les matières goudronneuses, puis décomposé par de l'acide sulfurique qui régénère le sulfate de soude et met en liberté l'acide acétique. Il arrive parfois que le vinaigre ainsi obtenu retient de l'acétate ou du sulfate de soude. On reconnaît la présence de ces deux sels par l'évaporation à siccité. Le résultat de l'évaporation traité par de l'acide sulfurique dégage une odeur de vinaigre quand il y a de l'acétate de soude; pour reconnaître le sulfate on redissout le résidu dans l'eau et on y verse du chlorure de baryum qui détermine un précipité blanc abondant insoluble dans l'acide nitrique.

Par suite de la décomposition de l'acide sulfurique enployé à cette préparation, l'acide acétique retient quelquefois de l'acide sulfureux que l'on constate de la manière suivante : On traite le vinaigre par du chlorure de baryum qui en présence des sulfates détermine un précipité blanc que l'on recueille sur un filtre, que l'on dessèche après l'avoir lavé et que l'on pèse. Sur une quantité de vinaigre on fait réagir à chaud de l'acide arsénique qui transforme l'acide sulfureux en acide sulfurique; sur cette nouvelle liqueur on opère comme sur la précédente avec le chlorure de baryum; on obtient un nouveau précipité qui, lavé et séché, surpasse en poids le premier d'une quantité qui indique celle d'acide sulfurique et par suite celle de l'acide sulfureux que contenait le vinaigre.

Pour le débarrasser de l'acide sulfureux, il suffit de chauffer quelques instants, cet acide se volatilise immédiatement.

On reconnaît les matières empyreumatiques par

l'odeur de l'extrait que fournit l'acide acétique. Les sels de plomb, cuivre, zinc, se reconnaissent par les réactifs spéciaux de ces métaux.

Le vinaigre est un des liquides alimentaires qui ont été soumis aux falsifications les plus nombreuses et les plus variées.

Dans le commerce on falsifie le vinaigre de vin par des vinaigres factices ou par ceux de bière, de cidre et de poiré; on les coupe avec de l'eau. On les rehausse avec des acides sulfurique, tartrique, oxalique; pour leur donner du montant on les fait macérer sur des substances âcres telles que moutarde, poivre long, piment, pyrêtre, garou. On augmente leur densité par l'addition de sel de cuisine, d'acétate de chaux, de sucre, de mélasse, de tartre, de sulfate et d'acétate de soude.

Quand le vinaigre de vin est mélangé de vinaigres inférieurs, pour reconnaître la fraude on en évapore au bain-marie un décilitre jusqu'à siccité. L'extrait présente alors l'odeur et la saveur particulières au vinaigre qui a servi à falsifier; de plus le mélange contient moins d'acide acétique dont on détermine la proportion par le procédé que nous allons décrire.

Le vinaigre allongé d'eau perd nécessairement de sa force, aussi est-il toujours important de s'assurer de la quantité réelle d'acide acétique qu'un vinaigre contient. L'emploi des densimètres doit être rejeté pour plusieurs raisons : la principale est que les mélanges d'acide acétique et d'eau donnent lieu à des contractions ou des dilatations qui se produisent irrégulièrement, ce qui exposerait souvent l'expérimentateur à regarder comme plus riche un vinaigre inférieur et *vice versa*; de plus, la présence des matières fixes en quantités variables influe sur les résultats.

On arrive à ce but en cherchant la quantité d'alcali, soude ou potasse qu'il faut employer pour saturer complétement l'acide du vinaigre.

On emploie de préférence la craie ou carbonate de chaux et le carbonate de soude obtenu par la calcination du bicarbonate. Cette opération assez longue est singulièrement simplifiée par l'emploi de l'*acétimètre Réveil*. Cet instrument se compose d'un tube en verre fermé par en bas et divisé en vingt parties; la première division marque le 0 et se trouve vers le bas du tube, c'est-à-dire du côté de l'extrémité bouchée ; la seconde porte le numéro 1 et la graduation se continue jusqu'au haut. Pour faire usage de cet instrument on verse du vinaigre à essayer jusqu'au trait 0, ou plus commodément on aspire avec une pipette faite pour cet usage une quantité de vinaigre égale à 4 centimètres cubes et on l'introduit dans le tube où le niveau du liquide s'arrête au zéro. On verse alors dans l'acétimètre une liqueur alcaline titrée d'avance et colorée en bleu par la teinture de tournesol, jusqu'à ce que la teinte bleue soit remplacée par la teinte rouge. On regarde alors à quelle division du tube correspond le niveau du liquide et le chiffre correspondant indique la richesse du vinaigre examiné. Si le liquide s'arrête à la division portant le chiffre 8, cela indique que le vinaigre contient 8 %, d'acide acétique monohydraté (8 litres pour 1 hectolitre). Les bons vinaigres ne marquent pas au-dessous de 5 à l'acétimètre. (V. planche IV.)

La falsification au moyen de l'acide sulfurique très-fréquente autrefois est devenue plus rare à cause des poursuites dirigées contre leurs auteurs. Pour reconnaître cette fraude, on évapore une certaine quantité de vinaigre, un demi-litre par exemple, jusqu'à ce qu'il n'occupe plus qu'un huitième de son volume primitif. On laisse refroidir et on traite par l'alcool à 40° qui dissout l'acide sulfurique en précipitant les sulfates. La solution filtrée et allongée d'eau distillée précipite alors en blanc par le chlorure de baryum.

L'acide sulfurique mélangé au vinaigre lui communique la propriété de désagréger l'amidon par l'ébullition et de le convertir en dextrine; ainsi quand on fait bouillir un pareil vinaigre avec de l'amidon, au bout de quelques minutes celui-ci a perdu la propriété de bleuir par son contact avec l'eau iodée.

On falsifie souvent le vinaigre par de l'acide tartrique, d'autant plus que ce nouveau produit est souvent vendu comme du verjus. — On concentre le vinaigre par l'évaporation et on y verse du chlorure de potassium qui détermine au bout de quelques instants la formation d'un précipité cristallin de tartrate acide de potasse (crème de tartre).

Quant à la falsification à l'aide de l'acide oxalique elle est très-rare; il suffirait de saturer le vinaigre par l'ammoniaque et de verser dans la liqueur du chlorure de calcium qui formerait un précipité blanc.

On reconnaît la présence des substances âcres en évaporant le vinaigre en consistance d'extrait. L'extrait qu'on obtient a une saveur âcre, piquante, caustique, qu'on n'obtient pas avec les vinaigres de bonne qualité.

L'addition de chlorure de sodium (sel marin) augmente la densité du vinaigre; on reconnaît cette falsification au précipité blanc que donne le vinaigre avec le nitrate d'argent, et on retrouve ce sel dans les cendres quand on évapore le vinaigre en extrait et que l'on calcine cet extrait.

L'alun se reconnaîtrait par les procédés que nous avons indiqués pour les vins. On peut aussi chercher la quantité de crême de tartre que contiennent les vinaigres et en tirer de bonnes conclusions pour déceler les mélanges du vinaigre de vin avec d'autres liquides. (Voir *Vins*.)

Nous finirons cet article en faisant remarquer qu'il est fâcheux que chaque commerçant ne se croie pas obligé de vendre ce produit sous son véritable nom. Tous les vinaigres possibles, de bois, de fécule, de bière, de cidre, de poiré, sont vendus comme vinaigre de vin. Il serait vivement à désirer, dans l'intérêt de tout le monde, que tous ces produits fussent vendus avec des désignations dans lesquelles serait joint au mot vinaigre le nom de la substance qui a servi à le fabriquer. On conçoit que l'épicier qui fait son commerce d'une manière loyale ne pourra jamais lutter contre celui qui ne craindra pas de donner sous le nom de vinaigre de vin des vinaigres obtenus avec l'acide acétique monohydraté et l'eau additionnée d'une matière colorante.

ZINC (Oxide de zinc).

L'oxide de zinc qui est employé dans les arts sous le nom de *blanc de zinc* (1), était appelé par les anciens

---

(1) Ce produit foisonne un peu sur la brosse, mais a l'avantage de ne pas déterminer les accidents connus sous le nom de coliques saturnines des peintres, des cérusiers. De plus, il ne fonce pas en présence des vapeurs d'hydrogène sulfurée.

pompholix, *nihil album*, *lana philosophica*, fleurs de zinc. Il est blanc, très-léger et floconneux. Il ne se décompose pas par la chaleur et se dissout facilement par les acides. Il n'est précipité de ses dissolutions par l'hydrogène sulfuré que quand les dissolutions ne contiennent pas d'excès d'acide ou quand l'acide est de nature organique.

Quelquefois, il contient accidentellement un peu d'oxide de fer que l'on reconnaît en le dissolvant dans l'acide azotique et en versant dans la solution de l'ammoniaque qui dissout l'oxide de zinc et précipite l'oxide de fer en brun-jaunâtre.

Il est soumis à peu près aux mêmes genres de falsification que la céruse; ainsi on y mêle du carbonate de chaux, de l'amidon, de la farine, du sulfate de baryte, du sulfate de chaux, substances que l'on reconnaît comme nous l'avons indiqué pour la céruse (voir article *Céruse*); de plus on y mêle quelquefois du sulfate et du carbonate de zinc. On reconnaît le sulfate de zinc en le traitant par l'eau qui dissout ce sel; cette dissolution précipite alors en blanc par le chlorure de baryum. Quand il contient du carbonate de zinc, l'oxide fait effervescence quand on le traite par les acides.

Il est quelquefois important de s'assurer si un oxide de zinc ne contient pas de la céruse. Pour cela, il suffit de la traiter par l'acide azotique; on évapore la solution pour chasser l'excès d'acide, on reprend par l'eau distillée qui précipite en jaune par l'iodure de potassium quand il y a de la céruse.

FIN.

TABLE ALPHABÉTIQUE

DES MATIÈRES.

FÉCULES DIVERSES
Vues au Microscope

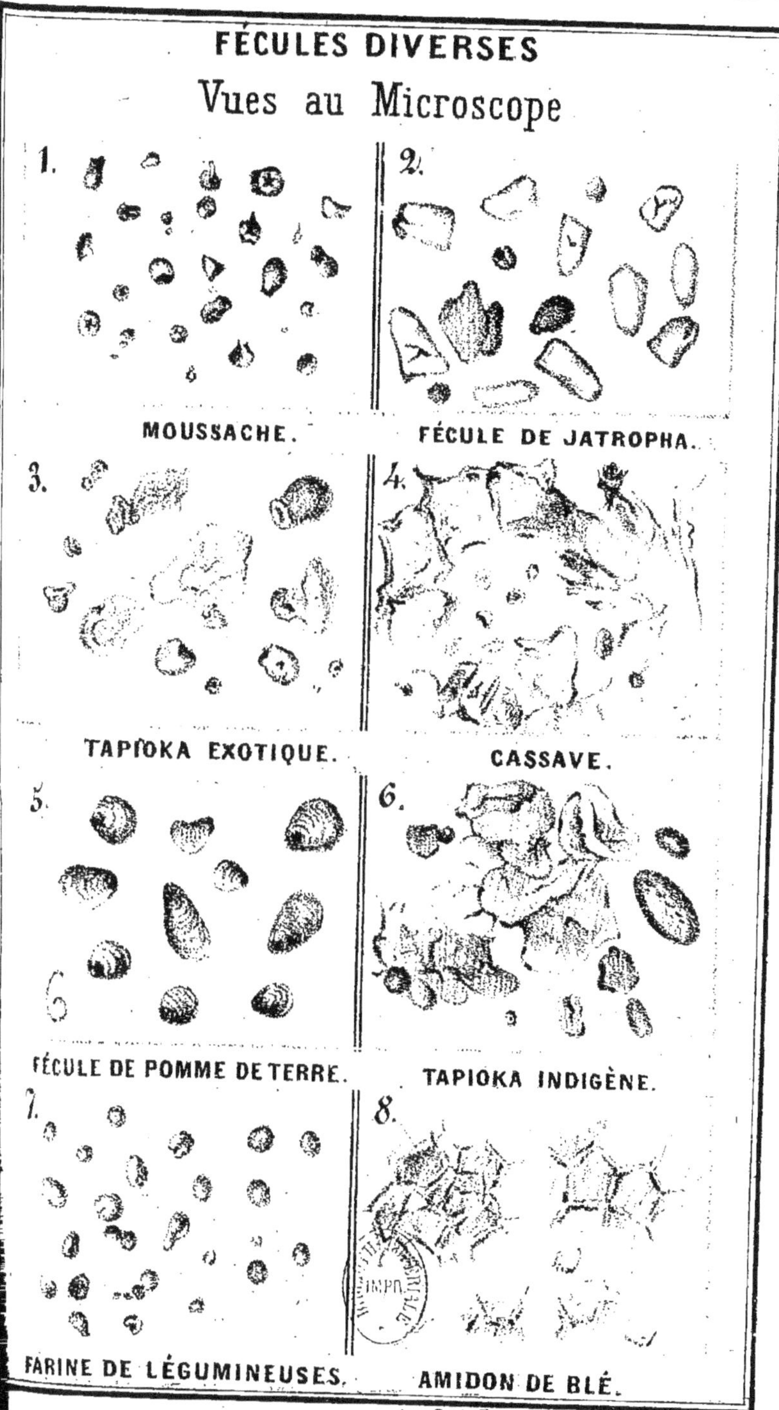

Lith. Lenglumé fils. 22, Boul.t Magenta.

DISTILLATION

N.° 1.

BAIN MARIE PERCÉ.

N.° 2.

BAIN MARIE ORDINAIRE.

N.° 3.

APPAREIL DISTILLATOIRE GRAND MODÈLE.

APPAREIL DISTILLATOIRE DUVAL,
SYSTÈME CHEVALLIER PÈRE.

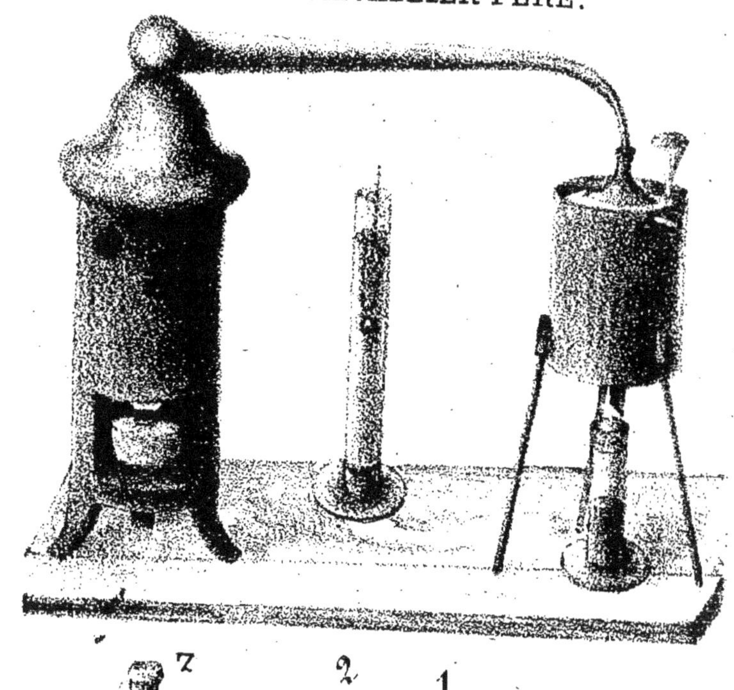

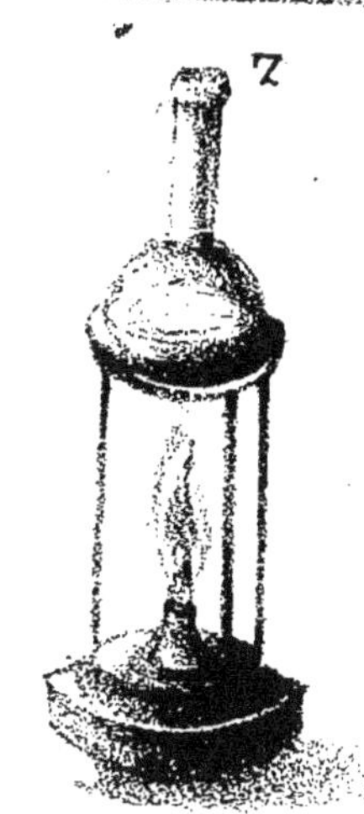

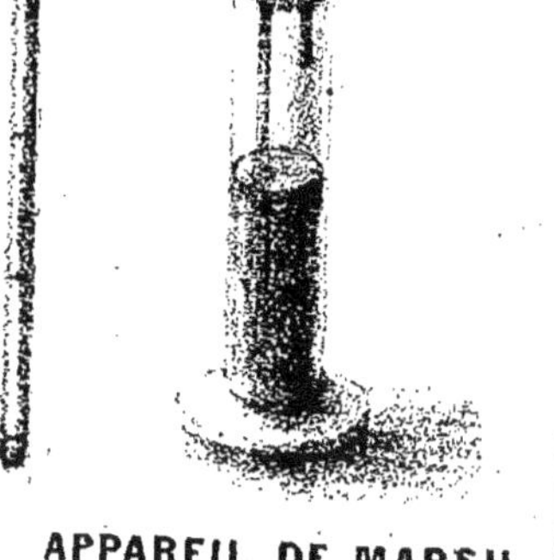

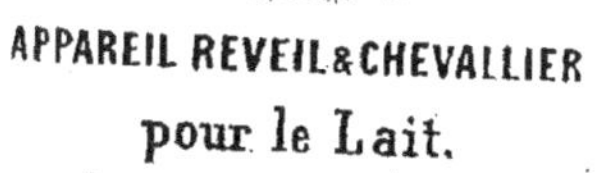

APPAREIL REVEIL & CHEVALLIER
pour le Lait.

APPAREIL DE MARSH,
Modifié par Chevallier père

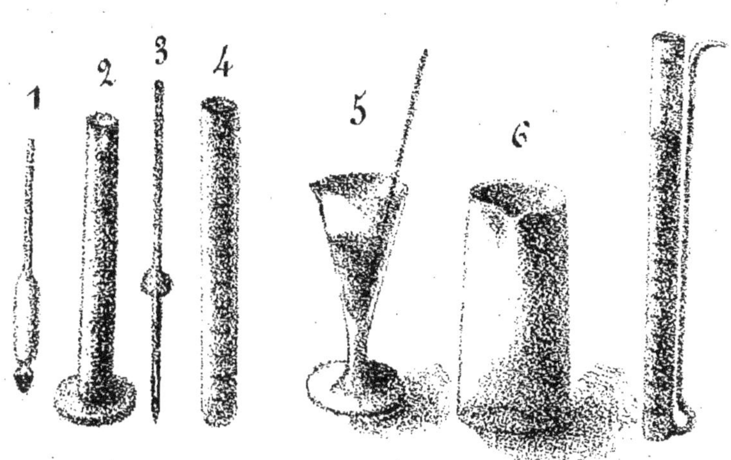

APPAREILS DIVERS
1
2
3
4
5
6
7

BOITES à RÉACTIFS
A. CHEVALLIER

PARIS - DAUSSY
B.d SÉBASTOPOL

Lith. Lenglumé fils. 99, Boul.t Magenta.